国家高端智库
NATIONAL HIGH-END THINK TANK

上海社会科学院重要学术成果丛书·专著

新型城镇化下中国农地产权制度改革研究

China's Rural Land Property Rights Reform in the Era of New Urbanization

张广财 / 著

上海人民出版社

本书出版受到上海社会科学院重要学术成果出版资助项目的资助

总　序

当今时代,百年变局与大国崛起交织演进,为中国带来新的机遇、挑战与思考。全球科技创新与产业变革以前所未有的速度、强度和深度重塑国际格局,国内新能源、人工智能等产业迅猛发展,深刻更新着国人的思想观念与知识体系。与此同时,全球粮食安全、环境污染、地区冲突等挑战频发,威胁国际安全,中国的发展与世界的稳定前所未有地深度交织,凸显构建人类命运共同体的紧迫性。当前中国,正经历华夏历史上最为广泛而深刻的发展变革,投身人类历史上最为深远宏大的实践创新。这一伟大变革时代,也必然是哲学社会科学深刻变革与创新发展的时代。习近平总书记深刻指出,要"以中国式现代化全面推进强国建设、民族复兴伟业","加快构建中国哲学社会科学自主知识体系",这为全国哲学社会科学的发展指明了科学路径与前进方向。

上海社会科学院作为首批国家高端智库建设试点单位,始终坚持以习近平新时代中国特色社会主义思想为指导,聚焦以中国式现代化全面推进强国建设、民族复兴的重大实践问题开展深度研究,注重以党的创新理论为旗帜引领学术研究和学科建设,将习近平新时代中国特色社会主义思想中重大概念、原创性思想观点、原理性理论成果作为核心元素纳入研究体系,突出"两个结合",深入推进学科发展与智库建设相融合。值"十五五"规划开启之际,上海社会科学院持续实施重要学术成果出版资助计划,推出"上海社会科学院重要学术成果丛书",旨在提升科研水平、扩大学术影响、促进成果转化,更好地服务社会、贡献国家。

该丛书涉及哲学社会科学经典学科、新兴学科及"冷门绝学",包括学术专著、译著、研究报告以及论文集等多种形式,既包含学术理论的深化探索,也涵盖应用实践的开拓创新;既有对世界大势的前瞻研判,也有对中国发展路径的深刻洞察;既注重优秀历史文化脉络的系统阐释,也聚焦新时代伟大变革的深度解析。作者群体中既有经验丰富的资深学者,也有崭露头角的青年才俊,更有成果丰硕的科研骨干。丛书力求从一个侧面展现上海社科院的学术追求与智库水准,持续推进知识、理论、方法创新,致力于出成果、出思想、出影响。

学无止境,术无终极。上海社科院要成为哲学社会科学创新的重要基地和具有国内外重要影响力的高端智库,必须深学笃行习近平总书记关于哲学社会科学的重要论述,牢牢把握正确的政治方向、价值取向和学术导向,聚焦我国经济社会发展中的重大理论和实践问题,为推进中国式现代化、全面建设社会主义现代化国家、加快建成具有世界影响力的社会主义现代化国际大都市提供更高水平的学术支撑与智力支持。我们的使命光荣、责任重大,未来必须踔厉奋发、笃行不息。

上海社会科学院常务副院长、国家高端智库首席专家

献给我的父亲母亲

目 录

前　言

　　改革开放四十余年,中国经济实现了快速增长的"奇迹",一跃成为全球第二大经济体。中国经济保持多年高速增长的机制是复杂的,具有说服力的是体制机制不断改革叠加全球化的催化反应,使得中国经济释放了经济要素的潜力。高速的经济发展给社会带来了显著变化,尤其是农村地区面貌焕然一新,农民物质生活水平大幅度提高,农业产值不断创出新高。党的二十大报告提出:"到本世纪中叶,把我国建设成为综合国力和国际影响力领先的社会主义现代化强国。""全面建设社会主义现代化国家,最艰巨最繁重的任务仍然在农村。"土地是财富之母,是乡村振兴的基石。农村土地制度改革不仅关系中国千家万户的小农经济,还与城镇化质量息息相关,更事关粮食安全和农业强国建设目标的实现。

　　城镇化是中国经济高速增长和快速转型的重要支撑。党的二十大报告强调要推进以人为核心的新型城镇化,加快农业转移人口市民化。在乡村振兴战略下,如何高质量实现新型城镇化,关键在于农业转移人口市民化。土地改革尤其是农地承包权改革,是推进新型城镇化战略至关重要的环节。中国农地确权改革的实施,将使得农村土地权属更加清晰稳定,进而激活经济要素释放更多的潜力。当前,农地经营权流转正在成为实现"三权分置"制度落地的重要途径,农地退出权改革亦将成为农民真正实现土地权益、建立完整土地产权权利的关键之举。

中国的城镇化水平在不断上升的同时,表现出显著的独特性。一方面,从国际比较看,2017年世界高收入国家平均城镇化率为81.53%,中上等收入国家平均城镇化率为65.45%,同期中国城镇化率为58.52%,不仅远低于高收入国家,与处于相同发展阶段的中上等收入国家相比,亦低近7个百分点。中国城镇化率相对不足,仍然具有很大发展潜力。另一方面,从城镇化的质量看,中国城镇化具有"双轨化"的明显特征。2019年常住人口城镇化率60.60%,但户籍人口城镇化率仅为44.38%,二者之间16.22%的差值表示大约有2.27亿的流动人口生活就业在城市,但没有城市的身份。这种不完全的城镇化伴随着数亿农民的"候鸟式"迁徙,导致农地规模化经营不足,农村大量留守儿童及消费不足等次生问题。其原因是多样的,本书将视角聚焦在农村土地制度,将土地制度及其改革作为研究的对象,通过深入细致的研究,考察土地制度如何改变农民的经济行为及带来农村的变化,最终造成城镇化的独特现象。

农村土地制度是农村的基本制度,但由于土地权属不完整,农民缺乏完整清晰的土地权利,无法在退出村庄时获得有效土地财产权,不愿意彻底地退出土地和农村,并完全融入城市,造成城镇化的质量不高。当前农民流动群体"离土不离村,进城不落户"的尴尬,事实上是户籍制度叠加农地制度,导致土地财产权利无法有效实现,以及农民进入城市缺乏社会保障等约束下无奈的选择。本书从农村土地产权视角出发,试图解释土地配置效率偏低和中国农村劳动力进城落户动力不足的原因,为新型城镇化战略目标的实现提供理论分析。本书是新型城镇化目标视角下中国农地确权、流转与退出的实证研究。全书共十章,具体来说,从不同视角分析农地制度及改革的影响,包括以下五个部分。

第一部分是第一至三章,主要是全书的研究背景、基础和动态。第一章阐述研究背景和意义,从中国发展的基本事实出发,提出农村土地产权制度改革研究的重要性,概述了主要研究对象、问题和研究方法。第二章是研究基础和文献回顾。在回顾产权理论和劳动力迁移的经典模型基础上,比较分析不同劳动力迁移模型的条件和适用性,并对各个模型进行简要评述;同时综述了关于农地确权、农地流转、农地退出和城市落户相关的文献,对其进行简要的评述,提出现有研究的不足及进一步研究的空间。第三章是基本特征事实分析,基于大样本调查数据,从统计视角对农地确权、流转和退出以及农民工落户的趋势进行分析,用大量图表勾勒出农地权属的重要特征以及存在的主要问题。

第二部分是第四至六章,主要是关于土地确权改革的政策效应的实证分析。第四章考察农地确权改革对土地流转的影响。农地确权改革是完善农地"三权分置"框架的重要组成部分,是土地产权制度改革的关键环节。第四章在简要介绍文献和制度背景后,构建了农地确权对农户土地流转的计量经济模型,使用中国健康与养老追踪调查数据(CHARLS)进行因果关系的实证检验,并采用控制函数方法解决内生性问题,提出农地确权改革不仅能够提高农户参与农地流转的意愿,还会提高流转土地的价格,使得农业生产效率低的农户更愿意将农地流转出去。第五章基于 2014 年和 2016 年中国劳动力动态调查数据(CLDS),检验农地确权对农村劳动力就业决策的影响。研究发现农地确权显著提高农村劳动力从事农业生产积极性,确权户从事非农就业的概率下降,其作用机制是农地确权会通过扩大农地面积和提高农业投入来增加农村劳动力农业就业。第六章研究了土地产权对社会发展的重要作用,使用村庄犯罪和冲突作为解释变量,研究了农地确权改革对村庄稳定的重要作用。

第三部分是第七至八章,主要是关于土地产权永久退出问题的理论与实证研究。新型城镇化的关键是实现农村流动人口在城镇的落户,其焦点在于农民土地财产权的实现以及对土地的处置。本部分在理论上拓展了托达罗(Todaro)人口流动模型,旨在研究农户分化和农户收入增长对农地有偿退出的影响,分别建立农户分化和收入增长对其土地退出意愿影响的计量模型,并利用发达地区农村的一手调查数据对理论和计量模型进行实证检验。第七章主要关注农户就业分化对其农地退出的影响,我们认为农户分化会降低农地承包权退出意愿,分化程度越高的农户,完全退出土地的意愿越低;分化程度越低的农户,选择退出土地换取经济补偿的意愿越高。第八章主要关注农户收入对农户土地退出的影响,研究发现,收入水平越高的农户,土地退出意愿越低,越倾向于保留土地权利,其原因是收入水平高的农户对土地的保障认知更高,这与第七章的研究结论一致。

第四部分是第九章,主要是农地权益对农民工城市落户意愿的实证分析。第九章首先构建了土地权益影响农户城市落户的计量模型;其次利用中国流动人口动态监测调查数据(2017),实证检验土地权益和社会保障及其交互作用对农户落户的影响;最后进一步考虑这种影响的代际差异问题。研究发现,农户土地权益实现会显著影响农民工在就业城市的落户意愿,且对农一代影响更大。新生代相比农一代有更强的城市落户诉求,但落户意愿同样受到城市社会保障和医疗保障的影响。

　　第五部分是第十章,主要是对整个研究结论的总结和提升,基于研究结论提出政策建议,并给出研究展望。本章汇总精炼各部分的简要结论,并提出具有针对性的政策建议,包括:第一,继续深入推进农地产权制度改革,赋予农民完整的土地财产权利;第二,建立合理的农地退出补偿机制,稳定农民的政策预期,引导其理性退出农地;第三,消除城市进入壁垒和人口迁移限制,重视农民工尤其是新生代农民工城市权利保障。

　　本书将农村土地制度改革置于中国经济发展的整体框架之下,从土地产权视角分析农村劳动力和土地要素配置的效率问题,进而分析中国城镇化的发展水平和质量问题。本书的主要贡献有以下三个方面。

　　第一,在理论层面构建从土地产权改革到农户行为的理性框架。从土地权属切入,分析农村土地和劳动力要素配置效率不高的制约路径,并在此基础上分析讨论农村土地权益与城镇化率不高的关系。在实证方面,本书涉及的数据资料丰富面广,综合运用全国大型家户微观调查数据和局部地区调研数据,使得研究更具有可靠性。在研究方法上,本书采用严格的计量模型考察农地确权与农户土地流转、劳动力流动和社会稳定的因果关系,研究结果的可信性较高。

　　第二,研究视角独特,从土地权属改革切入不仅考察农地改革的经济效应,还进一步研究了其社会发展效应。本书在研究土地产权改革对土地和劳动力要素配置影响的同时,将视角投射到产权安全的社会稳定效应,比如对农村冲突的影响。本书基于最新的中国农地确权改革证据,考察土地产权保护对村庄稳定和犯罪的影响。本书拓展了土地产权改革的现有研究,使得人们不仅重视土地改革的经济价值,也注重其社会价值。

　　第三,研究内容丰富,涉及农村土地改革的多个方面。不仅研究了土地确权改革对农地经营权流转的影响,还进一步考察了农地承包权退出问题。长久以来,多数学者关注的焦点在于农地双层经营体制下的经营权流转带来的效率提升问题,本书从城镇化的客观规律出发,提出农村劳动力退出承包权的必然趋势,并考察收入和土地流转对退出权的影响。针对不完全城镇化的特征,本书从土地依赖视角分析土地权益对农民落户的影响,并对当前农村土地制度影响城镇化的机制进行了理论和实证解释,是对城镇化研究的重要补充。

第一章
导　论

土地是财富之母,是乡村振兴的基石。农村土地制度改革不仅关系中国千家万户的小农生计问题,更影响粮食安全、农业强国建设目标,还牵扯城镇化发展水平和发展质量。党的二十大报告指出:"全面建设社会主义现代化国家,最艰巨最繁重的任务仍然在农村。"农村与农业发展的新动力来自哪里? 答案是土地,如何通过土地权属改革进一步激活并释放要素的潜力仍然是关键。

第一节　研究背景与意义

一、研究背景

城镇化是伴随经济发展的自然历史过程,是人类社会经济发展的客观趋势,是国家现代化的重要标志。世界各国的实践表明,城镇化对提高劳动生产率,缓解城乡差距,提高居民消费水平,实现经济转型都有重要意义。斯蒂格里茨(吴良镛等,2003)指出,中国的城市化是 21 世纪对世界影响最大的事件之一。过去四十余年间,中国城镇化水平迅速提高,城镇人口占总人口的比率由 1978 年的不到 20% 升至 2024 年的 67%,意味着三分之二的人居住在城镇。21 世纪以来,超过 3 亿农村人口流入城市,深度参与城市经济的分工,城镇化成为中国经济增长"奇迹"的重要支撑力量。尽管如此,中国的城镇化仍然存在数量偏低和质量不高的客观事实,2018 年世界高收入国家城市化率为 84%,中等偏上收入国家为 65%,而中国城市化率只有 59%,户籍人口城市化率仅 42%(世界银行数据库,2018),不仅远低于发达国家水平,而且低于同等收入阶段的发展中国家(见图 1.1)。

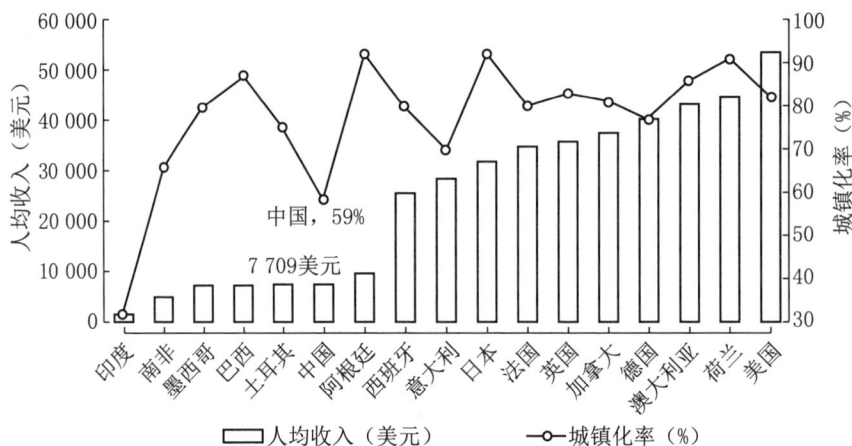

资料来源:世界银行,2018。

图 1.1 2018 年世界主要国家城镇化率

中国城镇化道路并不平坦,在经济发展早期经历了漫长的积累期,从 1949 年到 1960 年城镇人口占比从 10.64% 提高到 19.75%,1958 年户籍政策将人口分为城市人口和农村人口后,1960—1965 年城镇人口下降至

17.98%(世界银行,2014),这一数据一直维持到 20 世纪 70 年代末(见表
1.1)。改革开放之后,得益于市场化的改革,中国从人口空间结构的转换
中获得巨大的经济效益。随后的农村土地家庭承包制改革提高了生产效
率,释放大量农村剩余劳动力,农村劳动力开始大量涌向城市,到 1992 年
城镇人口占比增加到 27.63%。

表 1.1　新中国成立初期城镇人口比重

时　　　期	期末城镇人口比重	城镇人口比重增幅
1949—1957 年	15.39%	4.75%
1958—1960 年	19.75%	3.50%
1960—1965 年	17.98%	−1.77%
1965—1978 年	17.92%	1.92%

资料来源:世界银行:《中国:推进高效、包容、可持续的城镇化》。

中国的城镇化战略助推经济实现了快速增长和居民收入水平的大幅
度提高。城镇化率从 1978 年的不足 20%迅速提高到 2019 年的 60.6%,
城镇人口增长 6 亿多,成功使 7.7 亿农村人口实现脱贫,创造了举世瞩目
的减贫奇迹(见图 1.2)。

中国城镇化的迅速发展,创造出巨大经济绩效的同时逐渐显露出其
特殊性和困境。在严格的户籍制度和土地制度管制之下,城镇化过程出
现了其他发达国家未曾出现的特征。主要表现在:一是土地的城镇化快
于人口的城镇化;二是户籍人口城镇化与常住人口城镇化存在巨大差距;
三是城乡收入差距拉大,农村相对贫困问题仍然艰巨。

中国城镇化的突出特征之一是土地城镇化始终快于人口城镇化,城
市人口聚集不足。地方政府在集体土地用途转换上的独特权力和城市一
级土地市场的垄断地位,加上分税制改革后事权财权的不匹配,使得地方

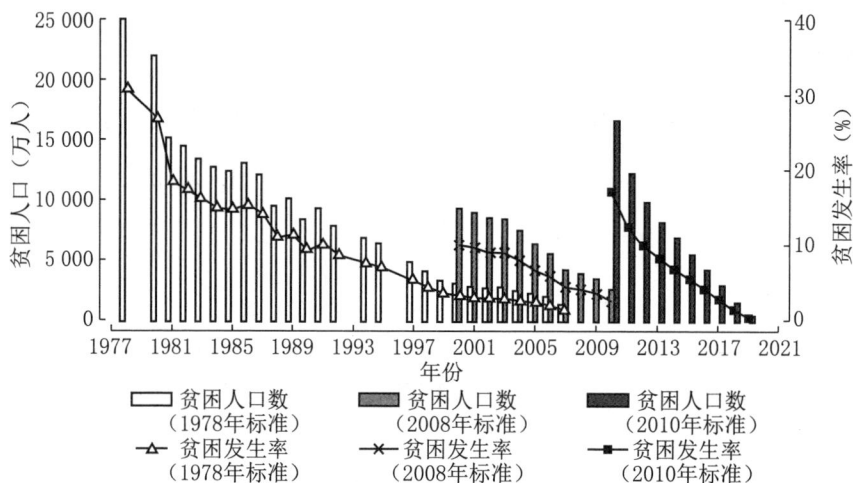

资料来源:根据《中国统计年鉴 2020》整理,使用 1978 年、2008 年和 2010 年设定的贫困标准。

图 1.2　中国的减贫奇迹:1978—2020 年

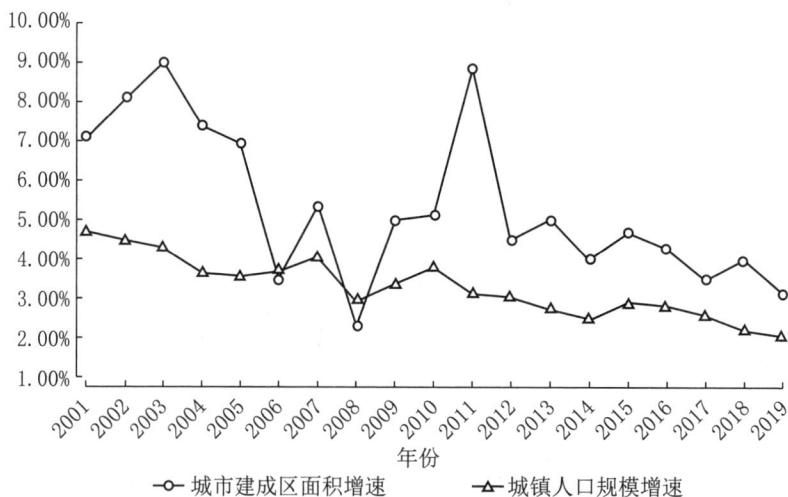

资料来源:根据《中国统计年鉴(2001—2019)》整理。

图 1.3　中国土地城镇化快于人口城镇化

政府对土地财政产生高度依赖。大量农田被征用为城市公共和建设用地,而城市户籍人口却由于户籍制度的严格限制未能获得突破。从图 1.3 可以看到,2001—2019 年城市建成区面积 151% 的增长远高于 76% 的城市人口增长速度,使得城市人口密度实际是下降的。有学者指出,土地城镇化明显快于人口城镇化,造成人地不匹配、土地资源浪费和利用效率低下等问题(周文等,2017)。

中国城镇化的重要特征是常住人口城镇化快于户籍人口城镇化,表现出明显的"半城市化"和不完整的人口迁移。改革开放以来,将近 3 亿农村劳动力流入城市,2019 年在城市就业的农民工总量达到 29 077 万人,常住人口城市化率达到 60.6%,但户籍城市化率仅为 44.38%,二者间 16.22% 的差距意味着 8.48 亿城镇常住人口中 2.27 亿的流动人口没有获得城市户籍,他们生活就业在城市但没有城市的身份,其医疗养老保障和子女的教育等公共服务需求没有被所在城市覆盖(见图 1.4)。不彻底的城市化其表现是数亿农民无法真正扎根城市,在城乡之间不断地"候鸟式"迁移,大量农民尽管离开农村但没有放弃土地,农村土地规模化经营进展缓慢,同时出现农村大量留守儿童和孤寡老人等次生问题。更进一步地,农民身份转化滞后于农民就业转移,导致原有未解决或破解的城乡二元结构进一步向城市延伸,形成"新二元结构"问题(顾海英等,2011)。

从收入水平来看,中国城镇化水平并未达到预期,迅速上涨的农民工工资以及"民工荒"表明,由农村流向城市的人口比以前有所减少,满足不了经济发展的需要(世界银行,2014)。2019 年,中国仍有 5.5 亿的人口生活在农村,约占总人口的 39.4%,而农村部门产值仅占 GDP 比重的 7.1%,农村的人口份额和经济占比严重不匹配,城乡居民收入和生活水

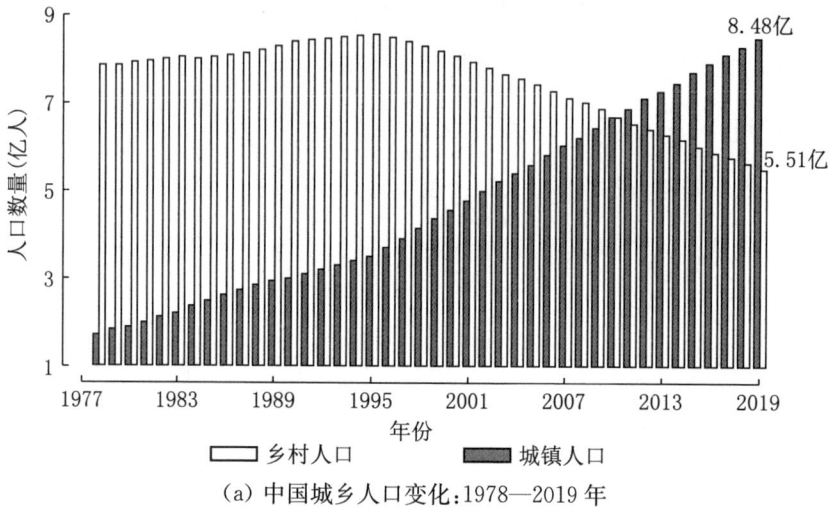

（a）中国城乡人口变化：1978—2019 年

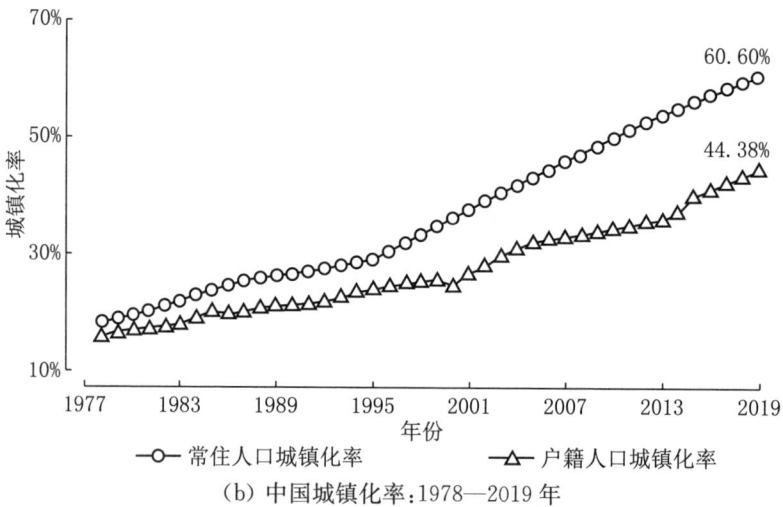

（b）中国城镇化率：1978—2019 年

资料来源：人口数据来自国家统计局，1981 年及以前人口数据为户籍统计数；1982 年、1990 年、2000 年、2010 年数据为当年人口普查数据推算数；其余年份数据为年度人口抽样调查推算数据。城镇化数据来源于《中国人口统计年鉴 1999》《中国人口与就业统计年鉴（2000—2011）》《中国统计年鉴（2012—2019）》《2010 年中国城镇化率报告》。

图 1.4　中国城乡人口及城镇化趋势：1978—2019 年

平存在巨大差距。事实上,中国城乡二元化的特征并未从根本上被打破,2020 年农村居民人均可支配收入为 17 131 元,还不到城镇居民人均可支配收入 43 834 元的一半(国家统计局,2020),城乡收入差距引起的不平等问题突出。通过加速城镇化,尽快消除城乡收入差距,是解决不平等问题的关键(万广华,2011)。在生产率和实际工资方面的差距意味着劳动力流动仍未达到最优水平。由于农村劳动力转移不彻底,随着中国城镇化进程的进一步推进,到 2035 年农村人口预计将从当前的近 6 亿人减少到 4.5 亿人,这意味着农村劳动力进程的过程远未结束(陈锡文,2018)。

中国的户籍制度是限制农村劳动力向城市流动和迁移的巨大枷锁。研究发现,户籍制度产生的城乡分割阻碍了中国城市化的发展(王小鲁,2002;Cai,2003;Zhang and Song,2003;Hertel and Zhai,2006)。户籍分割制度成为区域发展差距的重要因素,户籍附着的公共福利不均等造成的不公平备受诟病,基于公平和效率的角度,近些年户籍制度改革不断推进,城市落户门槛不断放低。表 1.2 给出了中央层面重要户籍改革政策的时间线,事实上从 1998 年开始,中央政府就开始注意城市外来人口问题,文件表现出对农村劳动力流动的积极支持和鼓励,明确提出改革城乡分割体制、取消对农民进城就业的不合理限制的指导性思路。2006年,国务院发布了一份具有里程碑意义的文件,对农民工的待遇问题提供了全面的政策框架,明确了他们有权享有公共服务,并将农民工纳入公共服务体系,以帮助农民工更好地融入城市。2013 年第十二届全国人大十三次会议提出的《国务院关于城镇化建设工作情况的报告》将户籍制度改革列为推进中国城镇化战略的关键,首次明确提出各类城市具体的城镇化路径。随着农民工市民化工作的推进,2016 年国务院发布《推动 1 亿非户籍人口在城市落户方案》,再次大幅度降低中小城市的落户条件。

表 1.2　中央层面重要户籍改革政策

时间	相关文件	重点内容
1998 年	《关于解决当前户口管理工作中几个突出问题的意见》	凡在城市有合法固定的住房、合法稳定的职业或者生活来源,已居住一定年限并符合当地政府有关规定的,可准予在该城市落户。
2006 年	《关于解决农民工问题的若干意见》	对农民工实行属地管理,公共财政支出逐步健全覆盖农民工。逐步地、有条件地解决长期在城市就业和居住农民工的户籍问题。不得以农民进城务工为由收回承包地。
2013 年	《中共中央关于全面深化改革若干重大问题的决定》	创新人口管理,加快户籍制度改革,全面放开建制镇和小城市落户限制,有序放开中等城市落户限制,合理确定大城市落户条件,严格控制特大城市人口规模。
2014 年	《关于进一步推进户籍制度改革的意见》	全面放开建制镇和小城市落户限制,有序放开中等城市落户限制,合理确定大城市落户条件,严格控制特大城市人口规模;建立城乡统一的户口登记制度,建立居住证制度,健全人口信息管理制度。
2016 年	《推动 1 亿非户籍人口在城市落户方案》	城区常住人口 300 万以下的城市不得采取积分落户方式,大城市落户条件中对参加城镇社会保险的年限要求不得超过 5 年,中等城市不得超过 3 年。
2020 年	《关于构建更加完善的要素市场化配置体制机制的意见》	推动超大、特大城市调整完善积分落户政策,推动在长三角、珠三角等城市群率先实现户籍准入年限同城化累计互认。

从上述分析可知,中国的城镇化发展仍然面临城镇化率偏低、城镇化的质量不高以及城乡二元化并未真正打破等诸多挑战。党的十八大以来,中国开启了由富国战略向强国战略转变的进程,这对城镇化发展方向提出了新要求,《国家新型城镇化规划(2014—2020)》明确指出:"城镇化必须进入以提升质量为主的转型发展新阶段。"党的十九大报告提出:"建立健全城乡融合发展体制机制和政策体系。"新型城镇化是由土地城镇化

转向"人的城镇化",强调"以人为本"的典型特征,"人的城镇化"是提升城镇化质量、破除城乡二元体制、促进人的全面发展和社会和谐进步的根本途径(李兰冰等,2020)。

新型城镇化是解决"三农"问题和实现乡村振兴的重要途径。2018年《乡村振兴战略规划(2018—2022年)》提出,"深刻把握现代化建设规律和城乡关系变化特征,促进有能力在城镇稳定就业和生活的农业转移人口有序实现市民化"。随着农村人口逐步向城镇转移,农民人均资源占有量相应增加,可以促进农业生产规模化和机械化,提高农业现代化水平和农民生活水平。

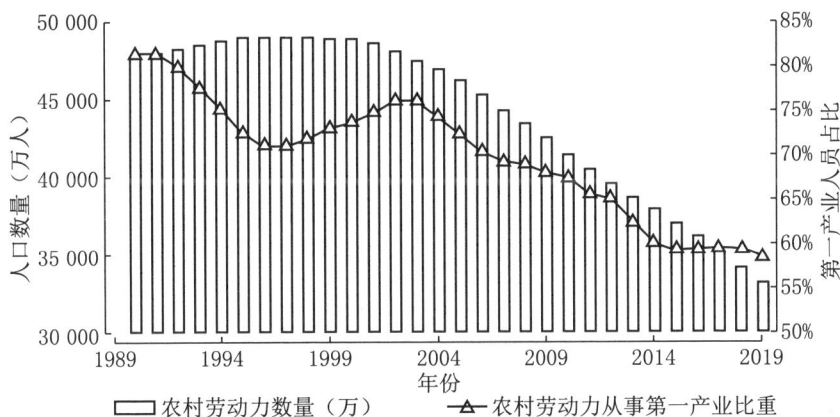

资料来源:《中国农村统计年鉴(1990—2020)》。

图 1.5 中国农村劳动力从业变化:1990—2019 年

图 1.5 数据显示,中国农村劳动力数量从 2000 年之后迅速下降,2019 年仍有 3.3 亿人,其中从事农业劳动力中从事第一产业从业人员占比下降至 58.5%。农民收入结构发生很大变化,农民工资性收入 5 996元,非农就业对农民增收的贡献率达 42.0%。随着外出就业机会增加,

农地流转成为新的趋势,2018年全国家庭承包耕地流转面积达5.4亿亩,占家庭承包耕地面积的39%(见图1.6)。劳动力大量转移的同时,农村内部出现农户分化现象,2012年纯农业户占比为18.28%,非农业户占15.93%,而两种兼业型农户总共占比达65.79%,其中农业兼业户占比为30.07%,非农业兼业户为35.72%(刘守英和王一鸽,2018)。伴随着城市化和工业化的快速发展,农村大量劳动力转向非农产业和城镇转移,农村和土地的关系出现新的变化。土地承包经营权的内涵不断充实,土地由保障性功能向财产性功能不断转变,对通过市场进行资源优化配置的要求越来越高(高强和宋洪远,2017)。按照《"十四五"推进农业农村现代化规划》,力争到2035年乡村全面振兴取得决定性进展,农业农村现代化基本实现。中国的城镇化率至少70%,而中国小农户占比农业经营主体的98%以上,现有2.3亿的农户的户均经营规模仅为7.8亩,其中经营

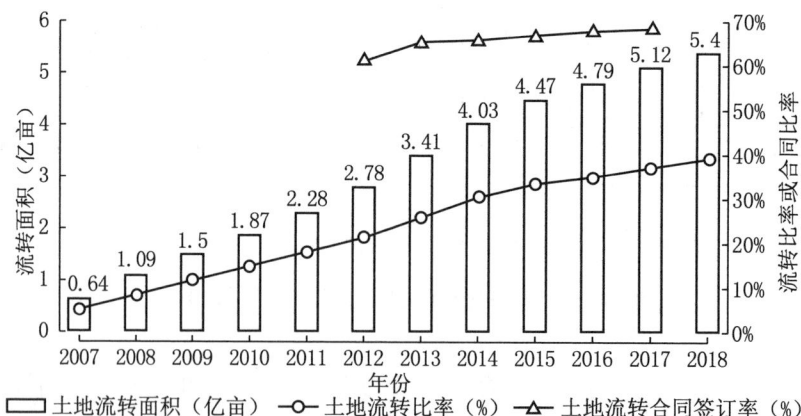

资料来源:作者根据土流网收集农地流转面积,其他数据来源于《中国农业统计年鉴(2012—2019)》,农地流转合同签约率参考朱冬亮(2020)。

图1.6 中国农村土地转出趋势:2007—2018年

耕地 10 亩以下的农户有 2.1 亿户,实现农业适度规模化经营,相当一部分农民会成为市民,退出农村土地会成为必然的选择(孔祥智,2019)。

改革开放四十余年间,农民的离土出村成为推动中国从乡土中国转型为城乡中国的最主要力量(周其仁,2013a)。集体所有的农地制度下,农户获得土地的承包使用权,这种制度在改革的早期获得巨大成功,极大地激发了农民的生产积极性并解决粮食安全问题(Lin,1988;Brandt,2002)。但随着时间的推移,农村承包地①的权属尽管在法律上是明确的,但由于对"集体"的范围缺乏界定,农地承包关系调整不断,逐渐显示出其弊端。随着城镇化速度的加快,大量的农民迁移到城市,城市建设用地供应在不断增加的同时,农村宅基地面积不减反增,双重挤压下耕地面积不断下降。在缺乏退出权的情况下,务工农民即便自愿放弃自己的土地,彻底进入城市也不能得到应有的补偿,其土地财产权益得不到保障,这使得大量农民进城也不想放弃自己拥有的土地(曲福田和田光明,2011)。

城镇化已经支撑中国经济四十余年的发展,未来在中国经济转型和社会发展进程中仍将继续发挥重要作用。2014 年联合国经济社会署发布的《世界人口发展展望》预测 2030 年中国城市化率将达 68.7%,有近 10 亿中国人生活在城市,中国整体社会经济形态随之发生重大改变。在户籍制度不断放开的背景下,农民进城落户的意愿不强,尽管中央多次强调不得将农民退出土地与进城落户挂钩,但农民选择城市落户的意愿仍然较低。其背后不仅仅是城市落户门槛的原因,相当程度上受当前的农地制度和社会保障因素制约。城市化是经济发展出现的必然结果,也是

---

① 本书将农村耕地作为专门研究对象。

中国经济转型需要面对的挑战,无论对解决"三农问题"、实现乡村振兴、实现区域协调发展、降低收入差距,还是解决中国内需不足、推动经济高质量增长均有重要意义。

二、研究问题

土地作为经济发展最重要的要素之一,土地制度是掣肘中国新型城镇化战略的核心,尤其是农村土地制度。通过增强农村土地产权,进一步明确集体所有权安排,能增加农民在土地交易中获得的利益,从而使城镇化进程更具包容性。

本研究的基本问题是:中国农村劳动力在普遍离农的情况下,为何不愿意真正地离土?与之密切相关的问题是,户籍制度大幅度放松的条件下,中央也多次强调不得将农民工进城落户与放弃农地承包权挂钩,为何大量身在城市的农民不愿意落户城市,真正实现完全市民化?

中国农业现代化的必由之路是多种形式的适度规模经营,目前户均7.8亩的耕地面积显然难以支撑农业现代化发展和真正富裕农民,在土地经营权流转已经大规模开展的情况下,探索如何使农民在自愿前提下有偿退出农地承包权,引导部分农户实现完全城镇化,并适度集中土地有重要的实践意义。尽管可以从多个角度和不同方面对上述问题提供解释,本书主要从农村土地产权改革入手寻找答案。

三、研究意义

中国要实现现代化,农业必须实现现代化,农业现代化必然以农业规模化为基础。城镇化是解决"三农问题"的重要途径。通过劳动力向城市转移扩大农村的农均土地规模、提高农业生产效率,是国家迈向现代化的必然选择。中国城镇化的关键行动者是农民,从经济学视角,农民由乡入城和进城不愿落户的选择都是现有农地和户籍制度约束下的理性选择。这种理性行为表现在细微的决策上,涉及农地流转决策、承包权的退出意愿以及农村和城市落户的选择。在农地集体所有的框架下,这种无偿的土地分配权和难以带走的承包权益当然会使得农民不愿意放弃农村户口。①

具体而言,本书从理论和政策两个方面体现其研究意义。

从理论上来看,作为中国农地改革的重要部分,农地流转的研究已经受到国内外大量学者的关注(Kung,2000;Deininger and Jin,2005,2012;程令国等,2016)。不少学者关注农地流转对农村、农民和农业的重要意义。农地流转是现有制度框架下土地资源再配置的重要方式,不仅可以使得农民从破碎化的土地中解脱出来,顺利参与非农就业,还有利于农业的规模化经营。事实上,农地流转是城镇化背景下的一个微观体现,更重要的作用在于降低了农村劳动力转移的机会成本。随着政策上"人的城镇化"的推进,农村劳动力短期流动并未大幅度提高其在城市永久落户的问题逐渐得到关注。大量学者开展了户籍制度的研究(张吉鹏等,2020;Yao et al.,2004;Whalley and Zhang,2007;孙文凯等,2011),发现户籍制度改革对城市人口和城镇化率都有重要影响。但从农村端,尽管已经有大量农村劳动力在城市实现稳定的安居就业,却仍然不愿在城市落户,关于土地永久退出议题的研究刚刚开始。本书是对现有城镇化

---

① 尽管中央多次强调不得将进城落户与土地承包权挂钩,但实际操作层面面临重重困难,村集体成员权与土地分配权绑定的现象比较严重。

研究的重要补充,从农户的农地流转、土地退出和城市落户三个密切相关的具体问题,阐释土地制度对城市化的影响,在理论上为土地产权理论、农户行为理论和劳动力迁移理论提供新的解释和证据,在政策上为推动中国城镇化战略的实践提供洞见。

从政策上来看,"十四五"时期如何实现常住人口城镇化率65%的目标关系着整个城镇化战略的推进和经济转型与发展。推进"人的城镇化"的重点是推进农业转移人口市民化,其中的关键环节是农地制度改革。目前,尽管农村土地流转广泛发生,但与劳动力转出力度相比,农地的流转比率和流转面积仍然偏低,农户土地流转意愿仍然不强,本研究的启示在于通过产权强化能在一定程度上提高农地流转率。农地有偿退出政策正处于试点当中,研究发现如果采用"一刀切"的方式可能会引起农户与土地的逆选择。农民工市民化成为当前城市化的一个重要挑战,与劳动力大量向城市流动参与非农就业形成对比的是,农民工在就业城市落户的意愿普遍不高,本研究从土地影响的代际差异角度给出解释,对城镇化推进具有一定的指导意义。

"十四五"时期恰逢中国"两个一百年"奋斗目标的历史交汇期,同时我们也面临着百年未遇之大变局。从国际形势上,逆全球化趋势使得国际贸易份额下降,出口导向型经济遭遇前所未有的挑战,新冠疫情的暴发和不确定性对全球经济产生重大打击,世界经济对中国经济增长的带动作用下降;从国内环境上,中国社会的主要矛盾已经转变为人民日益增长的美好生活需要和不平衡不充分的发展之间的矛盾。在此背景下,中央积极应对复杂严峻的国内外形势并提出"形成以国内大循环为主体、国内国际双循环相互促进的新发展格局"。基于此,新型城镇化面临更加艰巨的任务:需要以城镇化红利接续"人口红利",增强内需驱动高质量发展的能力,并加速农民工市民化进程和城乡融合速度,促进人民生活水平的不断提高。

第二节　研究目标与对象

一、研究目标

本书基于中国新型城镇化发展目标,通过对农地确权、流转和退出和落户意愿的实证研究,分析农地确权对农地流转的影响、农地流转和收入增加对农地退出意愿和城市落户的影响,寻找如何更好地推进"人的城镇化"的路径,通过运用产权理论和拓展的托达罗劳动力转移模型,分析中国制度背景下城市化的障碍,旨在达到以下研究目标。

首先,从理论和实证上分析城镇化背景下农户土地处置的影响机制。改革开放后,得益于工业化加快提供的大量城市就业机会和劳动力流动限制的放松,大量农村富余劳动力进城务工,劳动力非农就业释放了中国的人口红利,成为中国近 40 年经济持续增长的重要因素。与此同时,部分农户让渡土地经营权,进行农地流转,部分地退出土地和农业生产,土地规模化程度迅速提高。2009 年以来中央政府开启新一轮农地确权颁证工作,土地产权稳定性的提高对农地流转产生重要作用。本书通过严谨翔实的微观数据,研究农地确权对农地流转(部分退出)的影响。

其次,研究农户分化带来的农地完全退出的决策行为。一方面,随着非农就业机会的增多,基于不同的禀赋,农户间出现分化,农户分化已经成为城镇化发展的动力,其本质在于兼业化。另一方面,城市化客观要求部分农户必须彻底退出土地,完全进入城市居住和就业,不同于农地流转或部分退出,农地完全退出更是从根本上反映经济发展和城市化成果。本书从农户分化基本概念入手,分析农户分化对农地部分退出和完全退出的影响机制,为更好地引导有条件的农户进入城市,实现更高质量的城市化和"人"的城市提供政策建议。

再次,研究农户收入和土地保障对农地退出的影响。农民收入增长与土地关系的研究是学术界关注的热点问题。随着非农收入成为重要的收入增长来源,农民能否割舍与土地的联系涉及不同的观点。长期以来,农村土地承担着重要生存保障作用。大量农业人口进入城市就业,由于户籍制度因素,无法获得当地户口和相应福利,在医疗、养老保险等因素限制下,农民很难在迁入地定居下来,土地可作为最后的就业回流地为家庭提供生存的基本保障。

最后,从代际差异视角研究土地权益对农户落户意愿的影响。目前城镇化的明显特征是户籍城镇化率低于常住人口城镇化率 16.22 个百分点,大量农村劳动力即使在城市已经实现稳定就业,仍然不愿落户于城市,这不同于由于城市落户门槛高而不能落户,而是农民工自身不愿放弃农村户口,这背后是农民工基于城市户口和农村户口附着的权利和户口转换的收益进行的权衡。本书试图从代际差异视角入手,分析土地权益和社会保障对两代农民工城市落户的影响。

二、研究对象

本书的主要研究对象是农户或家庭的经济行为。本书应用现代经济学的基本理论和方法,从发展经济学视角,纳入中国农村土地制度和户籍制度特征,从理论和实证两个方面分析和研究现有农地制度对农户农村土地流转和退出行为的影响,以及农地权益和社会保障体系对农民进入城市落户的影响。

第三节 研究框架与内容

一、研究框架

本书主要分析农户城镇化背景下的土地经济行为,试图将土地产权改革、农户职业分化、收入增长和代际差异作为外生性冲击,分析其对农户离开农村和进入城市的影响,全书沿着农户农地确权—短期土地退出—长期土地退出—城市落户的研究思路展开,具体有以下三个方面。

一是农地产权确权改革对农村劳动力农地流转行为的影响。农地流转是农地三权分置框架下实现土地财产权收益最重要的方式之一,从劳动力流动视角来看,农地流转不仅是土地资源再配置的重要方式,更是劳动力短期流动的重要依托。农地确权改革通过稳定农地承包权、稳定农户预期,使农民放心流转,同时有利于农民短期流动。

二是城镇化战略指引下劳动力转移对农地退出的影响。随着经济和社会条件的变化,以农地流转为代表的农地短期退出行为在农村大规模的发生,大量农民"离土不离村",尽管农地流转在一定程度上实现了农地的财产权益,但不完全,针对大量已经在城市就业多年、事实上是"城里人"的农地承包权拥有者,通过引导他们有偿退出土地承包权,无论对于农地规模化还是户籍城镇化均有重要意义。基于此,本书考察农户职业分化和收入差异对农户土地退出行为的影响。

　　三是两代农民工的土地权益和社会保障差异性及其对城市落户的影响。在城镇化战略下，推动农村人口向城市转移，实现在城市的落户和定居成为重要目标，但当前一个重要的事实是在城市落户门槛大幅降低的情况下，农民的落户意愿仍普遍不高。本书从新生代和第一代农民工在土地权益和社会保障方面的差异入手，分析农民工落户意愿低的原因，为

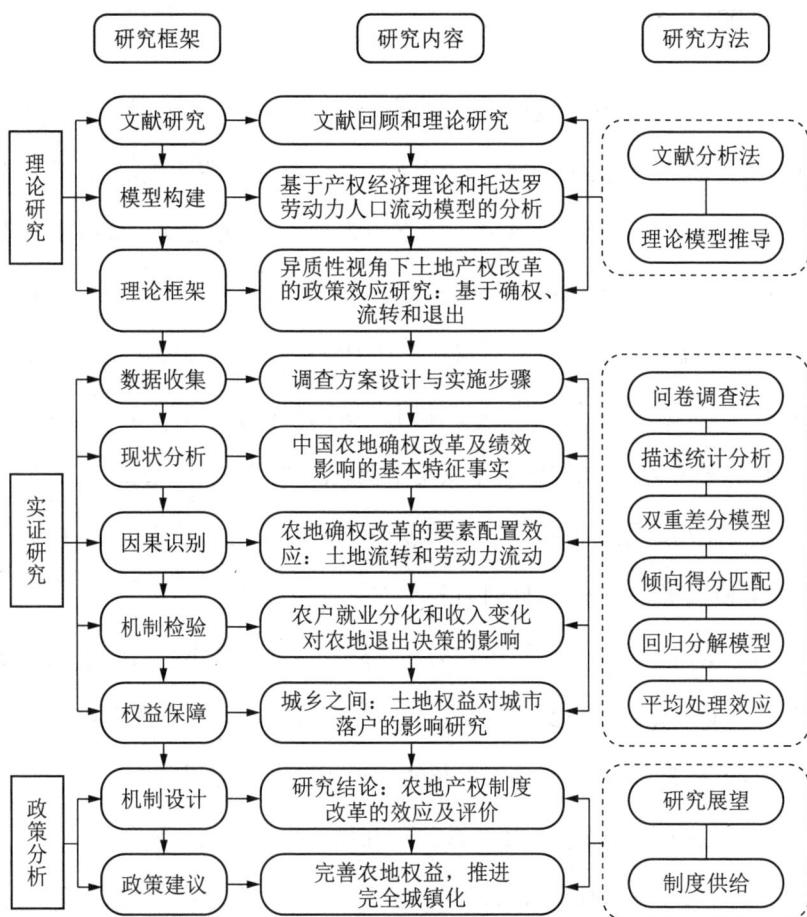

图 1.7　研究技术路线图

推动更高质量的城镇化提供理论基础。

本书的基本路线按照"提出问题—研究基础—实证检验—研究结论"四部分展开,提出问题部分给出研究的背景、问题指向和研究意义、研究贡献等;研究基础部分提供文献和理论基础,并统计分析相关趋势;四个实证研究是研究的主体,分析农地确权、流转及退出与城镇化的关系;研究结论部分给出主要结论和政策建议。图1.7给出本书的研究技术路线图。

二、研究内容

本书以中国城镇化背景下农村土地和劳动立要素的再配置为出发点,基于新一轮农村土地产权改革,研究农地确权制度改革的政策效应,并进一步分析困扰农村发展和城镇化已久的农村土地承包权退出问题。具体而言,基于中国城镇化率偏低、"人的城镇化"亟待推进的事实背景,遵从农户行为和土地产权以及劳动力迁移理论的基本观点,本书利用农地确权等政策背景,以农户为单位分析农地制度对中国城镇化进程的影响,试图从土地产权和农地制度层面,寻找中国城镇化率偏低、户籍城镇化受阻的根本原因。

第四节　研究方法与数据

一、研究方法

(一) 文献分析

文献分析是本书研究的起点,主要为综述现有研究的观点,寻找研究的不足,并提出问题。与本研究相关联的领域有农地制度、土地产权理论以及迁移相关研究。在研究过程中,本书对相关领域的重要文献进行整理、分析和加工,在吸收和理解以往学者对农地确权、农地流转和农地退出以及农民工落户意愿等议题的见解的基础上,形成关于农地制度改革与城镇化进程关系的逻辑分析。在理论分析和实证研究过程中,本研究同样大量参考和引用现有文献的做法,在计量模型设定、控制变量选择、工具变量选择以及识别方法上借鉴了国内外不同学者的处理方式。

（二）理论分析

经济问题是研究的出发点,经济理论是研究的落脚点。发展经济学关于传统农业国向现代工业国家转型理论并不缺乏,1954 年刘易斯（W. Arthur Lewis）在深化李嘉图模型基础上构建了两部门模型,认为剩余劳动无限供给。拉尼斯（G. Ranis）和费景汉（John C. H. Fei）在 1961年推进了刘易斯模型,清晰地把工业和农业之间的发展关系表述了出来。同年,乔根森（D. W. Jorgenson）对刘易斯模型中农村剩余劳动力的边际生产率为零的假设进行改进。1970 年托达罗和哈里斯（J. R. Harris）认为预期收益是劳动力流动的决定因素,发展了新的人口流动模型,并得到了广泛的应用。人口学家发展出的推拉理论在解释劳动力流动问题上表现出具有巨大影响力。巴格内（D. J. Bagne）系统归纳了推拉理论,并由李（E. S. Lee）进行了改进。在研究过程中,本书注重理论分析,试图将经典理论模型纳入中国的制度和土地变量,分析新的制度环境下城乡迁移问题,以此拓展传统经济学理论的分析范围和解释力。

（三）实证检验

在理论分析基础上,文中大量使用微观数据进行实证分析,检验当前土地制度下农户的土地流转和退出行为以及进城落户决策。首先,使用由北京大学实施的"中国健康与养老追踪调查"(China Health and Retirement Longitudinal Study, CHARLS)考察农地确权对农地流转的影响,在现有文献基础上,研究农地确权对异质性农户的影响。其次,使用入户调查数据,考察农户分化和农户收入水平的提高对农户的土地退出意愿的影响。最后,在分析农户土地流转和农地退出的基础上,进一步考察农民工的进城落户意愿,本书发现,尽管大量农民在进城务工会流转土地,但他们不愿意有偿放弃土地,土地权益难以实现成为户籍城市化的重要阻碍。

二、数据说明

本书使用的数据较为丰富,统计分析部分使用的数据包括:《中国统计年鉴(1978—2019)》《中国农村统计年鉴(1978—2019)》以及《新中国60年统计资料汇编》等。实证研究部分使用的数据主要为微观家户调查数据,该数据包含浙江大学"中国家庭大数据库"(Chinese Family Database, CFD)、中山大学"中国劳动力动态调查"微观数据(China Labor-force Dynamics Survey, CLDS)、北京大学"中国健康与养老追踪调查"、上海交通大学农村经济研究所调查数据,以及中国流动人口动态监测调查数据(China Migrants Dynamic Survey, CMDS)。研究数据基本特征以及在具体研究中数据的使用过程具体说明如下。

(1)浙江大学"中国家庭大数据库"。该数据由浙江大学组织调查,调查内容涉及中国农村家庭的基本结构、个体就业特征、家庭收支状况、农村土地和生产经营以及人口迁移与市民化等各个方面。该数据为全国

29 省农村家户追踪数据,其中,2015 年调查的农村样本共包含 22 535 个家庭的 76 675 人,有 57.32% 实际居住在农村。2017 年农村样本共 24 764 个家庭 77 132 人,实际居住在农村的人口比率跟 2015 年相同,该数据在全国不同省份城镇层面和农村层面均具较好的有代表性。该数据集的优势在于提供了较为全面的家户层面农地确权登记、出租等数据,但其缺陷在于须在线申请远程使用,使用成本较高,不便于数据的深度分析使用,数据的利用率较低。在第三章中,我们使用本数据对当前中国农地的基本情况进行统计分析,给出全国范围内农地的基本特征。第六章关于农地确权与村庄稳定的研究同样基于本数据的独特变量。

(2) 北京大学"中国健康与养老追踪调查"。本数据集由北京大学赵耀辉团队组织调查,目前公布的数据为 2011—2018 年家户追踪数据,该数据详细调查了农户家庭的个人基本信息、家庭结构和经济支持、健康状况、工作、退休和养老金、收入、消费、资产以及土地的租赁等变量,2011 年数据调查了家户农地确权情况。程令国等(2016)使用该数据研究了农地确权对农地流转的影响。该数据的优势在于采用较为严格的抽样方法,具有全国层面的代表性,样本量大,缺陷在于关于农地的指标较少,目前仅 2011 年数据涉及农地确权变量。

(3) 中山大学"中国劳动力动态调查"微观数据。本数据收集目的是通过对中国城乡以村/居为追踪范围的家庭、劳动力个体开展每两年一次的动态追踪调查,系统地监测村/居社区的社会结构和家庭、劳动力个体的变化与相互影响,建立劳动力、家庭和社区三个层次上的追踪数据库,从而为进行实证导向的高质量的理论研究和政策研究提供基础数据。其包含劳动力个体、家庭和社区三个层次的追踪和横截面数据,可为实证导向的理论研究和政策研究提供高质量的基础数据。目前,该数据集已完成 2011 年广东省试调查、2012 年全国基线调查和 2014 年、2016 年、2018 年追踪调查。基于本数据集我们考察了土地确权对劳动力就业的影响,详见第五章。

(4)上海交通大学农村经济研究所调查数据。本数据 2016 年由上海交通大学安泰经济与管理学院农村经济研究所组织调查,调查目的为考察发达地区农户农地承包权退出意愿,调查区域为长三角农村地区,主要是上海郊区,其次是江苏、浙江部分地区。问卷涉及农户家庭特征、地块特征、农地流转及承包权退出态度等问题,总样本量 1 361 份。当前对农民离农离土的大量研究集中在农地流转,其数据也较为丰富,但农户土地退出的数据较为缺乏,该调查弥补了这一缺憾。本数据的优势在于包含农户土地承包权退出意愿和补偿要求,便于考察发达地区农户农地有偿退出的态度。但该数据抽样和变量设置较为简单,样本覆盖率稍低。研究使用该数据研究农户职业分化和收入水平的提高对农户土地退出的影响,分别构成本书的第六章和第七章。

(5)中国流动人口动态监测调查数据。本数据由国家卫生计生委流动人口司负责组织协调,调查采取分层、多阶段、与规模成比例方法(PPS 抽样法)进行抽样。2017 年调查涉及全国 31 各省(市、区)和新疆生产建设兵团农民工群体总样本量 16 万人,调查内容包含流动人口家庭特征、收入支出、流动意愿、土地禀赋和社会保障等项目。该数据 2017 年首次将农民工土地禀赋和权益指标纳入调查范围,因此研究使用 2017 年截面数据研究土地权益和社会保障对两代农民工落户意愿的影响,构成本书的第八章。

第五节　研究创新之处

本书的创新性贡献主要在以下四个方面。

第一,从土地产权稳定视角出发,将中国农地制度的基本特征与城镇化相联系。使用全国层面微观数据、局部农户调查数据及国家统计数据,运用严格的统计和计量方法,在分析中国农地确权和农地流转进程的同时,详细考察了农地确权对农地流转和劳动力的影响,进一步研究农地确权对流转影响的财富异质性,研究困扰已久的农地承包权永久性退出问题。

第二,从农户农地退出决策入手,将农地制度作为解释中国不完全城镇化的重要因素进行研究。使用发达地区农户微观调查数据研究发现,现有农地有偿退出的政策意图有可能引起"逆选择"问题,即政策制定者期望通过引导在城市稳定就业的农户有偿退出土地,实现土地的适当集中,但可能会导致高收入农户最终保留农地,而低收入农户为追求经济补偿放弃农地,从而面临失去土地的风险。

第三,将农户分化与农户土地退出意愿联系起来,分析农户分化对农户土地退出的影响和作用机制。城市化过程中农村劳动力因禀赋不同出现分层分化现象,现有研究鲜有考察农户分化对其土地退出意愿影响,本书研究发现,并非分化程度越高农户退出土地意愿越高,相反,农户分化伴随着农户收入的提高反而会降低其土地退出意愿。

第四,将农户的离农离土和进城落户相联系进行分析。对于城市化中农村劳动力的流动和迁移,以往研究大多独立地研究农民的农地流转问题和进城落户问题,但农民的离农和进城往往是同时决策的,本书同时分析农民的离农离土和进城落户决策,弥补了当前研究的不足。

第二章
理论基础与文献综述

本章从理论视角展开,梳理与本书研究密切相关的经济理论。主要有人口迁移理论、土地产权理论和农户行为理论。选择人口迁移理论的原因是研究涉及农村劳动力的乡—城迁移决策,而人口迁移是经济发展和城镇化的重要部分。研究依据土地产权理论分析农地确权改革对农户农地流转的影响,主要分析土地改革政策对农户经济和社会行为的影响。

第一节 理 论 基 础

一、人口迁移理论

经济发展过程伴随着劳动力的迁移,发展经济学文献关于劳动力流动的分析主要从劳动力农村向城市转移展开。本章对经典的乡—城人口迁移(Rural-Urban Migration)模型进行综述和分析。

(一)刘易斯模型

第一个人口流动模型由著名的发展经济学刘易斯(Lewis,1954)提

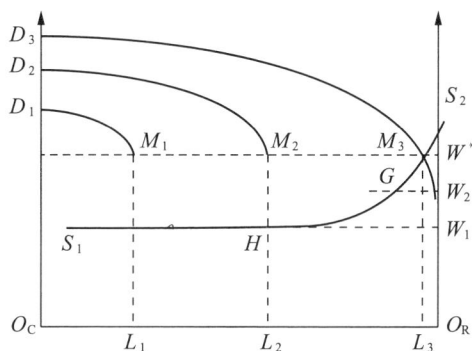

图 2.1　刘易斯劳动力流动模型

出。刘易斯模型以城乡二元经济结构为基础，如图 2.1 所示 DM 为城市部门劳动力需求曲线，S_1S_2 为农村劳动力供给曲线。在最初始阶段（S_1H 供给曲线）传统农业部门技术水平低下，土地较为稀缺和劳动力大量剩余，此时，农业劳动生产率很低，只需要提供 W_1 工资即可源源不断地吸纳劳动力进入城市部门。随着劳动力转移，农村剩余劳动力减少，供给曲线开始上倾（HS_2），劳动边际生产率在农业部门开始大于零。劳动力流动的工资水平处在 W_1W^* 阶段，农业劳动力会持续的向工业部门转移，直至农业部门的生产率等于工业部门的生产率，此时二元结构变为一元经济，经济实现从传统农业国家向现代工业国家转型。

刘易斯模型对分析经济发展过程中的劳动力流动具有重大意义，该模型的基本假设从发展中国家的结构性差异入手，较为贴近发展中国家实际。农村部门劳动力剩余是发展中国家的普遍现象，中国近些年的工业化和城镇化过程基本符合这样的假设，大量农村剩余劳动力向城市部门转移，参与到现代工业部门的分工和就业中。从这个角度，对发展中国家向现代国家的转型提供了重要的参考。但是不能忽视的是，该模型存在着一些不足：一是模型只强调现代工业部门发展，忽视农业部门发展，认为农业部门是停滞不前的显然与事实不符。二是其假设城市部门不存在失业与现实不符，而现实的经济发展中很多发展中国家城市失业与农村劳动力剩余并存的现象（郭熙保，1989）。

（二）拉尼斯—费景汉模型

美国发展经济学家拉尼斯和美籍华人经济学家费景汉（John C. H. Fei）进一步完善刘易斯模型，建立了新的劳动力迁移模型（Ranis-Fei Model，1961）。新模型强调农业部门和工业部门的平衡发展，将古典劳动力转移分为两个阶段。第一个阶段是隐形劳动转移时期，即图 2.1 中的 HG 阶段，农业劳动力边际生产率大于零但小于农业部门固定平均工资水平（W_2），此阶段劳动力转移会带来农产品产量的降低和价格的提高，城市部门和农村部门出现劳动力争夺，推动城市部门提供的工资不断上涨。第二个阶段（图 2.1 中 GS_2），农业转移劳动力边际生产率超过农业平均固定收入，超过了原来的生存工资，农民工资水平由市场和劳动生产率决定，劳动力工资水平迅速上升，由此完成经济转型。

（三）乔根森模型

与刘易斯模型和拉尼斯—费景汉模型不同，乔根森（Jorgenson，1961）放弃了不变工资和劳动力生产率为零的假定，从纯农业国出发进行分析，认为农业剩余是核心，建立了新的二元经济模型。乔根森模型假定，初始阶段所人都从事农业，经济发展存在三个阶段。第一个阶段，人口增长率低于生理最大增长量，[①]此时，农业产出增长和人口增长比例固

———————————

① 现有社会和医学水平上能够达到的自然人口增长率。

定,经济发展处于"低水平均衡陷阱",不存在农业剩余和劳动力转移。在第二个阶段,人口增长率达到生理最大增长量,一旦农业产出增长快于人口增长,便会产生农业剩余。第三个阶段也被称为刘易斯新古典阶段,此时农业部门和城市部门的边际产品等于实际工资率。

乔根森模型摈弃了刘易斯—拉尼斯—费景汉模型的劳动力无限供给假设,认为农业剩余取决于人口增长率与农业产出的相互关系,而且人口增长率是内生于经济增长。当然,乔根森模型的缺陷也是明显的,其分析局限于封闭条件下的二元经济,而且当农业产生剩余时,人们对粮食的需求弹性并不为零。

(四)托达罗模型

20 世纪 60 年中期到 70 年代,发展中国家城市失业问题越来越严重但是农村人口向城市迁移速度不仅没有放缓,实际上在加速,使得刘易斯理论逐渐失去解释力。为解释现代城市部门的失业和农村劳动力迁移同时存在的问题,美国著名发展经济学家托达罗(Harris and Todaro, 1970;Todaro, 1969)放弃了城市可以无限吸纳劳动力的假设,用预期收入差距解释劳动力迁移,并发展出应用更为广泛的人口流动模型。

托达罗认为,农业劳动者从农业部门向城市部门迁移的决策 M_t,主要取决于城乡间的预期收入差距 I_t,预期收入差距是城市工资 W_t 和就业概率 π_t 之积减去农村实际收入 R_t 所得的结果,$f'>0$ 表示人口流动是预期收入差距的增函数,简化模型可用公式(2-1)和(2-2)表示:

$$M_t = f(I_t), \ f' > 0 \tag{2-1}$$

$$I_t = W_t \cdot \pi_t - R_t \tag{2-2}$$

更进一步地,在 n 个计划期内,迁移者选择第 t 期迁移的预期收益贴现为:

$$V(0) = \int_{t=0}^{n} \left[p(t)Y_u(t) - Y_r(t) \right] e^{-rt} \mathrm{d}t - C(0) \qquad (2\text{-}3)$$

公式 2-3 中,$Y_u(t)$ 和 $Y_r(t)$ 分别表示城市和农村工资率,$p(t)$ 表示 t 期内获得城市工作的概率,$C(0)$ 为固定迁移成本。因此,若 $V(0) > 0$,预期收益为正表示劳动力愿意迁移;若 $V(0) < 0$,表示农村劳动力不会迁移。

托达罗模型的重要贡献是:对传统人口流动模型中关于现代城市部门充分就业假定的修正,正视了城市失业问题,通过引入城市就业概率和预取收入差距的概念,解释城市失业与农村劳动力迁移并存的问题。不过,托达罗模型仍有不足之处,一是其基于个体理性假设提出,而劳动力迁移决策常常是基于家庭理性行为;二是其认为农村不存在剩余劳动力,这与很多发展中国家现实不符;三是没有考虑到发展中国家存在的大量劳动力流动摩擦问题,如中国的户籍制度、土地制度等因素导致二元分割。尽管如此,托达罗模型仍然是分析中国农村劳动力向城市迁移的有效参考。

(五)推拉理论

推拉理论最早可追溯到 19 世纪末,雷文斯坦(E.G. Ravenstein)在其著作《人口转移规律》中指出:人口迁移主要是短距离的,全国各地都是农村向城市集中,心理因素、政治因素、自然环境条件以及最重要的经济因素都是影响人们迁移的主要动机。从人口学的角度,博格(D.J. Bague)认为人口流动的目的是改善生活条件,流出地不利的生活条件和因素构成人口流动的推力,反之,流入地有利的生活条件和因素构成流动的拉力。一般认为,李(E.S. Lee,1966)系统提出了推拉理论,他在博格理论基础上提出,不管是流出地还是流入地都既有推力又有拉力,并将中间障碍因素纳入分析的框架,认为人口流动受迁出地因素、迁入地因素、中间障碍因素和个人因素的影响。赫伯拉(Herberla,1938)和米切尔(Mitchell,1946)分别独立地提出了推拉理论,认为原住地的就业不足、耕地不足和基本设施的缺乏、自然条件差都是构成迁移者向外迁移的推力,而目的地的就业机会、工资以及更好的医疗教育条件会构成一种拉力,吸引人们迁往该地,迁移者的决策是所在地与目的地推力与拉力共同作用的结果。

二、土地产权理论

土地产权理论涉及产权制度安排,对农户土地流转和交易、劳动力迁移决策和经济发展等均有重要意义。

产权理论是现代经济学最重要的理论之一,其代表人物有罗纳德·科斯(Ronald Harry Coase)、奥利弗·威廉姆森(Oliver Williamson)、乔治·施蒂格勒(George Joseph Stigler)、哈罗德·德姆塞茨(Harold Demsetz)和中国经济学家张五常等。《新帕尔格雷夫经济学大词典》将产权定义为通过社会强制而获得对某种多用途经济物品选择的权利。按照德姆塞茨的观点,产权是一种社会工具,其重要性是能帮助人们形成交易时的合理预期,清晰的产权能将外部性内部化产生激励,提升经济效率。阿尔钦认为,产权是社会强制实施的排他性使用经济物品的权利(A. Alchian,1977)。经济学家普遍认为,产权具有排他性,是一束权利且具有分割性,产权人可具有占有权、使用权、收益权、转让权等。科斯认为,权利界定是市场交易的基本前提,在交易费用为零时,市场交易的结果与初始产权界定无关。

土地产权制度是把农业生产中的劳动力和土地结合在一起的契约组成的制度(Hayami and Godo,2011)。产权制度很重要的方面是,通过界定会对行为人产生正面或负面的激励效应,比如改革开放之后,中国土地制度改革尤其是家庭联产承包责任制的实施,极大地提高了农民的生产积极性(Lin,1988)。但这种激励效应会随社会经济条件而变化,随着越来越多的农村劳动力流向城市,由于模糊不清的地权无法进行交易并达成规模,集体产权下家庭经营激励作用逐渐下降,甚至成为一种制约,影响农业的生产成本和利润。不少学者认为,中国农村土地产权主体不明晰,既缺乏激励,又没有约束(曲福田等,2011)。中国有关土地的法律法规不少,但无论哪部法律在农村土地权属的规定中,均采用模糊制的办法,多部重要法律规定"农村土地归农村集体所有",但对于"集体"概念界定并不明确,土地农民集体所有在实践中并没有真正兑现过(史清华和卓建伟,2009;曲福田等,2011)。由于以上原因,农地产权改革始终是中国农村改革的重要方面,农村土地制度改革的方向始终沿着产权清晰稳定和制度激励进行。本书不同程度地借鉴经典产权理论的激励作用,分析农地确权对农户土地流转的影响。

三、农户行为理论

农户是认识"三农"问题的钥匙,是农业经济研究的基本单位,是理解和分析中国小农社会的基础。本书研究的基本单位是农户,研究工作建立在农户行为理论之上。一般认为,农户行为分析最早始于20世纪早期的苏联经济学家恰亚诺夫(A.V. Chayanov，1996)，他认为农民经济活动的动机不同于企业主，后者通过投资获取总收入与生产费用之间的差额。而家庭农场经济活动的基本动力产生于满足家庭成员消费需求的必要性。在此之后，卡尔·波兰尼(Karl Polanyi)和詹姆斯·斯科特(James C. Scott，1977)发展了恰亚诺夫的思想，从制度角度进行了分析。该思想因坚持小农的生存逻辑亦被称为"生存小农"学派。美国著名发展经济学家西奥多·舒尔茨(Schultz，1964)在20世纪60年代提出，发展中国家的农业是"贫困但有效率的，在生产中很少出现要素配置无效率的现象"。事实上，舒尔茨的观点本质上是说小农是理性的。与之类似地，波普金(S. Popkin，1980)指出"农户是理性的个人或家庭福利最大化者"。由于观点相近，学术界将两者观点概括为"舒尔茨—波普金命题"，这也是理性小农学派的由来。著名社会学家黄宗智(1986)将中国小农户称为家庭农场，提出中国农业是"没有发展的增长"和"过密型的商品化"，认为中国的改革是反过密化的过程，并提出了自己独特的命题"拐杖逻辑"，即中国小农家庭的收入是"农业家庭收入＋非农佣工收入"，后者是前者的拐杖。他还综合了"生存学派"和"理性学派"的观点，认为农户既是利润追求者，又是维持生计的生产者，其学说被学术界称为"历史学派"。

四、理论评述

上述理论基础回顾了现有劳动力迁移、土地产权及农户行为理论，尽管这些理论提出的制度背景和环境完全不同于当前，但其指导意义仍然巨大。中国的城镇化在微观上涉及农民的土地退出、迁移和城市进入，依照现有集体所有的产权设计，农民选择向城市迁移落户必然要放弃农村集体户口,在集体所有制的制度框架下被视为放弃土地(权利),基于理性小农的理论农户不愿意进城落户就不难解释。需要指出的是,以上理论大多是在完全市场国家提出,中国仍然存在着大量影响劳动力迁移的因素,比如农村的土地制度以及具有分割性的户籍制度等。关于中国的农地确权改革和农民离土进城的实证研究也为验证上述理论提供了证据。

第二节　文献综述

现有相关研究主要从四个方面展开:分别是关于农地确权的研究、农地流转和退出的研究、土地保障的研究,以及城市落户的研究。下文分别论述四个方面,最后给出基于文献的评述。

一、农地确权的研究

经济学家之间存在一个基本共识:好的产权制度可以改善经济绩效(North and Thomas, 1973; Acemoglu et al., 2001)。土地产权的影响往往是多方面的,大量的研究发现,清晰稳定的土地产权能够提高信贷的获取能力(Feder and Onchan, 1987),促进农业生产性投资的积极性(Goldstein et al., 2018; Abdulai, 2011; Besley, 1995; Goldstein and Udry, 2005; Banerjee et al., 2002;孙琳琳等,2020),方便农村劳动力由农业部门向非农部门的流动和迁移以及跨国移民(Field, 2007; Do and Iyer, 2008; Janvry et al., 2015),同时会提高农民收入,降低农村贫困(Galiani and Schargrodsky, 2010),减少农村土地冲突(Di Falco et al.,

2020)等。从国际视角看,许多发展中国家的农地确权政策表明,农地确权稳定了产权,安全的产权会促进农村劳动力由农业部门向非农部门的转移(Field,2003;Do and Iyer,2008;Bezabih,2014;Janvry et al.,2015)。Bambio 等(2018)和 Holden 等(2011)分别研究了非洲的土地权属对土地流转和投资的影响,发现土地认证提高了本地居民土地租赁的参与度和农村土地投资。Janvry 等(2015)使用墨西哥数据发现,土地发证会使得土地获得者迁移的概率提高 28%。Chen(2017)使用跨国数据,研究了农地确权对农业生产率的影响,发现穷国普遍的无证土地市可以解释与富国生产率的差异,无证土地还会导致就业扭曲。从国内视角看,中国土地权属历来是学术界关注的重点,曲福田(2011)研究发现,中国农村产权是模糊不清的,造成了大量农地流失和农民权益受损,农民土地权益很难保障。周其仁等(2010)认为,要保护农民的利益,最重要的就是要确立农民的财产权利。Bai 等(2014)和 Jacoby 等(2002)使用中国数据,发现土地的征地风险和重新分配导致的地权不稳定,会减少农户对有机肥的投资,同时降低农业生产力。丰雷等(2019)通过文献分析,发现农地确权对中国农村劳动力转移的影响并不确定,农地确权"有效"的文献比率(67%)显著高于"无影响"和"负影响"的比率(27%和 6%),他认为分歧主要是研究地区、作用机制以及研究方法的差异所致。Deininger 等(2012)研究发现土地承包权证对中国农户的非农就业也会产生正面影响。杨照东等(2019)使用山西数据发现,确权显著促进了农民工的退出农村意愿,李江一(2020)使用中国数据检验显示,农地确权使得参与非农就业的农民数量增加 6.5%。与确权会引起劳动力非农就业或迁移不同,不少学者认为农地确权增加了农户的农业生产禀赋,使得农户加大农业生产的劳动力投入,因此会减少劳动力的转移(Schweigert,2006;林文声,2017;张莉,2018)。Rupelle 等(2009)研究证明中国农村劳动力向外迁移时高度的时间和地理流动性,与土地权利的不安全性有关,土地权利体系得不到有效保障,使得他们宁愿选择"两栖"流动而不进城(郭晓鸣和张克俊,2013)。从产权的激励效应出发,农地确权会直接影响农地流转和租赁(Deininger and Jin,2005;Wang et al.,2015;Wang,2018;Li,2012;Yan and Huo,2016;程令国等,2016),影响农户的非农就业和劳动力流动(唐超等,2020;杨照东等,2019;许庆等,2017;陈江华等,2020)。基于禀赋效应出发,不少学者认为农户对持有的土地会有心理账户的估算,农地确权后会使得心理价格提高,反而不利于土地租赁或交易(Deininger,2005;Do and Iyer,2008;罗必良,2016;蔡洁和夏显力,2017)。贺雪峰(2015)认为农地确权与改革完善农村土地制度有着不同的逻辑,它可能导致农民失地,以及农村耕地细碎化问题更难解决。

二、农地流转和退出的研究

(一) 农地流转的研究

农地流转是城镇化背景下农村劳动力大量向外转移引起土地资源再配置的理性行为。土地使用权的有效流转是人口城镇化与城乡二元社会结构变革的核心和关键(张林山,2011)。从农地流转的整体发展态势来看,改革开放后,农地自发流转自 1985 年就开始了,1980—1990 年间中国农地流转发展较慢,1992 年仅有 2.3%的农户流转了 2.9%的耕地(张红宇,2002)。1995 年农地流转率仅 3.0%,经济相对发达地区农地流转率也仅 8.0%(Kung,2002)。2001 年农地流转面积占承包面积的 5%(农业部软科学委员会,2005),2003 年全国农地流转率上升至 4%—8%(曲福田和田光明,2011),部分地区农地流转率达到 9.1%(周群力,2016)。2007 年之后在政府的推动和激励下,农地流转进入快速增长时期,2008 年和 2009 年流转占承包地面积的 20%(北京天则经济研究所《中国土地问题》课题组,2010),到 2017 年全国流转耕地面积达 5.12 亿亩,比 2007 年增加了 7 倍,不少村庄的农地流转率高于官方统计的数据,有的村流转比例达 50%甚至更高(朱冬亮,2020)。

关于农地流转的文献非常丰富,从引起农地流转的因素方面来看,包括农户特征(徐畅等,2019)、农地确权颁证(Deininger et al.,2011;Wang et al.,2015;程令国等,2016)、农户兼业(廖洪乐,2012)、劳动力转移(游和远和吴次芳,2010;黄枫和孙世龙,2015)、农村医疗改革(张锦华等,2016)、农业补贴(吴方卫和康姣姣,2020);从农地流转的影响来看,农地流转对农业投资和产出(Deininger and Jin,2005;Feng et al.,2010)、农地资源配置效率(盖庆恩等,2021;陈海磊等,2014)、农业生产率(Chari et al.,2017;Chen et al.,2017;冒佩华等,2015)、农民收入(冒佩华和徐骥,2015)、城乡迁移(陈丹等,2017)、城市化进程(周文等,2017)均产生正面影响。通过农地流转实现农地的规模经营一直以来都是中国政府的政策着力点(高帆,2011)。农地流转行为是土地制度框架下农民的理性反应,现有研究经常会将其作为一种中间机制(周文等,2017)。关于农地流转和劳动力流动的关系,朱冬亮(2020)认为农地流转是劳动力流动的市场化反应,二者相伴而生,互为因果。

(二) 农地退出的研究

农地承包经营权退出机制的探索,不但可以弱化资源配置的扭曲、促进农业的适度规模经营,还可以改善农民的福利,为农民进城提供原始资本与保障条件(郭熙保,2014;黄祖辉和傅琳琳,2015)。有学者提出,农村土地承包经营权退出机制的缺乏,作为土地财产收入的退出渠道不健全,不仅影响农业转移人口市民化的步伐,而且影响土地要素功能的发挥,不利于农业适度规模经营的推进(高强和宋洪远,2017)。中国农户土地规模不足日本的五分之一,目前农村劳动力"离土不离乡"的转移模式,使得通过城镇化减少农民的方式没有得到有效实现(张林山,2011)。不少学者从维护和实现土地财产权完整的角度,认为承包权退出视为推动农民工市民化的核心问题之一(郭晓鸣和张克俊,2013)。

从农户土地退出的影响因素来看,农户年龄和社会保障(彭长生和范子英,2012)、收入水平和农户分化对农户退出农地有显著影响,研究发现分化程度越高,农户退出土地意愿越低(刘同山和牛立腾,2014;刘同山等,2013;李荣耀和叶兴庆,2019)。王常伟和顾海英(2016)基于江、浙、沪三地调查的实证研究发现,对土地依赖弱的农户更倾向退出土地承包权,财富效应会抑制农户土地退出意愿。刘同山和孔祥智(2020)使用山东、河南、河北三省数发现,部分离农或完全离农都会显著降低农户的土地承包权退出意愿。除此之外,区域经济发展水平(夏敏等,2016;孙雪峰等,2016)、城市房价(王静等,2015)和补偿机制(刘栋子和陈悦,2015)也会显著影响农户的土地退出意愿。罗必良(2013)指出农民的土地"退出",并不是一个简单的福利保障功能及其替代问题,"人动地不动"表达了农民对土地财产权利的诉求,基于广东省数据研究发现无论是经营权还是承包权,农户均具有显著的退出意愿。刘超(2018)认为,土地承包经营权退出的目的是解决城镇化导致的农民与土地分离问题,实践过程遭遇工商资本俘获土地增值收益、地方政府政绩驱动和农民短期利益诉求三重逻辑，使得政策效果和目标发生严重偏离。叶兴庆和李荣耀（2017）认为应按照土地承包权、宅基地使用权和集体收益分配权的顺序依次扩大农村土地退出的尺度，按一般农村、城郊村、城中村的顺序依次扩大改革的力度，按照不同地区、不同财产权利设置不同受让人范围和优先次序。另外，Bollman（1999）比较了加拿大和以色列农民退出农场的行为，发现非农就业不稳定性使得两国的农民退出农场概率都下降。

三、土地保障的研究

在农村社会保障体系不健全的情况下，中国农地不仅具有经济发展功能，还提供社会保障和失业保险功能（姚洋，2000；张云霞，2012；李琴等，2019），尤其在中西部表现更为明显（高帆，2015）。土地的保障功能也影响了农民工进城，史清华等（2005）对五省调研发现农民进城意愿较强，但 43.75％愿意进城的农民希望保留农地承包权，陶然和徐志刚（2005）认为，进城务工农民缺乏相应的社会保障，很难完全放弃农地离开农村，无法真正切断与农村土地的关系，导致"离乡不离土"的候鸟式迁移模式。余敬文和徐升艳（2013）在理论和经验上证明农地社会保障会对农村流动人口的就业努力程度产生"逆向激励"。李琴等（2019）发现农地社会保障功能使得人们即使外出务工，也不愿意放弃农地的使用权，从而造成农地抛荒现象。随着劳动力转移非农收入增加以及农村社会保障体系建立，农民对土地的依赖性下降，"人动地不动"表达了农民对土地财产的需求（罗必良，2013）。黄江泉和李晓敏（2014）指出农民工不愿意选择落户城镇而眷恋农村那份微薄的地产，事实上是一种无奈之举，他们缺乏应有的社会保障。姚洋(2000)指出土地的社会保障功能随着农民收入水平的提高而降低,周其仁(2013b)认为在逻辑上,土地的利用方式决定着它承担社会保障功能的能力和水平。

当然,农地保障功能的存在性具有争议,蔡少琴和李郁芳(2013)认为土地的经济保障性弱、风险分摊性差,不具有对社会保障的替代作用;秦晖(2003)认为社会保障是由某一社会组织承担,而不能由某种要素,如土地来承担,因此不认为土地能承担社会保障功能。基于不同分歧,余永和(2015)在理清"社会保障"和"现代社会保障"概念的基础上,指出农地确实承载着保障亿万农户基本生存的重大责任,但农地保障与现代城市居民享有的现代社会保障体系有着本质区别。

四、城市落户的研究

计划经济时期,中国的城市与农村是处在分割状态的,劳动力在农村与城市之间的流动和迁徙受到严格的限制。城市落户门槛一直是限制农村劳动力向城市流动的手段,张吉鹏和卢冲(2019)对一二线城市研究发现,这类城市均具有较高的落户门槛且有上升的趋势,而中小城市的落户限制较低而且呈下降趋势。不同的研究发现,中国农村劳动力流动具有短期性和个体性,而在其他发展中国家迁徙更多的是永久性和家庭整体搬迁(陶然和徐志刚,2005;Henderson,2010)。从经济发展阶段出发,中国城镇化的核心应该是农业转移人口真正落户于城市,享受城市提供的基本公共服务(蔡昉,2013)。特殊的土地制度和户籍制度被认为是影响中国城镇化的主要原因(Lu and Wan,2014;Wen and Xiong,2014)。缺乏城市户籍意味着即便农民工进入城市也无法平等获取城市提供的医疗和最低生活保障、住房补贴以及子女教育等政府提供公共服务。Chen等(2019)使用济南市户口为例研究了居民城市户口支付意愿,发现有顶级小学的地区,其户籍价值要高得多。孙文凯等(2011)使用中国大中小城市户籍放开的政策改革试验,运用严格的计量检验户籍改革对劳动力流动的影响,并未发现户籍制度改革对短期劳动力流动产生显著影响。苏红健(2020)研究发现,尽管户籍在不断放松,但流动人口总体的落户意愿呈下降趋势,从2012年的49.98%下降到2017年的39.01%。陶然和徐志刚(2005)认为,在现有户籍制度下,如果迁移人口获得城市户口,就必须放弃农村土地,[①]使得即便农村劳动力愿意转移到城市就业,也不愿意落户于城市。安海燕(2021)发现土地承包法的修改显著提高了农户城市落户意愿,26.3%的农户从不愿意转变为愿意落户。李停(2016)的研究发现,农地资产的变现能力会显著影响非农就业动机和迁移农户的安家置业能力,农地变现能力越强,农民越倾向于永久性向城市迁移。王瑞民和陶然(2016)使用深圳城中村数据研究发现,愿意长久定居城市者仅占打工者的四成左右,愿意为城市户口放弃农村土地的也仅半数左右。针对城乡分割导致区域经济不平衡问题,陆铭和陈钊(2009)认为,土地制度和户籍制度应联动改革,以实现中国经济"集聚中走向平衡"。周颖刚等(2019)研究发现,城市的高房价对劳动力进城落户会具有显著的挤出效应,尤其是对无房的高技能劳动者影响更大。蔡继明(2013)通过比较城镇和农村人均建设用地增幅发现,城乡二元土地制度导致中国城镇化过程出现,土地城市化过快而人口城市化相对滞后。

---

① 2019年生效的新修改的《中华人民共和国农村土地承包法》第二十七条规定"国家保护进城农户的土地承包经营权,不得以退出土地承包经营权作为农户进城落户条件"。

五、文献评述

现有文献从不同角度分析了中国集体所有家庭承包的农地制度对劳动力流动和城镇化的影响,为本书提供了有益的借鉴。当前农地基本制度是集体所有和家庭承包经营,虚化的所有权不利于农民土地财产权益的保护和实现,不能为农民或农民工向城市迁移落户提供资金支持。农地确权能提高土地的安全性和农地流转程度,进而增加农民的收入,有利于劳动力迁移,但需要注意的是,农地流转更多是有益于农民的短期流动,对长期迁移和城市落户影响不明显。随着越来越多的农户参与非农就业,农户对土地的依赖性下降,土地退出议题逐渐被学术界关注,现有研究已经从土地退出的动机给出了一些解释,但对于发达地区农户土地退出的研究偏少,发达地区农户参与非农就业比率更高,对土地的依赖低于中西部地区。影响农户农地退出的起点性原因可能是收入,收入水平提高会改变土地的经济功能,目前的文献关注不够。不少学者指出,由于农民非农就业收入的增加,土地保障功能逐渐式微,土地财产价值凸显,但面对劳动力流动的短期性和临时性,尤其在社会保障体系不健全的农村,农民出村入城仍然不愿放弃农地。不同代际农民工对土地的感情和依赖存在差异,现有研究关于农民工城市落户受土地和社会保障影响代际差异的研究不多。当新生代农民工逐渐成为城市建设的主力军,我们应该对如何更好地为他们提供社会保障,让他们更顺利地在城市落户安居应该给予足够的重视。

第三章
农地确权改革的基本特征事实

　　城镇化(urbanization)这一概念最早由著名社会经济学家卡尔·马克思(Karl Heinrich Marx)提出,他在 1858 年发表的《政治经济学批判》中写道:"现代的历史是乡村城市化,而不是像古代那样,是城市乡村化。"[①]随后,1867 年西班牙城市规划师赛达(Ildefons Cerda)首次在其学术著作《城镇化基本原理》中使用"城镇化"一词,用于描述乡村向城市的发展过程。城市化是世界各国经济发展的客观规律,正如西方发达国家走过的路一样,中国亦不例外。中国的城镇化在 1949 年到 1978 年进展缓慢,在 1978 年党的十一届三中全会之后迅速推进,到 2019 年中国城镇化率突破 60%,一半以上的人口就业和生活在城市。

　　改革开放之后,规模庞大的农民工群体离开农村前往城市,参与到现代化的分工体系中,这种劳动力转移和非农就业释放了中国的人口红利,成为中国经济的高速增长的重要动力和支撑。中国农村人口前所未有地在城乡流动,一个突出的特征是:离土不离村,进城不落户。他们在就业

上尽管不在以农为生不在以农为业,对农业的依赖逐步下降,但是从没有真正地离开农村放弃土地;在生活上身体已经进入城市,但没有真正地落户在城市,成为城镇居民。农民为何选择离开土地在城市流动,却不愿离开村庄集体彻底进入城市落户,背后是户籍制度和土地制度共同作用下的无奈之举。从经济学的视角,农户宁愿身居城市业不愿进城落户或许是基于现有制度约束下的理性选择。

自由流动迁移是每个人的基本权利,更是经济发展的必备条件。近些年,农地土地产权实现了"两权分离"到"三权分置"的制度创新,通过农地流转和股份合作,农民的土地财产权在一定程度上获得实现,但远不够。农民进城的趋势未曾改变的情况下,农地流转或许能在一定程度上解决农民短期流动的后顾之忧,但对于希望完全退出农村进入城市的农民工,并没有建立有效的补偿途径。本章是中国农地产权制度改革及其影响的基本事实。结构安排如下。

第一节是农地确权的现状和进程统计分析,第二节是农地流转现状及特征统计,第三节是农地确权与农地流转的交叉统计分析,第四节是中国农民工进城落户趋势统计,第五节是本章小结。

第一节　农地确权现状和进展

中国的农地确权是农地"三权分置"框架体系下的重要组成部分,确权是赋能的前提,能够增强农民对土地权利的信心,增加农地流转的积极性和投资预期,自 2008 年提出确权政策以来,农地确权成为农地

改革的重要组成部分,本节系统介绍农地确权工作的进展和农户的
反馈。

一、基本现状

(一) 按时间和地区统计

表 3.1　中国农地确权完成率:区域比较

	2015 年				2017 年			
	已确权		未确权		已确权		未确权	
	样本量 (户)	占比	样本量 (户)	占比	样本量 (户)	占比	样本量 (户)	占比
东部	2 791	59.32%	1 914	40.68%	3 211	87.26%	469	12.74%
中部	2 259	56.00%	1 775	44.00%	3 111	88.33%	411	11.67%
西部	2 626	71.51%	1 046	28.49%	2 617	89.59%	304	10.41%
全国	7 676	61.85%	4 735	38.15%	8 939	88.30%	1 184	11.70%

资料来源:作者基于浙江大学"中国家庭大数据库"2015—2017 年两期数据计算。

表 3.1 展示了 2015—2017 年中国不同地区农地确权完成情况。数
据表明截至 2017 年,全国农地确权完成率为 88.30%,高于 2015 年全
国 61.85% 的确权率。分地区来看,西部地区初始确权进展较快,2015
年确权率明显高于中部和西部,随着政策的推进到 2017 年东、中、西部
地区确权率几乎达到一致,东部地区农地确权率为 87.26%,中部地区
确权率为 88.33%,西部地区农地确权率为 89.59%,略高于东部和中部
地区。

(二) 按农地类型统计

为了全面展示农地确权进度,按照农地类型对样本进行分组确权

率统计,结果如表 3.2 所示。可以发现截至 2017 年全国耕地确权完成比例为 88.30%,草地确权率为 8.96%,林地确权比率为 34.41%,园地确权完成率为 9.81%,宅基地确权完成率为 40.95%。除了耕地外,草地、林地、园地及宅基地确权进度较缓慢。分区域看,不同类型的农地中,西部地区确权率均显著高于其他地区,政策实行力度优于东部和中部。

表 3.2 各类农地确权完成情况

土地类型	农地确权完成率			
	全国	东部	中部	西部
耕地	88.30%	87.26%	88.33%	89.59%
草地	8.96%	3.64%	6.90%	18.14%
林地	34.41%	21.93%	30.83%	54.43%
园地	9.81%	7.66%	6.47%	16.54%
宅基地	40.95%	30.14%	40.12%	55.56%

资料来源:作者基于浙江大学"中国家庭大数据库"2017 年调查数据计算。

(三) 按农地确权类型统计

基于 2017 年村庄调查,对现阶段农村农地确权方式进行统计如表 3.3 所示。由于各地发展程度不同,农村土地的承包权各地采取不同的做法,农地确权方式也存在多种类型,数据表明 86.92% 的村庄采取确权确界到户的确权方式。21.68% 的村庄采用了确权确界到人方式,2.69% 的村庄确权方式为确权到户但不确界(含确股确利),另外,还有 1.43% 的村庄确权到人但不确界,相当于采用股份分红的方式对土地权利进行界定。

表 3.3　农地确权类型

农地确权方式	村庄数量(个)	占比
确权确界到户	485	86.92%
确权确界到人	121	21.68%
确权到户但不确界(含确股确利)	15	2.69%
确权到人但不确界	8	1.43%
总　　体	629	80.74%

资料来源:作者基于浙江大学"中国家庭大数据库"2017 年村庄调查数据计算。

二、农户反馈

(一) 正面反馈

农地确权给农户带来的收益,是政策实施目标达成的关键。如表 3.4 所示,2017 年的调查显示,超过 87% 的农户认为农地确权能够给农户带来好处。经过分地区统计,各地区差异不大,东北地区农户对农地确权的正面评价稍高于其他地区,一个解释是东北地区农均土地规模更大,对安全的土地产权诉求更高。2015 年的调查样本认为确权能带来好处的比率系统性地高于 2017 年,可能是样本调查,也可能是政策执行质量出现差异引起的。

表 3.4　农地确权影响的正面反馈比例

地　区	认为确权能带来好处的农户			
	2015 年		2017 年	
	样本量(户)	占比	样本量(户)	占比
东部	2 585	94.21%	2 794	84.72%
中部	2 246	93.97%	2 487	89.82%
西部	2 642	95.41%	2 573	88.09%
东北	726	95.03%	1 052	92.69%
总体	8 119	94.60%	8 906	87.98%

资料来源:作者基于浙江大学"中国家庭大数据库"2015—2017 年两期数据计算。

表 3.5 统计了农户视角下农地确权能带来的益处。尽管国内学者对农地承包权抵押问题探讨不少(郭忠兴等,2014;张龙耀等,2015),然而,统计表明农地确权对农地抵押贷款的促进作用并不乐观,仅有 29.40% 的农户认为农地确权有利于申请农地抵押贷款。认为农地确权能使农地权利更加明确的农户比率为 62.59%,认为确权能作为土地和农业补贴依据的农户比率为 50.49%,认为土地能作为补偿依据的农户比率为 43.53%,另外有 44.94% 的农户认为确权能作为农地纠纷的维权依据。可以发现,无论是作为农业补贴依据、征地补偿依据还是农地纠纷依据,农地确权明晰产权的益处获得较大的认同。

表 3.5 农地确权的正面影响

类　　　别	样本量(户)	占比
有利于申请农地抵押贷款	3 469	29.40%
农地的权利更加明确	7 385	62.59%
作为土地和农业补贴的依据	5 957	50.49%
作为征地补偿的依据	5 136	43.53%
作为农地纠纷的维权依据	5 302	44.94%
总　　　体	11 799	88.52%

资料来源:作者基于浙江大学"中国家庭大数据库"2017 年调查数据计算。

(二) 可能的负面影响

农地确权会带来一些负面影响,如表 3.6 所示。从农户视角来看,反应比较强烈的是 21.30% 的农户认为农地确权后会使得"生不增、死不减"规则对部分农户不公平。值得注意的是,4.61% 的农户认为农地确权会使得农民土地维权意识增强、农地流转缓慢,同时 4.60% 的农户认为农地确权政策未来不明确,6.95% 的农户认为农地确权并没给农民带来实际利益。3.19％的农户表示确权执行过程没有遵守国家政策,2.86％的农户认为农民没有完整处置土地的权利。

表3.6　农地确权的负面影响

农地确权登记颁证的问题	样本量(户)	占比
对部分农户不公平	2 828	21.30％
维权意识增强、农地流转缓慢	612	4.61％
不利于土地整理	331	2.49％
政策不明确	611	4.60％
政策变化快	429	3.23％
农民没有获得实际利益	923	6.95％
实际执行没有遵守国家政策	423	3.19％
农民没有完整处置土地的权利	380	2.86％
不利于村庄公共事务的展开	108	0.81％
没有问题	6 630	49.94％
总　　体	13 275	100％

资料来源:作者基于浙江大学"中国家庭大数据库"2017年调查数据计算。

第二节　农地流转现状及特征

当前国家鼓励农地经营权流转实现土地的适当集中规模化经营,提高土地的利用效率,增加农民的收入(钱忠好和冀县卿,2016)。2017年2 463个样本农户参与农地转出,户均转出面积为4.39亩,中位数为3.0亩,有1 409个农户参与了农地转入,户均转入面积为11.50亩,中位数为4.0亩。

一、农地流转的区域特征

表 3.7 展示了分地区农地流转情况。[①]根据数据统计,截至 2017 年全国参与土地转出的农户占比 18.77％,其中东部地区转出土地农户占比 23.06％,中部地区转出土地农户占比 17.01％,西部地区转出土地农户占比 16.62％,东北地区转出土地农户占比 15.14％。全国层面农均转出土地 4.39 亩,其中东北地区户均转出面积最高,为 10.26 亩,东部地区户均转出面积最小,为 3.22 亩,中部地区户均转出面积 4.38 亩。全国参与土地转入的农户占比为 13.35％,其中东部地区转入农户占比 9.24％,中部地区转入土地农户占比 14.19％,西部地区转入土地农户占比 15.13％,东北地区转入土地农户占比 19.73％,参与土地转入的农户比率最高。全国层面户均转入面积 11.50 亩,其中东北地区户均转入面积最大为 30.32 亩,其次是中部地区户均转入 10.07 亩,东部地区和西部地区户均转入面积分别为 7.66 亩和 6.71 亩。

以上统计表明,中国农村土地集中趋势明显,向规模化经营靠拢,户均农地转入面积大约为转出面积的 2.61 倍。不同地区农户对土地的依赖明显不同,东部地区农户参与土地转出比率最高,而东北地区农户参与土地转入比率最高,与此同时,中西部地区转入土地农户比率均高于东部地区。

---

① 东部地区:北京、天津、福建、广东、海南、河北、山东、江苏、辽宁、浙江、上海等省(市);中部地区:安徽、河南、黑龙江、湖北、湖南、吉林等省份;西部地区:甘肃、广西、贵州、内蒙古、宁夏、青海、陕西、四川、云南、重庆等省(区)。

表 3.7　中国分地区农地流转情况

农户分类	转出农户占比	转出农户的平均流转面积(亩)		转入农户占比	转入农户的平均流转面积(亩)	
		均值	中位数		均值	中位数
总体	18.77%	4.39	3.00	13.35%	11.50	4.00
东部	23.06%	3.22	2.00	9.24%	7.66	3.00
中部	17.01%	4.38	3.00	14.19%	10.07	5.00
西部	16.62%	4.46	2.73	15.13%	6.71	3.00
东北	15.14%	10.26	8.00	19.73%	30.32	20.00

资料来源:作者基于浙江大学"中国家庭大数据库"2015—2017 年两期数据计算。

二、农地流转的农户特征

农户参与农地流转的积极性是农地市场的重要部分。表 3.8 显示了 2015—2017 年农户参与农地流转市场的情况。2015 年农户参与农地流转比率为 29.77%,其中参与土地转出农户比率为 18.16%,参与土地转入农户比率为 16.42%,同时参与土地转入和转出农户占比 3.77%。2017 年参与农地流转的农户占比 32.96%,其中参与土地转出的农户占比 23.55%,参与土地转入的农户比率为 14.54%,二者同时参与的农户占比 7.81%。数据表明,近两年参与农地流转的农户比例大幅度上升,参与土地转出的农户规模大幅度上升的同时参与土地转入的农户规模在下降,由 2015 年的 16.42%下降到 2017 年的 14.54%。

表 3.8　农户参与农地流转方式统计

农户类型	2015 年		2017 年	
	样本量(户)	占比	样本量(户)	占比
农户参与农地流转	3 600	29.77%	3 763	32.96%

续　表

农户类型	2015 年		2017 年	
	样本量（户）	占比	样本量（户）	占比
农户仅参与土地转出	1 873	18.16％	2 352	23.55％
农户仅参与土地转入	1 658	16.42％	1 299	14.54％
同时参与土地转出与转入	65	3.77％	110	7.81％
未参与农地流转	8 494	70.23％	7 658	67.76％
总样本	12 094	100％	11 421	100％

资料来源：作者基于浙江大学"中国家庭大数据库"2015—2017 年两期数据计算。

农地流转的对象反映农业经营规模化的进展。如表 3.9 所示，当前农地流转的对象主要仍为本村农户，农地流向专业大户的比率不断增加，由2015 年的 13.55％上升为 2017 年的 15.77％。根据 2017 年农地流转对象统计发现，65.86％的农户将农地流转给同村农户，流转到外村农户的比率为9.00％，15.77％的农户将农地流转给专业大户，流转给家庭农场的农户占比 0.53％，相比 2015 年显著提高，流转到农村合作社的农户占比仅占 0.41％，流转给村集体的比率为 3.00％，转给公司或企业的农户占比 5.43％。

表 3.9　农地流转的对象统计

农地流转对象	2015 年		2017 年	
	样本量（户）	占比	样本量（户）	占比
本村普通农户	1 318	65.67％	1 624	65.86％
非本村普通农户	181	9.02％	222	9.00％
专业大户	272	13.55％	389	15.77％
家庭农场	2	0.10％	13	0.53％
农民合作社	15	0.75％	10	0.41％
村集体	76	3.79％	74	3.00％
公司或者企业	143	7.13％	134	5.43％

资料来源：作者基于浙江大学"中国家庭大数据库"2015—2017 年两期数据计算。

农地流转是实现农业规模化和现代化经营、降低农业生产成本、提高农业经济力的重要途径。尽管越来越多的农户通过农地流转的方式参与农地的再配置,并获得部分流转收益,但仍然有很大比例的农户未流转土地,表 3.10 统计了农户未流转土地的原因。调查发现,未参与农地流转的原因存在不同,2015 年由于自家耕种而未参与农地流转的农户占比 86.31%,由于没人愿意承包而未参与农地流转的农户占比 10.04%,为了获取补贴未流转土地的农户占比 2.46%。2017 年的数据表明,由于自家耕种而未参与农地流转的农户占比 82.05%,由于无人愿意承包而未参与农地流转的农户占比 12.50%,为获取补贴未流转土地的农户占比 4.50%。

值得注意两点:一是由于自家耕种需要未流转土地的农户比率在下降,而由于无人愿意承包而未流转土地的农户比率却呈现上升趋势;二是近年来国家加大对农业的补贴,从侧面增加了农地转出的机会成本,导致为获取农业补贴而不愿流转土地的农户比率在上升。

表 3.10　土地未流转原因统计

土地未流转原因	2015 年		2017 年	
	样本量(户)	占比	样本量(户)	占比
自家耕种	9 096	86.31%	7 557	82.05%
并未找到承租者	1 058	10.04%	1 151	12.50%
为了获取补贴的收入	259	2.46%	414	4.50%
预计土地会升值	31	0.29%	14	0.15%
不懂如何流转及政策	67	0.64%	44	0.48%
担心流转风险(不能按时支付租金或土地质量受损)	28	0.27%	30	0.33%
有效样本量	10 539	100%	9 210	100%

资料来源:作者基于浙江大学"中国家庭大数据库"2015—2017 年两期数据计算。

第三节 农地确权与流转统计分析

上述两个小节已经分别对中国农地确权的进展和农地流转现状进行了详细分析,本节关注农地确权对农地流转的影响。基于此,本节对农地确权与农地流转的关系进行交叉统计分析,初步分析农地确权对农地流转的影响,为后续实证分析提供初步证据。

表 3.11 农地确权与农地流转参与率统计

类　型	转出		转入	
	户数	占比	户数	占比
已确权	2 777	19.20％	1 957	13.50％
未确权	783	16.32％	720	14.99％
合　计	3 560	18.48％	2 677	13.87％

资料来源:作者基于浙江大学"中国家庭大数据库"2015—2017 年两期数据计算。

农地确权会影响农户农地流转参与的积极性。表 3.11 给出了确权户和未确权户参与农地流转的数量。数据表明,总样本中 18.48％的农户参与了土地转出,13.87％的农户参与了土地转入。具体来看,确权组中参与转出的比率为 19.20％,高于未确权组农户转出参与率(16.32％)。确权组与未确权组参与农地转入的比率相差不大分别为 13.50％和14.99％。统计结果表示确权对农地转出参与率的影响更大,对转入参与率影响不明显。

表 3.12 农地确权与流转期限

类 型	不同流转期限农户占比				流转期限（年）	
	1 年以下	1—5 年	5—15 年	15 年以上	均值	中位数
已确权	24.15%	30.96%	30.86%	14.03%	8.48	5.00
未确权	31.22%	29.10%	29.37%	10.32%	7.21	5.00
合 计	26.09%	30.45%	30.45%	13.01%	—	5.00

资料来源：作者基于浙江大学"中国家庭大数据库"2015—2017 年两期数据计算。

土地产权稳定性会影响农地流转的期限。如表 3.12 所示，基于农地确权变量进行分组统计发现，已确权农户平均流转期限为 8.48 年，未确权农户平均流转期限为 7.21 年，确权组农户的土地平均流转期限比未确权组多 1.2 年，表示获得确权能够增加土地的安全性，提高农地流转的期限。根据流转年限具体分析发现，已确权组中流转年限低于 1 年农户占比为 24.15%，未确权样本中流转年限低于一年的农户占比为 31.22%，占比更高。流转期限高于 15 年的类别中，已确权农户占比更高。流转年限 1—15 年的流转样本中，两组占比相差不大，可见农地确权更有利于减少短期流转，增加长期限农地流转。

表 3.13 农地确权与流转租金

类 型	不同土地转出租金农户占比				租金（元/年·亩）	
	500 元以下	500—1 000 元	1 000—1 500 元	1 500 元以上	均值	中位数
已确权	66.65%	24.58%	7.09%	1.68%	425.39	300.00
未确权	69.70%	23.44%	6.06%	0.80%	364.05	200.00
合 计	67.37%	24.31%	6.84%	1.47%	410.85	300.00

资料来源：作者基于浙江大学"中国家庭大数据库"2015—2017 年两期数据计算。

土地租金被认为是体现农地流转市场变化的重要信号。表 3.13 给出了根据农地确权统计的当前农地流转租金现状,从数据来看,目前中国农地流转的平均租金为 410.85 元/(年·亩),其中已确权土地的平均流转租金为 425.39 元/(年·亩),显著高于未确权农地的流转租金的 364.05 元/(年·亩)。同时在租金低于 500 元的土地出租类别中未确权土地占比更大,为 69.70%,而在土地租金高于 1 500 元/(年·亩)的类别中,已确权的农地占比(1.68%)更大,约为未确权农地占比(0.80%)的两倍。基于以上统计,可以发现确权土地的流转租金更高,或者获得高租金的比率更大。

表 3.14　农地确权与流转面积

类　型	不同农地流转面积农户占比				流转面积/亩	
	2 亩以下	2—8 亩	8—15 亩	15 亩以上	均值	中位数
已确权	41.67%	46.09%	8.58%	3.65%	4.03	3.00
未确权	42.51%	45.19%	9.04%	3.26%	5.55	3.00
合　计	42.03%	45.71%	8.78%	3.48%	4.36	3.00

资料来源:基于浙江大学"中国家庭大数据库"2015—2017 年两期数据计算。

农地确权会影响农户农地流转的面积。如表 3.14 所示,基于农地确权指标我们统计了当前农地流转面积。数据表明户均农地转出面积为 4.36 亩,占户均耕地面积的 61.67%,其中已确权农户户均流转面积为 4.03 亩,未确权户户均转出面积为 5.55 亩,已确权户的户均转出面积小于未确权户,中位数差异不大。具体来看,流转面积少于 2 亩的样本类别中未确权户占比为 42.51%,已确权户占该类别比率为 42.51%,略高于已确权户。流转面积超过 15 亩的类别中,已确权户占比 3.65%,高于未确权户的占比(3.26%),表示确权对于流转面积大的农户影响更大。

第四节　农民工进城与落户现状

一、农民工进城

　　按照托达罗两部门人口流动理论,预期收入差距是农村劳动力向城市迁移最重要的因素。中国农村劳动力进入城市主要为了获得收入,城乡收入的巨大差距是劳动力源源不断向城市转移的根本动力。数据显示,截至 2020 年中国城镇居民人均可支配收入为 43 834 元,农民居民人均可支配收入仅为 17 131 元,不足前者的一半。从图 3.1 看到,近 10 年城乡收入差距迅速缩小,很重要的原因是非农就业提高了农民的收入,降低了城乡收入差距。但是,城镇居民收入仍然是农村居民的 2.55 倍,其中的重要原因是劳动力转移不彻底。从收入差距上看,农民进城的动力

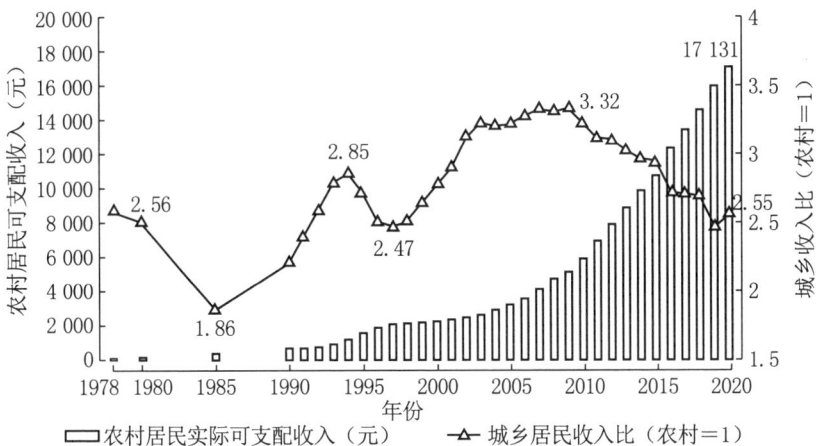

资料来源:《中国统计年鉴 2020》。

图 3.1　中国农村居民收入:1978—2020 年

依然存在,中国城市化的趋势仍未改变,农民工进城的方向仍然不会停止。

从绝对数量上看,近10年无论是农民工总量还是外出农民工数量均持续在高位运行。2020年受新冠肺炎疫情的影响,人口流动被不同程度的管制,中国经济增长速度放缓,但仍有2.85亿农民工进入城市。从增长率看,农民工增速迅速下降,表示农村剩余劳动力逐步释放完毕,中国经济增长依靠人口红利拉动的方式逐渐消退,当然,这不仅与农民剩余劳动力数量不足有关,还有近几年中国经济整体增长放缓有关,经济下滑的同时降低了对农村劳动力的需求。如图3.2所示,除2020年之外,外出农民工数量在不断增加,这背后反映的是广大农村居民对收入增长的追求和对美好生活的追求。但是,真正的问题是将近3亿的农民工绝大多数仍然会返回家乡,并不会在城市定居和落户。

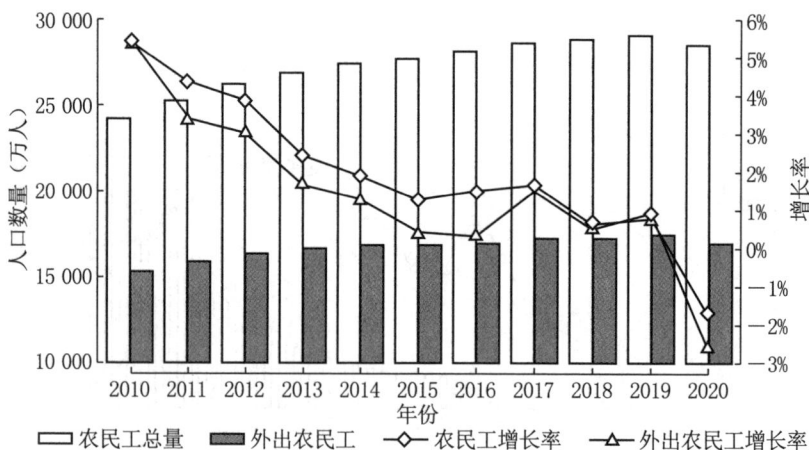

资料来源:国家统计局2010—2019年《农民工监测调查报告》,2020年数据来自国家统计局最新公布数据。

图3.2 农民工进城务工趋势:2010—2020年

这种候鸟式的迁徙方式,在一定程度上降低了中国的消费需求,不利于经济高质量增长,有学者发现户籍管制使得移民的消费倾向下降14.6%(陈斌开等,2010)。

二、农民工落户

新型城镇化的关键一步是农民工在城市的落户,实现"人的城镇化"。近些年在政策推动下,户籍制度不断放开,城市落户门槛不断下降,甚至一些城市出现抢人的现象。[①]但是,由于各大城市主要的政策对象是高校毕业生和高学历人才,农民工对于落户政策不敏感,对城市落户的热情不高,落户意愿不强。

如图3.3所示,基于2017年中国流动人口动态监测数据和现有文献发现,农民工愿意在打工城市落户的比例始终在40%以下,有26%—32%的农民工明确不愿意落户城市。农民对城市落户的态度由"不敢想"到"不想"的转变,一方面是迅速的土地城市化也提高了农民土地的价值和增值预期,同时提高了农村户口的升值预期,加上国家加大对农村的转移支付和补贴力度,提高了落户城市的机会成本。另一方面是农村土地的财产权益难以彻底实现,农民工缺乏农村土地的"退出权",无法带着土地财产进入城市,使得农民更不愿脱离农村。根据林奕冉和陈会广(2018)的调查,发现农民工的农村土地权利仍然具备基本的社会保障功能,土地权益为农民工群体的城乡迁移提供了一种防护性保障能力。

---

① 2017年初以来,武汉、西安、长沙、成都、郑州、济南等先后掀起"抢人"大战,主要通过提高人才待遇、提供零落户门槛、提供租房购房补贴等方式吸引落户人群。

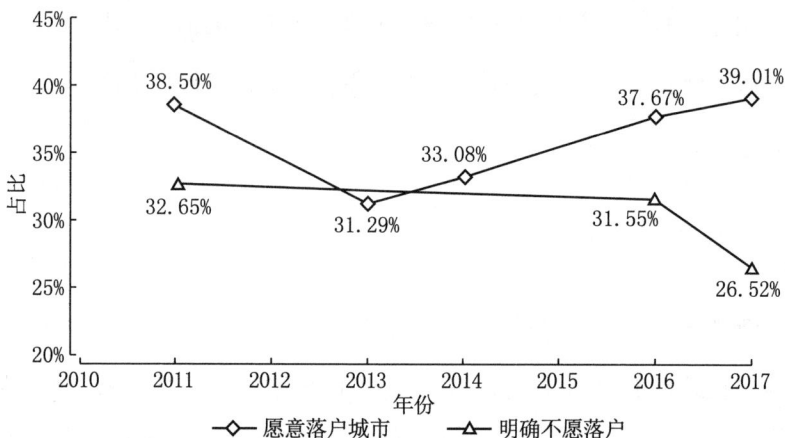

资料来源:根据国家卫健委流动人口动态监测数据(2017)计算,2011 年数据参见王贵新和胡健(2015),2013 年数据参见林奕冉和陈会广(2018),2014 年数据参见宁光杰等(2018)。

图 3.3 农民工城市落户意愿统计

从前述的分析看到,农户整体落户意愿并没有随着户籍制度的放开而大幅度提高,始终徘徊在 40% 以下。农民工落户意愿表现出代际差异,根据 2017 年中国流动人口动态监测数据统计发现,新生代农民工(出生于 1980 年之后)落户意愿比农一代高 9.26%。已经由研究指出,新生代农民工正在成为进城务工的主力军,与第一代农民工不同,他们的受教育水平更高,健康和人力资本更好,不同于农一代在就业时完全的追求收入,他们更看重职业的发展(刘守英和王一鸽,2018)。因此,推进新型城镇化目标,应针对农民工的代际差异,提高新生代农民工的城市进入和融入能力。

新生代农民工在社会经济等方面的行为特征与农一代相比,出现一系列显著的革命性变化,本书对此进行了统计型分析。如图 3.4 所示,根据农民工年龄不同,他们所拥有的土地面积差距很大,在宅基地面积上农一代具有更大的农地权益或财产权,新生代农民工拥有的土地显著的少于农一代。在落户意愿方面,相比较农一代,新生代农民工落户意愿更强,40 岁作为农民工城市落户意愿的一个分界点,高于 40 岁的农民工落户意愿迅速下降。农一代大多出村仍会回村,他们由于经验对土地和农村充满感情。而新生代农民工与农业经济的关系疏远,有 87.3% 的新生代农民工没有从事过任何农业生产劳动(Zhao et al., 2018)。新生代农民工的显著特征是表现为入城不回村的一代。更高的受教育水平和人力资本使得新生代农民工进入城市的决心更大,与更强的"去农化"一致的是,新生代农民工有着更为强烈的城市权利诉求(纪竞垚和刘守英,2018)。从新型城镇化推进的角度,新生代农民工无疑是未来定居和迁入城市的主要力量和最重要的群体。就目前的情况来看,新生代农民工在进入城市、就业和收入、基本保障以及子女的入学等方面仍然存在一些困难,如果忽略其城市权利的诉求,中国的转型和城市化会付出巨大的代价(纪竞垚和刘守英,2018)。

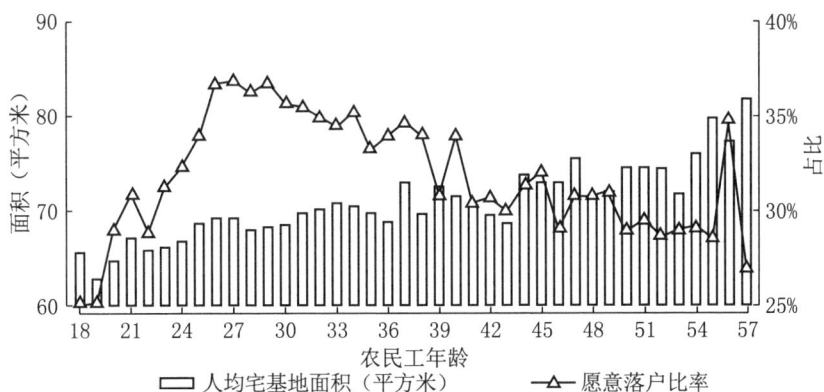

资料来源:2017 年中国流动人口动态监测数据。

图 3.4　不同年龄农民工宅基地面积和愿意落户比率

第五节 本 章 小 结

本章主要使用数据资料对农地确权、农地流转、非农就业及农民工的城市落户进行统计和描述性分析,试图对后文检验使用的变量进行初步的分析,利用重要指标的趋势分析勾勒出目前农村农地确权和流转的现状,并通过对农民工进城趋势的分析阐述农地确权改革对农地流转、有偿退出及城市落户的可能影响。通过基本事实分析农村劳动力向城市迁移需要面对的问题和在落户选择上的权衡,本章主要内容和发现如下。

第一,农地确权颁证改革是稳定土地产权的重要方式,本章使用调查统计数据分析了政策实施及进展。统计发现,截至 2017 年,总体 88.3% 的农户土地完成耕地确权颁证,农民对农地确权总体呈正面评价,有 62.59% 的农户认为农地确权使得农地的权利更加明确。交叉统计表明,已确权农户参与农地转出的比例比未确权农户高 2.88%,农地确权有利于农地流转的租金提高和流转期限延长。

第二,农地流转成为农民实现土地权益的重要方式,当前 32.24% 的农户参与农地流转,全国户均转出面积 3.96 亩,户均转入 13.7 亩,土地经营集中化趋势明显。从流转对象来看,向专业大户流转的趋势不断增加,2017 年比 2015 年提高 2.22%,从未转出的原因看,除自家耕种(82.5%)外,12.5% 的农户表示无人愿意承包,种粮收益低限制了农地资源进一步的配置,农地流转不畅可能会制约农民的非农就业参与,影响新型城镇化的步伐。

　　第三,农民工进城趋势不改,但城市落户意愿不高。非农就业使得农村居民的可支配收入迅速提高,但与城镇居民的收入差距仍然巨大,农村劳动力进城务工趋势短期不会改变,但中国的人口红利随着农村剩余劳动力转移逐步完毕正在消退。近 10 年农村劳动力进城务工数量持续攀升,2020 年有 2.85 亿农民工参与城市就业分工体系。大量农民工进城就业却不愿落户,落户意愿一直不高,愿意落户的农民工比率始终处在 40％以下。

　　从政策角度,土地是农村居民最重要的财产,逐步完善农地确权改革的质量,提高农民土地产权的稳定性,促进农地流转,引导农村劳动力参与城市的就业并愿意落户是实现农业现代化和新型城镇化的必由之路。建立完善明晰的土地产权关系,真正的还权于农,将完整的土地财产权归还农民,使农民带着财产进城是推进“人的城镇化”的关键。新生代农民工是城市落户的主体,落户诉求更高,政策制定者应该加强新生代农民工就业落户引导,提高其就业质量,破除新生代农民工的落户障碍,在社会保障、子女教育和住房保障等方面进行提供平等的公共服务,建立统一的保障体系,以此加快推进新型城镇化建设。

第四章
农地确权与土地流转

农村土地承包经营权确权登记颁证(以下简称"农地确权"),是中央关于"三农"工作的重大部署。这项改革社会关注度高、牵扯面广,不仅是实行集体所有权、农户承包权和土地经营权"三权分置"的制度保障,还是落实农村土地承包关系"长久不变"的基础前提。土地流转是中国独特的制度创新,是实现农业规模化经营,提高农地经营效率的重要方式。本章将考察农地确权对土地流转的影响和机制,并从财富视角分析改革对异质性农户的影响差异。

第一节　问　题　的　提　出

中国 1978 年的改革在农村率先开启,家庭联产承包责任制改革很好地适应了当时中国的经济形势,并极大地推动了中国农业的快速发展(Lin, 1992;冀县卿和黄季焜,2013)。随着中国工业化和城镇化的快速发展,农业劳动力逐渐向城市大规模流动。尽管农民的承包经营权不断地被确认与强化,在城镇化的巨大作用下,农民与土地的关系逐步松动。平等的地权造成了农村土地零碎分割,土地规模狭小,难以实施农业专业化和适度规模经营。根据世界银行的数据,中国农村人均耕地面积从2001 年到 2018 年仅提高了 0.9 亩,2018 年农村人均耕地为 3.15 亩(如图4.1),同期美国农均耕地面积为 40.81 亩,耕地资源稀缺的日本农均耕地面积为 5.85 亩。中国农业规模经营不足的状态在过去几十年间未得到根本改善,推高了农业生产成本,导致缺乏国际竞争力(陆铭,2018)。中国农村,"弱者种地、差地种粮"的现象已非常普遍,农业被边缘化的倾向也越来越严重(罗必良和胡新艳,2015;罗明忠等,2017)。

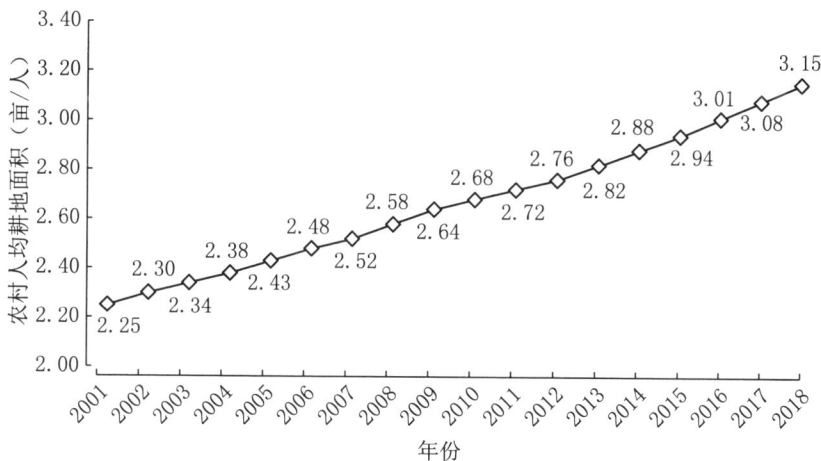

资料来源:世界银行。

图 4.1　中国农村人均耕地面积:2001—2018 年

为了实现农业的发展转型,中央政府自十七届三中全会以来,加大了农村农地流转的政策力度,推动了农村农地流转和规模经营的进程。农村土地得以高效流转的前提是农地产权能够清晰界定并受到政府的有力保护。然而,农村土地产权残缺和产权不稳定一直是中国农地制度安排的重要特征,导致很高的农地流转交易成本。农地产权界定的不清晰使得农地流转过程存在着不可预知的风险,限制了农地流转的范围和规模,降低了农村土地资源的配置效率,甚至会导致农民的利益在农地流转过程中受到损害(周其仁,2013a;程令国等,2016)。农地确权是农地流转的前提和基础。为了推进农地流转的顺利进行,农业部于 2011 年发布了《关于开展农村土地承包经营权登记试点工作的意见》,明确要求对农户承包的土地进行确权登记并颁发证书。该意见提出"把承包地块、面积、合同、权属证书全面落实到户","确认和保障农民的土地物权,以明确土地承包经营权归属、形成产权清晰、权能明确、权益保障、流转顺畅、分配合理的农村集体土地产权制度"。

农村农地确权会对农地流转带来什么样的影响? 农地确权对农地流转的影响是否存在财富效应,如果存在,财富效应又是如何对农地流转产生影响的? 为考察以上两个问题,本章使用北京大学中国健康与养老追踪调查(CHARLS)数据,从财富效应的视角对农地确权对农地流转的影响进行了定量研究。

本章的结构安排为:第一节是问题的提出,概述了本章的研究背景并提出研究问题;第二节是制度背景和相关文献综述;第三节是数据和计量方法;第四节是实证结果和分析;第五节是本章小结。

第二节 制度背景与文献综述

一、制度背景

土地问题一直是中国社会改革与变迁过程中的重要话题。中国农地确权颁证改革的实施有着特殊的背景和演变路径。在现有的农村土地产权制度安排中,农村土地的所有权和使用权是分离的。农民只拥有土地的使用权、转让权和相应的收益权,而土地的所有权却只归村集体所有。这种不完全的土地产权制度会造成不稳定的农村土地承包关系,导致农民很难对其所承包的土地进行长期投资。为此,中央政府自20世纪80年代以来,不断制定相关政策,以稳定农村地权。比如,1984年提出"土地承包经营权15年不变"和"大稳定、小调整"的农村土地政策;1993年在一轮承包的基础上提出"土地承包期限30年不变"的二轮承包,并提倡有条件的地方实施"增人不增地""减人不减地"的政策。国家又先后于1998年和2002年修订和出台《中华人民共和国土地管理法》和《中华人民共和国农村土地承包法》,将稳定农村地权的政策上升为法律。《中华人民共和国农村土地承包法》还要求村集体向农户发放土地承包合同和承包经营权证书。2008年党的十七届三中全会提出"现有土地承包关系要保持稳定并长久不变"。该提法在以后的中央1号文件中被多次强调。

在1988年《中华人民共和国土地管理法》出台之前,农村农地流转是被禁止的。出于避免土地大规模兼并导致农民失去土地资料的"政治正确性"的考虑,中央政府对农地流转一直持有非常谨慎的态度。1986年颁布的《中华人民共和国土地管理法》还明文禁止出租或其他任何形式的农地流转。在此情况下,村集体可能会对出租土地的农户通过收回土地的形式作为惩罚(Yang,1997;Holden and Yohannes,2002;程令国等,2016)。农户在 1988 年之后才开始允许在村集体成员内部流转。随着城市化进程的加快,农民对农业的依赖度逐步下降,中央开始对农村农地流转采取了积极的态度。1998 年的《中华人民共和国土地承包法》开始允许农户把农地流转给村外人,并提出在少数具备条件的地区发展农村土地的规模化经营。2002 年的《中华人民共和国土地承包法》则进一步规定了农户依法对土地进行转包、出租、互换、转让的权利,并禁止村集体或地方政府加以干预和限制。

随着中央政策对农村农地流转政策的放松,农村农地流转市场得到了迅速发展。1998 年全国八个省市的抽样调查显示,农地流转仅占承包农地总面积的 3%—4%,但 2000 年前后就快速提高到 5%—6%,其中沿海发达地区达到 8%—10%(陈锡文和韩俊,2002)。根据第二次全国农业普查数据推算,2006 年全国农户土地流转率达到 16.0%(万举,2009)。而据农业部统计,2011 年全国家庭承包耕地流转总面积达到 2.28 亿亩,占家庭承包经营耕地面积的 17.8%。尽管中央政策出台了一系列稳定土地承包权的政策,农地流转仍然受到现行的土地管理体制下,承包权边界模糊和不稳定的影响。虽然稳定农村地权的政策已经出台了相关法律,但是尚未形成对土地承包经营权进行登记管理的产权制度。现有土地承包关系是在一轮承包基础上的延包形成的。由于承包期内土地调整频繁,不可避免地造成地块不实、四至不清、面积不准等问题(程令国等,2016)。早期承包土地要缴纳税费,土地价值较低,农地流转中的土地权属没有得到农户的充分重视。随着工业化进程的加快,农村土地的经济价值水涨船高,因此而产生的农村土地权属纠纷日益增多,导致农村农地流转的交易成本不断增加。另外,由于土地的所有权理论上是归村集体所有,当家庭人口变动或政府征用集体土地时,经常会带来承包土地的重新调整。根据叶剑平(2010)的调查,从土地联产承包制至今,因为人口变化和征地的原因,63.7%的村集体在二轮承包时进行过调整,34.6%的村庄在二轮承包后还进行了土地调整。

为进一步稳定农户的土地承包经营权,促进农村土地的流转,2008年党的十七届三中全会通过《中共中央关于推进农村改革发展若干重大问题的决定》,提出要搞好农村土地确权、登记、颁证工作,完善土地承包经营权能,依法保障农民对土地的占有、使用、收益等权利。农业部在2009年开始就选择八个省(直辖市)的部分乡镇进行试点探索。在确权试点工作取得显著进展并积累了较多经验之后,农业部在2011年发布了《关于开展农村承包经营权登记试点工作意见》,明确指出承包经营权登记的主要任务是"查清承包地块的面积和空间位置,建立健全土地承包经营权登记簿,妥善解决承包地块面积不准、四至不清、空间位置不明确、登记簿不健全等问题,把承包地块、面积、合同、权属证书全面落实到户,依法赋予农民更加充分而有保障的土地承包经营权"。

2011年,农业部等六部门正式启动全国范围内的农村土地承包经营权登记试点。首批50个试点县(市、区)涉及28个省的710个乡镇、12 150个村。2013年中央1号文件明确规定"用5年时间基本完成农村土地承包经营权确权登记颁证工作",并确定了105个县(市、区)为第二批土地确权登记颁证试点地区,由此确权工作在全国范围内全面开展。

2015年,土地承包经营权登记颁证试点再度扩容,湖南、湖北、江西、江苏、甘肃、宁夏、吉林、河南、贵州等9省区被纳入农地确权登记颁证试点范围。2016年9月全国2 545个县(市、区)、2.9万个乡镇、49.2万个村开展了试点,已完成实测面积近11.1亿亩、确权面积近7.5亿亩,分别约占全国二轮家庭承包合同面积的88%和59%。随后,农业农村部提出2018年全国范围内基本完成农村土地确权。

二、政策推进

表4.1　中央土地确权政策推进

年份	法律法规名称	主要内容	主管部门
2008	《中共中央关于推进农村改革发展若干重大问题的决定》	搞好农村土地确权、登记、颁证工作,完善土地承包经营权能,依法保障农民对土地的占有、使用、收益等权利。	国务院
2009	中央一号文件	稳步开展土地承包经营权登记试点,把承包地块的面积、空间位置和权属证书落实到农户。	国务院
2011	《关于开展农村土地承包经营权登记试点工作的意见》	在实测基础上对农户承包地进行确权登记颁证,提出要"把承包地、面积、合同、权属证书全面落实到户"。	农业部
2011	《关于加快推进农村集体土地确权登记发证工作的通知》	凡是到2012年底未完成农村集体土地所有权发证工作的,农转用、土地征收审批暂停,农村土地整治项目不予立项。	国土资源部、中央农村工作领导小组办公室、财政部、农业部
2013	中央一号文件	全面开展农村土地确权颁证登记工作。用5年的时间基本完成农村土地承包经营权确权登记颁证工作。确权试点扩大到105个县。	国务院
2015	中央一号文件	扩大整省试点范围,总体上要确地到户,从严掌握确权确股不确地的范围。	国务院

年份	法律法规名称	主要内容	主管部门
2015	《关于认真做好农村土地承包经营权确权登记颁证工作的意见》	2015 年继续扩大试点范围,在 2014 年 3 个省和 27 个整县试点的基础上,选择江苏、江西、湖北、湖南、甘肃、宁夏、吉林、贵州、河南等 9 个省(区)开展整省试点。	农业部、中农办、财政部、国土资源部等
2016	中央一号文件	2020 年基本完成土地等农业集体资源性资产确权登记颁证工作,明确提升农村土地承包经营权登记颁证的法律效力,探索对通过流转取得的农村承包地经营权进行确权登记颁证。	国务院
2018	中央一号文件	全面完成土地承包经营权确权登记颁证工作,实现承包土地信息联通共享。	国务院

三、已有研究观点

土地产权已经成为学术研究的热点议题。从产权理论的角度来看,土地产权的稳定性和完整性会影响农地流转的交易成本,农地确权可以强化土地产权的安全,能够根本地影响土地在市场中的交易。国内外关于农地确权和农地流转的文献非常丰富,大多文献肯定了农地确权的积极作用(Besley and Burgess,2000;Deininger and Jin,2005;Field,2006;程令国等,2016;Murtazashvili and Murtazashvili,2016;Meeks,2017)。Deininger 等(2003)对尼加拉瓜的研究发现,具有稳定土地产权的所有者更愿意参与土地租赁市场,将自己农地流转出去。Bezabih 和 Holden(2006)、Deininger 等(2011)对埃塞俄比亚土地登记对农地流转的影响进行了研究,他们发现土地登记能够显著地提高农户农地流转的意愿和规模。Bezabih 和 Holden(2006)还发现农地流转中的性别效应,即女性户主家庭在土地登记后比男性户主更愿意进行农地流转。Galiani

和 Schargrodsky(2010)发现农地确权会通过增加物质和人力资本投资的缓慢渠道,这将有助于减轻后代的贫困。

从当前文献来看,对中国农地确权和农地流转进行探讨的研究也有不少。学者们对 20 世纪 90 年代中农村农地流转市场的研究表明,由于土地产权不明确,存在着流转权的限制,农民出租土地的行为可能会被视为无力耕种土地的信号,进而导致其土地存在被村集体收回的风险;而且,土地产权的不稳定也增加了农地流转后收回土地的难度(Yang,1997)。北京大学国家发展研究院综合课题组(2010)探究了成都市都江堰农地确权的实践经验,认为农地确权是农地流转的基础,农地确权可以提高农村土地的产权强度,降低农地流转的交易成本,进而促进农地流转的顺利进行。Li(2012)梳理了自 2008 年以来成都农地确权的实践经验,发现农村集体所有土地在确权后,农村居民的收入和财富都显著增加,同时发现土地产权强度与土地价格之间具有强烈相关关系。林文声等(2016)从生产激励、交易费用、交易价格及要素市场联动四个方面分析了农地确权对中国农地经营权流转的效应。他们的研究发现,农地确权对农地经营权流转的促进和抑制作用并存,土地承包经营权证书颁发率显著影响农地经营权流转,而土地承包合同发放率则显著地抑制了农地经营权的流转。程令国等(2016)建立了一个农地确权与农地流转关系的理论模型,并从实证上检验了该理论模型。他们的研究表明,农村土地确权不仅降低了交易成本、促进了农地流转,同时也通过增强土地的产权强度提高了土地的内在价值。

虽然国内外文献对农地确权和农地流转的研究很多,但是,从财富效应的视角研究农地确权对农地流转影响的研究很少。"财富效应"原指家庭财富的变化对消费的影响,相应的农地流转的财富效应指家庭财富对农户农地流转行为的影响。根据生命周期理论,理性经济人会在综合考量自身经济财富水平的基础上作出经济决策,便于平滑整个生命周期的经济活动以达到效用最大化。作为家庭财富的重要组成部分,我们认为住房财富会对家户的经济决策产生重要影响。对"财富效应"的量化研究最早可追溯至 Ando 和 Modigliani(1963)。住房作为重要的资产其财富价值不言而喻,Elliot(1980)和 Bhatia(1987)较早地研究了住房的"财富效应",并指出房产价值的变化对居民消费行为的影响。在此之后,Lehnert(2004)、Disney 等(2010)、赵西亮(2013)以及柴俊国和尹志超(2013)等继续对房价变化及财富效应的影响展开研究,住房财富效应进一步的演进便是对家户经济行为的影响。本章我们借鉴了住房财富对家庭消费决策的影响,将住房的财富效应引入农户的农地流转行为。在劳动力自由流动的背景下,农户面临着承包期内的土地经营权的收益最大化问题,理性农户会在综合权衡不同决策下的综合收益后作出决策,随着财富的增加和边际效应递减的影响,农户对农地的流转决策也会相应地有所调整。在农户的经济决策中,财富效应常常作为农户的重要决策变量。考察财富效应在农地确权和农地流转中的作用,无论在理论研究还是经济决策实践中都有着重要意义。

第三节　数据和计量模型

一、数据来源

本章中所用的数据来源于北京大学"中国健康与养老追踪调查"(以

下简称 CHARLS)2011—2012 年第一次全国基线调查数据。该数据是由北京大学国家发展研究院主持、北京大学中国社会科学调查中心与北京大学团委共同执行的大型跨学科调查项目,旨在收集一套代表中国 45 岁及以上中老年人家庭和个人的高质量微观数据。CHARLS 全国基线调查于 2011 年开展,覆盖了 150 个县级单位、450 个村级单位,约 1 万户家庭中的 1.7 万人。CHARLS 问卷包含了个人、家庭和社区等三个层面的信息,还包括了村庄确权和家庭农地流转等信息。我们的样本中共包括 4 187 个观测值,样本的描述性统计如表 4.2 所示。

表 4.2　变量定义与统计描述

变量名	变量含义	均值	标准差
流转率	流转土地占总农户土地面积的比值	0.069	0.234
流转面积	流转土地的面积(亩)	0.394	3.180
流转价格	流转土地的价格(元/亩)	485.663	1 454.758
农地确权	已确权发证=1,未确权发证=0	0.323	0.468
教育程度	户主的教育程度	3.417	2.365
年龄	户主的年龄	59.879	10.424
住房面积	农户住房的面积(平方米)	121.741	71.832
宅基地面积	农户宅基地面积(平方米)	215.959	151.76
房屋结构	若房屋为钢筋混凝土结构=1,其他=0	0.286	0.452
房屋类型	多层房屋=1,单层房屋=0	0.284	0.451
外来人口比率	外来务工人员占村庄总人口的比例	0.048	0.132
外出人口比率	外出务工人员占总村庄总人口的比例	0.222	0.392
距公交站距离	村庄距离公交站台的距离(公里)	3.001	8.617
公交线数量	经过村庄的公交路线数量	1.383	2.924
男性平均月工资	男性人员平均工资水平(元/月)	2 607.284	1 371.74
大米价格	大米价格(元/千克)	2.290	0.440
老龄化率	村庄 65 岁以上人口占比	0.202	0.537
人均收入	人均收入水平(元)	4 495.742	4 930.37
农业补贴	是否有农业补贴	0.934	0.248
农业保险	是否有农业保险	0.427	0.495

二、计量模型

为了考察农地确权对农地流转的作用,我们的基准模型设定如下:

$$y_i = \alpha_0 + \alpha_1 titling_i + \sum \beta_i X_i + \varepsilon_i \tag{4-1}$$

$$y_i = \alpha_0 + \alpha_1 titling_i + \alpha_2 titling_i \times structure_i + \sum \beta_i X_i + \varepsilon_i$$

$$\tag{4-2}$$

其中,y_i 是农地流转程度的变量,分别为农地流转率、农地流转面积、农地流转价格。在回归中,农地流转面积和农地流转价格都取了对数形式。农地确权变量 $titling$ 是本章的核心解释变量,若村中实施了农地确权颁证改革,$titling$ 取值为 1,若村庄还没有实施农地确权颁证改革,$titling$ 取值为 0。X 为一系列控制变量,包括家庭层面的控制变量和村庄层面的控制变量。家庭层面的控制变量包括户主的教育程度、年龄、家户的住房面积、宅基地面积、房屋结构等;村庄层面的控制变量包括外来人口比率、外出人口比率、距公交站距离、公交线数量、男性平均月工资、大米价格、老龄化率、人均收入、农业补贴、农业保险等。式(4-2)中的交互项 $titling \times structure$ 是农地确权变量与房屋结构的交互项,用以考察财富效应对农地流转的影响。对于广大农村地区家庭而言,住房是其非常重要的财富,住房的价值能够较准确地反映农户的财富水平。一般认为较为富裕的农户家庭才会建造钢筋混凝土结构的房屋。因此,我们在模型中用房屋结构作为农户家庭财富的代理变量。

但是,基准回归模型识别农地确权对农地流转的影响时,可能存在潜在的内生性问题。优先实施农地确权的村庄可能是农地流转水平较高的村庄,政府可能倾向于在流转程度较高的地区较早进行农地确权。因此,基准回归模型的结果存在着反向因果的潜在可能性。为了处理潜在的内生性,我们进一步采用了 Wooldridge(2015)所发展的控制函数方法(Control Function Method)。控制函数法分为两步:第一步,我们使用 Probit 模型估计村庄实施农地确权的概率:

$$titling_i = 1[Z_i\beta + \varepsilon_i] \tag{4-3}$$

其中,Z 是一系列影响政府实施农地确权的变量,包括距公交站距离、公交线数量、男性平均月工资、大米价格、老龄化比率、人均收入、是否有农业补贴、是否有农业保险,以及城市固定效应。式(4-3)可以得到广义残差(GR):

$$GR_i = titling_i \lambda(Z_i\hat{\beta}) - (1 - titling_i)\lambda(-Z_i\hat{\beta}) \tag{4-4}$$

其中,$\lambda(\cdot) = \varphi(\cdot)/\Phi(\cdot)$ 为逆米尔斯比率(Inverse Mills ratio)。在一定假设下(Wooldridge,2015),可以得到第二阶段的回归模型:

$$y_i = \alpha_0 + \alpha_1 titling_i + \sum \beta_i X_i + \gamma GR_i + \varepsilon_i \tag{4-5}$$

$$y_i = \alpha_0 + \alpha_1 titling_i + \alpha_2 titling_i * structure_i + \sum \beta_i X_i + \gamma GR_i + \varepsilon_i \tag{4-6}$$

GR_i 是从式(4-4)得到的广义残差,其他变量与方程(4-1)和(4-2)相同。

第四节 实证结果与分析

一、基准检验结果

首先,我们考察了农地确权对农地流转的影响。表 4.3 显示了基准模型方程(4-1)的结果,其中第(1)—(3)列中的结果只包括农户家庭层面的控制变量,而第(4)—(6)列的结果不仅包含农户家庭层面的控制变量还包括村庄层面的控制变量。从第(2)列的结果可以看出,农地确权的系数为正且在 1% 的水平上显著,表明农地确权能够显著提高农户的农地流转比率。列(2)中农地确权的系数也同样为正且在 1% 的水平上显著,这说明确权后的农户农地流转面积有了显著增加。列(3)给出了农地流转价格受农地确权的影响,农地确权的系数为 0.332,而且具有 1% 的显著性水平,表明农地确权带来了农地流转价格的提高。上述结果表明,实施农地确权的确可以促进农地流转的进行,提高农户参与土地市场交易的积极性。我们的实证结果也验证了产权的安全稳定对土地价值的增值作用。第(4)—(6)列为加入村庄层面控制变量后的回归结果,从结果上可以看出,增加控制变量后,农地确权的系数的大小没有发生变化,显著性水平也分别同第(1)—(3)列中对应的结果一致。第(4)—(6)列的结果表明基准回归的结果是稳健的,农地确权的确可以显著地促进农地流转的进行。

表 4.3 农地确权与农地流转：基准回归结果

Variables	(1) 流转率	(2) 流转面积	(3) 流转价格	(4) 流转率	(5) 流转面积	(6) 流转价格
农地确权	0.031***	0.074***	0.332***	0.029***	0.069***	0.331***
	(0.009)	(0.017)	(0.088)	(0.009)	(0.018)	(0.089)
教育程度	0.001	0.003	0.028	0.001	0.003	0.015
	(0.002)	(0.004)	(0.020)	(0.002)	(0.004)	(0.020)
年龄	0.001**	0.002**	−0.000	0.001**	0.002**	−0.001
	(0.000)	(0.001)	(0.004)	(0.000)	(0.001)	(0.004)
住房面积	−0.010	−0.036**	−0.058	−0.013	−0.040**	−0.066
	(0.009)	(0.017)	(0.095)	(0.009)	(0.017)	(0.090)
宅基地面积	0.011	0.055***	−0.194***	0.014*	0.059***	−0.152**
	(0.008)	(0.016)	(0.072)	(0.008)	(0.017)	(0.069)
房屋结构	0.031***	0.034**	0.544***	0.026***	0.029*	0.397***
	(0.010)	(0.017)	(0.093)	(0.010)	(0.017)	(0.093)
外来人口比率				0.059*	0.075	1.050***
				(0.035)	(0.064)	(0.360)
外出人口比率				−0.002	0.000	−0.238
				(0.013)	(0.022)	(0.177)
距公交站距离				0.003	0.008	0.031
				(0.005)	(0.009)	(0.052)
公交线数量				−0.007	−0.002	0.279***
				(0.007)	(0.013)	(0.061)
男性平均月工资				−0.009	−0.011	0.409***
				(0.009)	(0.018)	(0.099)
大米价格				−0.021	−0.039	0.767***
				(0.023)	(0.042)	(0.226)
老龄化率				0.025	0.086	1.275***
				(0.041)	(0.073)	(0.339)
人均收入				0.017***	0.020**	0.265***
				(0.005)	(0.010)	(0.050)
农业补贴				0.034	0.032	−0.461*
				(0.024)	(0.048)	(0.246)
农业保险				0.006	0.006	0.156*
				(0.009)	(0.016)	(0.088)

续　表

Variables	(1) 流转率	(2) 流转面积	(3) 流转价格	(4) 流转率	(5) 流转面积	(6) 流转价格
常数项	−0.025	−0.132	5.655***	−0.112	−0.229	−0.282
	(0.055)	(0.099)	(0.568)	(0.099)	(0.197)	(1.047)
观测值	3 482	3 482	3 482	3 482	3 482	3 482
R^2	0.008	0.013	0.017	0.014	0.016	0.057

注:被解释变量显示在每列的上方,括号中为标准误,***、**、*分别表示1％、5％和10％的显著性水平。

为了考察农地确权和农地流转关系中的财富效应,我们对基准模型中的方程(4-2)进行了回归分析,实证结果见表4.4。第(1)—(3)列显示了只有农户家庭层面控制变量的结果,第(4)—(6)列显示了同时包含农户家庭层面和村庄层面的控制变量后的回归结果。第(1)列中农地确权的系数为正且在1％的水平上显著,而交互项确权×房屋结构的系数为负,且在5％的水平上显著。在农地地区,房屋结构往往能显示住户的财富状况,比如农房建造采用钢筋混凝土结构的农户比采用土砖结构的农户更为富裕。交互项系数为负显著,表明在农户的农地流转决策中存在着显著的财富效应。具有较多财富的农户倾向于更少地参与农地流转,对土地市场的参与意愿更加保守。第(2)(3)列分别显示了财富效应在农地流转面积和流转价格中的表现。交互项确权×房屋结构在两列结果中都为负,且在第(3)列中具有1％的显著性水平。第(1)—(3)列的结果表明了农地确权和农地流转中的负的财富效应。第(4)—(6)列为加入村庄层面控制变量后的结果。从结果上看,这些结果与第(1)—(3)列基本一致,说明农地流转中的财富效应是明显存在的,而且结果是十分稳健的。

表 4.4　农地确权对农地流转影响的财富效应检验

Variables	(1)	(2)	(3)	(4)	(5)	(6)
	流转率	流转面积	流转价格	流转率	流转面积	流转价格
农地确权	0.040***	0.085***	0.636***	0.037***	0.079***	0.615***
	(0.010)	(0.018)	(0.101)	(0.010)	(0.018)	(0.100)
确权×房屋结构	−0.035*	−0.043	−1.166***	−0.033*	−0.042	−1.127***
	(0.019)	(0.035)	(0.198)	(0.020)	(0.035)	(0.196)
教育程度	0.001	0.003	0.027	0.001	0.003	0.014
	(0.002)	(0.004)	(0.020)	(0.002)	(0.004)	(0.020)
年龄	0.001**	0.002**	0.000	0.001**	0.002**	−0.001
	(0.000)	(0.001)	(0.004)	(0.000)	(0.001)	(0.004)
住房面积	−0.011	−0.037**	−0.085	−0.013	−0.041**	−0.090
	(0.009)	(0.016)	(0.091)	(0.009)	(0.016)	(0.090)
宅基地面积	0.011	0.055***	−0.184**	0.014**	0.059***	−0.148**
	(0.007)	(0.013)	(0.074)	(0.007)	(0.013)	(0.074)
房屋结构	0.042***	0.047**	0.903***	0.037***	0.042**	0.750***
	(0.011)	(0.020)	(0.114)	(0.011)	(0.021)	(0.115)
常数项	−0.026	−0.134	5.614***	−0.104	−0.219	−0.023
	(0.054)	(0.097)	(0.549)	(0.111)	(0.199)	(1.109)
其他控制变量	NO	NO	NO	YES	YES	YES
观测值	3 482	3 482	3 482	3 482	3 482	3 482
R^2	0.009	0.013	0.027	0.015	0.016	0.066

注:被解释变量显示在每列的上方,第(4)—(6)列同时控制了其他变量,限于篇幅未全部列出,括号中为标准误,***、**、*分别表示1%、5%和10%的显著性水平。

二、控制函数方法的结果

在识别农地确权对农地流转的作用时可能存在着内生性问题。为克服内生性,本章采用了 Wooldridge(2015)发展的控制函数方法。控制函数方法第一阶段的回归结果显示在表 4.5 中。可以看出离公交车站越远,大米价格水平越高,人均收入越高,具有农业补贴的村庄进行农地确权的可能越小;而男性平均月工资越高,老龄化水平越高,具有农业保险的村庄更可能优先进行农地确权。这表明,在改革开放的不断推进过程中,中国农村人地关系在制度放活及外部经济激励的作用下,正在逐步发生松动,农户与土地开始有条件地参与市场(王常伟和顾海英,2016)。农民开始逐渐意识到土地所有权的重要性,不再局限于以前人人有份、户户务农的传统农地关系。随着生活水平和收入的提高,农民对农业的依赖越来越弱。部分地区的农民不仅在生产上脱离了农业,在生产与生活方式上也逐渐远离农村,不断向城市迁移。

表 4.5　控制函数方法:第一阶段结果

Variables	农地确权	Variables	农地确权
距公交站距离	−0.217***	人均收入	−1.040***
	(0.063 7)		(0.083 2)
公交线数量	0.024 9	农业补贴	−1.056**
	(0.116)		(0.442)
男性平均月工资	0.359**	农业保险	0.533***
	(0.158)		(0.159)
大米价格	−4.546***	常数项	7.667***
	(0.549)		(1.443)
老龄化率	5.954***	城市固定效应	✓
	(0.605)	观测值	3 685
		R^2	0.326

注:被解释变量显示在上方,括号中为标准误,***、**、*分别表示1%、5%和10%的显著性水平。

表 4.6 显示了农地确权与农地流转关系的控制函数方法的结果。第(1)—(3)列是只包含家庭层面控制变量的结果,第(4)—(6)列是既包含家庭层面控制变量又包含村庄层面控制变量的结果。从第(1)—(3)列的结果中我们可以看到,流转面积和流转价格模型中,广义残差项分别在

10%和5%的水平上显著,说明农地确权的确存在着一定的内生性。第(1)—(3)列中农地确权的系数都为正且分别在不同的水平上显著,第(4)—(6)列中农地确权的系数也都为正且分别在1%和5%的水平上显著,表明控制函数的结果与基准回归结果是一致的,考虑到内生性问题后,农地确权的确可以促进农地流转的进行。

表 4.6　农地确权对农地流转的影响:控制函数方法

Variables	(1)	(2)	(3)	(4)	(5)	(6)
	流转率	流转面积	流转价格	流转率	流转面积	流转价格
农地确权	0.044***	0.097***	0.516***	0.040***	0.090***	0.466***
	(0.011)	(0.019)	(0.110)	(0.011)	(0.020)	(0.110)
教育程度	0.001	0.003	0.026	0.001	0.003	0.013
	(0.002)	(0.004)	(0.020)	(0.002)	(0.004)	(0.020)
年龄	0.001**	0.002**	0.000	0.001**	0.002*	−0.001
	(0.000)	(0.001)	(0.004)	(0.000)	(0.001)	(0.004)
住房面积	−0.011	−0.037**	−0.084	−0.013	−0.041**	−0.088
	(0.009)	(0.016)	(0.090)	(0.009)	(0.016)	(0.089)
宅基地面积	0.011	0.055***	−0.187**	0.015**	0.060***	−0.155**
	(0.007)	(0.013)	(0.074)	(0.007)	(0.013)	(0.074)
房屋结构	0.042***	0.046**	0.910***	0.036***	0.041**	0.767***
	(0.011)	(0.020)	(0.114)	(0.011)	(0.021)	(0.114)
广义残差	−0.013 5	−0.036 7*	0.310***	−0.010 2	−0.030 1	0.282**
	(0.010 9)	(0.019 7)	(0.114)	(0.011 2)	(0.020 0)	(0.116)
常数项	−0.028	−0.138	5.659***	−0.109	−0.235	0.198
	(0.054)	(0.097)	(0.548)	(0.110)	(0.199)	(1.108)
其他控制变量	NO	NO	NO	YES	YES	YES
观测值	3 685	3 678	3 535	3 612	3 605	3 487
R^2	0.009	0.012	0.014	0.089	0.089	0.131

注:被解释变量显示在每列的上方,式(4)—(6)同时控制了其他变量,限于篇幅未全部列出,括号中为标准误,***、**、*分别表示1%、5%和10%的显著性水平。

表 4.7 显示了考察土地影响农地流转财富效应的控制函数模型结果。第(1)—(3)列是只包含家庭层面控制变量的结果,第(4)—(6)列是

既包含家庭层面控制变量又包含村庄层面控制变量的结果。从表 4.6 的结果中可以看出，农地确权变量的系数都为正且都在 1% 的水平上显著，交互项确权×房屋结构的系数都为负，且除第(2)和(5)列外都是显著的。控制函数模型的结果与基准回归结果中财富效应的结果一致，交互项的显著性和符号未发生变化，表示在解决内生性后基准回归结果可信，农地确权对农户农地流转的影响存在显著的财富效应，随着农户财富水平的提高，农地确权对其农地流转的边际影响在下降。

表 4.7　农地确权对农地流转影响的财富效应：控制函数方法

Variables	(1)	(2)	(3)	(4)	(5)	(6)
	流转率	流转面积	流转价格	流转率	流转面积	流转价格
农地确权	0.038***	0.095***	0.216**	0.035***	0.089***	0.194*
	(0.010)	(0.018)	(0.103)	(0.010)	(0.019)	(0.104)
确权×房屋结构	−0.015	−0.077*	0.124	−0.020	−0.082*	0.091
	(0.025)	(0.045)	(0.254)	(0.025)	(0.045)	(0.249)
教育程度	0.001	0.003	0.026	0.001	0.004	0.014
	(0.002)	(0.004)	(0.020)	(0.002)	(0.004)	(0.020)
年龄	0.001**	0.002**	−0.000	0.001**	0.001*	−0.002
	(0.000)	(0.001)	(0.004)	(0.000)	(0.001)	(0.004)
住房面积	−0.010	−0.037**	−0.058	−0.013	−0.041**	−0.065
	(0.009)	(0.016)	(0.091)	(0.009)	(0.016)	(0.090)
宅基地面积	0.011	0.054***	−0.199***	0.014*	0.059***	−0.159**
	(0.007)	(0.013)	(0.074)	(0.007)	(0.013)	(0.074)
房屋结构	0.032***	0.037**	0.538***	0.027***	0.031*	0.393***
	(0.009)	(0.017)	(0.097)	(0.010)	(0.017)	(0.097)
广义残差	−0.011	−0.035*	0.386***	−0.008	−0.027	0.372***
	(0.011)	(0.020)	(0.114)	(0.011)	(0.020)	(0.116)
常数项	−0.034	−0.125	5.655***	−0.101	−0.211	0.240
	(0.053)	(0.095)	(0.541)	(0.109)	(0.196)	(1.106)
其他控制变量	NO	NO	NO	YES	YES	YES
观测值	3 685	3 678	3 535	3 612	3 605	3 487
R^2	0.010	0.013	0.025	0.092	0.093	0.140

注：被解释变量显示在每列的上方，式(4)—(6)同时控制了其他变量，限于篇幅未全部列出，括号中为标准误，***、**、*分别表示 1%、5% 和 10% 的显著性水平。

三、对财富效应的稳健性检验

前文分别考察了农地确权对农地流转的影响,以及农地流转中的财富效应。在上文中,我们使用房屋结构作为农户财富的代理变量,研究了财富效应在农地确权和农地流转关系中的表现。农户家庭的财富是一个比较难以定量衡量的变量,为了进一步确认财富效应是否存在,我们又使用一个新的变量作为财富的代理变量,对财富效应进行稳健性检验。在稳健性检验中,本章选择房屋的类型作为财富的代理变量,若房屋类型为多层则其值等于 1,若房屋类型为单层则其值等于 0。表 4.8 和表 4.9 分别报告了财富效应稳健性检验的基准模型结果和控制函数模型结果。

表 4.8　财富效应的稳健性检验:基准模型结果

Variables	(1) 流转率	(2) 流转面积	(3) 流转价格	(4) 流转率	(5) 流转面积	(6) 流转价格
农地确权	0.032***	0.080***	0.317***	0.030***	0.076***	0.321***
	(0.009)	(0.016)	(0.090)	(0.009)	(0.016)	(0.090)
确权×房屋类型	−0.014	−0.075*	0.115	−0.019	−0.081*	0.080
	(0.025)	(0.045)	(0.254)	(0.025)	(0.045)	(0.250)
教育程度	0.001	0.003	0.027	0.001	0.003	0.014
	(0.002)	(0.004)	(0.021)	(0.002)	(0.004)	(0.020)
年龄	0.001**	0.002**	−0.000	0.001**	0.002*	−0.002
	(0.000)	(0.001)	(0.004)	(0.000)	(0.001)	(0.004)
住房面积	−0.010	−0.037**	−0.060	−0.013	−0.041**	−0.068
	(0.009)	(0.016)	(0.091)	(0.009)	(0.016)	(0.090)
宅基地面积	0.011	0.054***	−0.197***	0.014*	0.058***	−0.154**
	(0.007)	(0.013)	(0.074)	(0.007)	(0.013)	(0.074)
房屋结构	0.032***	0.035**	0.545***	0.027***	0.031*	0.399***
	(0.009)	(0.017)	(0.097)	(0.010)	(0.017)	(0.097)
其他控制变量	NO	NO	NO	YES	YES	YES

续　表

Variables	(1)	(2)	(3)	(4)	(5)	(6)
	流转率	流转面积	流转价格	流转率	流转面积	流转价格
常数项	−0.023	−0.126	5.703***	−0.111	−0.224	−0.227
	(0.054)	(0.097)	(0.552)	(0.111)	(0.199)	(1.113)
观测值	4 187	4 180	3 995	3 612	3 605	3 487
R^2	0.011	0.012	0.023	0.016	0.016	0.061

注:被解释变量显示在每列的上方,式(4)—(6)同时控制了其他变量,限于篇幅未全部列出,括号中为标准误,*** 、** 、* 分别表示 1%、5% 和 10% 的显著性水平。

从表 4.8 的结果中可以看出,农地确权的系数都为正,并且都在 1% 的水平上显著。交互项确权×房屋类型的系数为负且分别在不同水平上显著。结果说明,当我们采用其他财富的代理变量后,依然存在着显著的负的财富效应。财富效应稳健性检验的控制函数模型的结果见表 4.9。表 4.9 中农地确权变量的系数为正且都在 1% 的水平上显著,而交互项确权×房屋类型的系数为负,且分别在 5% 或 1% 的水平上显著。表 4.9 的结果是考虑内生性后的稳健性检验的结果,再次说明了财富效应在农户农地流转决策中的存在。

表 4.9　财富效应的稳健性检验:控制函数方法

Variables	(1)	(2)	(3)	(4)	(5)	(6)
	流转率	流转面积	流转价格	流转率	流转面积	流转价格
农地确权	0.046***	0.100***	0.477***	0.041***	0.092***	0.432***
	(0.010)	(0.018)	(0.103)	(0.010)	(0.018)	(0.103)
确权×房屋类型	−0.058***	−0.098***	−0.636***	−0.049***	−0.089***	−0.433**
	(0.019)	(0.034)	(0.192)	(0.019)	(0.034)	(0.190)
教育程度	0.028**	0.040*	0.144	0.021*	0.031	−0.024
	(0.012)	(0.021)	(0.118)	(0.012)	(0.021)	(0.119)

续　表

Variables	(1) 流转率	(2) 流转面积	(3) 流转价格	(4) 流转率	(5) 流转面积	(6) 流转价格
年龄	0.002	0.003	0.039*	0.002	0.004	0.023
	(0.002)	(0.004)	(0.020)	(0.002)	(0.004)	(0.020)
住房面积	0.001**	0.002**	−0.001	0.001**	0.002*	−0.002
	(0.000)	(0.001)	(0.004)	(0.000)	(0.001)	(0.004)
宅基地面积	−0.003	−0.028*	0.126	−0.006	−0.032*	0.102
	(0.009)	(0.016)	(0.093)	(0.009)	(0.016)	(0.092)
广义残差	−0.011 7	−0.033 6*	0.352***	−0.008 42	−0.026 9	0.321***
	(0.010 9)	(0.019 7)	(0.115)	(0.011 2)	(0.020 0)	(0.116)
常数项	−0.040 5	−0.137	5.524***	−0.116	−0.230	−0.217
	(0.052 7)	(0.095 5)	(0.544)	(0.109)	(0.195)	(1.109)
其他控制变量	NO	NO	NO	YES	YES	YES
观测值	3 685	3 678	3 535	3 612	3 605	3 487
R^2	0.009	0.012	0.019	0.090	0.090	0.134

注:被解释变量显示在每列的上方,式(4)—(6)同时控制了其他变量,限于篇幅未全部列出,括号中为标准误,括号中为标准误,***、**、* 分别表示 1%、5% 和 10% 的显著性水平。

第五节　本　章　小　结

本章采用 CHARLS 数据,系统地评估了农地确权对农地流转的影响,并且考察了农户在农地流转决策中的财富效应。实证研究结果表明,土地产权的稳定清晰能够显著地促进农村土地的流转,有助于农村土地资源的优化配置。农地确权改革不仅能够提高农户参与农地流转的意愿,使得农户土地流转率提高 4.4%,还会提高流转土地的价格(51.6%),提高农地流转面积(9.0%),使得农业生产效率低的农户更愿意将农地流转出去,将土地集中在那些农业生产效率高的农户家庭,进而推动中国农业机械化和规模化经营的发展。同时,研究发现农地确权对农地流转影响存在显著的财富效应。将农户房屋结构作为其家庭财富的替代指标,将农地确权与房屋结构交互项放入回归方程检验结果表明,农地确权对农户农地流转的影响存在财富异质性,农地确权对家庭财富较多的农户农地流转的影响会低于贫穷的农户,进行农地确权后,更富有的家庭往往倾向于减少农地流转的规模,参与农地流转市场的意愿更低。

在中国城镇化进程速度加快,农村人地分离比例越来越高的背景下,政府为了推进现代农业发展、优化农村土地资源配置、促进城镇化的有序进行,实施了一系列激活农村土地产权的政策。农民是社会的主要构成之一,农村土地是农民生活的重要依托。因此,政府在实施相关政策时应当非常谨慎,尊重农民的意愿。在推进农村农地流转的过程中,相关部门应当注意到农户在农地流转决策中的财富效应,富有的农户更倾向于将土地经营权掌握在自己手中。在制定具体农地流转政策时相关部门应当有针对性的考虑财富效应对政策的影响,将农地流转政策的设计与相应的改革措施联动起来。

第五章
农地确权与劳动力流动[①]

中国农业部门与非农部门的生产率仍存在较大差距,中国农业部门与发达国家农业部门的生产率亦存在较大差距。这种差距来源于中国农业部门内部以及农业与非农部门之间存在较为严重的资源错配现象,尤其是农村劳动力。本章将视角转向经济最重要的要素之一——劳动力,考察农地确权改革对农村劳动力就业的影响及其作用机制。

第一节　问题的提出

农地产权制度改革是乡村发展的底层改革,具有根基性和决定性特征,事关乡村振兴战略和共同富裕伟大目标的实现。2022 年中央一号文件提出"全面推进乡村振兴工作",并要求在巩固提升农村集体产权制度改革成果的基础上,开展农村产权流转交易市场规范化建设试点。由此,

---

[①]　本章核心部分发表于《财经论丛》2023 年第 2 期,略有改动。

各地进一步推进农村改革,充分激发农村发展内生动力机制,推动农业农村现代化。截至 2020 年,以农地确权颁证为代表的农地产权制度改革基本完成。伴随着国家乡村振兴战略的不断推进,农地确权改革的政策效应逐步显现,不同视角的研究亟待开展,农地强权赋能下的乡村发展始终是核心议题。改革开放以来,随着工业化和城市化的快速推进,大量农村劳动力进入城市从事非农就业,为城市发展提供了充足的劳动力要素供给。与此同时,农业边缘化、村庄空心化及农村人口老龄化现象日趋明显,城乡发展不平等、不充分等问题突出。在此背景下,探索如何通过农地产权制度改革,稳定土地产权,促进农业生产,推进农业农村现代化具有重要意义。

建立产权归属清晰、流转顺畅的农村土地物权保护是农地产权制度改革的共识,也是完善要素市场化改革的重点。2013 年中央明确提出,"在全国范围开展农村土地确权登记颁证工作,改革农村集体产权制度,切实保障农民财产权利",以期通过以农地确权为核心的农地产权制度改革,提高农地配置效率,盘活存量农地。目前,已有大量文献关注农地确权对农地投资和农地流转的影响(郑沃林和罗必良,2019;胡雯等,2020)。农地确权不仅对土地要素市场发展至关重要,对劳动力要素市场也具有深远影响,通过颁发产权证书来稳定地权会引起劳动力和土地分配的大规模调整(Janvry et al.,2015;杨广亮和王军辉,2022)。劳动力是促进中国经济增长的重要生产要素(程名望等,2018)。大量农村劳动力流入城市,不仅提高了自身的生产效率,也推动经济的快速增长。农村劳动力流动既影响中国城市化和工业化发展,又关乎中国农业生产安全和农业现代化(洪炜杰和胡新艳,2019)。关注农地产权问题对解决乡村振兴中的

"三农"问题,推动土地要素市场的进一步发展和完善,实现农业农村现代化有着重大的理论价值和现实意义。

本章的结构安排如下:第一节是问题的提出,在阐述研究背景的基础上,提出农地产权制度改革对劳动力流动影响的重要性和研究意义;第二节是研究动态,对现有相关研究进行了综述,并在理论分析基础上提出研究假设;第三节是数据和模型设定,对数据进行了统计性描述,构建了因果识别使用的计量模型;第四节是实证结果分析,对回归结果的经济含义进行解释;第五节是本章小结。

第二节 研究动态

一、文献综述

实施乡村振兴战略,"三农"问题是关乎国计民生的根本问题。其中,土地问题是新形势下深化农村改革和推进乡村振兴的主线,也是实现农业现代化发展的重点(孙乐强,2021)。长期稳定的农地产权是农业经济增长和农村社会发展的关键(Besley,1995)。农地产权改善能增加土地所有权保障和土地贸易收益,提高土地抵押价值和改善信贷渠道,促进农地投资(Zhang et al.,2020;Jacoby et al.,2002;Field,2002)。劳动力在不同经济部门间的分配也是土地产权影响经济绩效的重要途径(Giles and Mu,2018)。

农地产权改善与劳动力配置紧密相关。农地确权解决了农地产权模糊性问题,深刻影响农村劳动力就业决策和就业稳定性(韩家彬等,2019;

程令国等,2016)。一方面,农地确权通过增加农地产权强度,提升地权的稳定性预期和农村土地的内在价值(许庆等,2017),直接促进农村劳动力非农就业(陈江华和罗明忠,2020;杨金阳等,2016)。另一方面,农地确权对农村劳动力就业决策的作用机制受到生产率改进效应和劳动力转移成本效应的双重影响,随着农地产权保护强度的提升,对农村劳动力非农就业的影响呈现先促进后抑制的变动趋势(张莉等,2018)。在当前农地产权保护强度下,农地确权显著增加农村劳动力农业就业比重,随着农地产权强化,农业就业转移数量会减少(罗美娟和申小亮,2021;Macours et al.,2010)。

从国际视角来看,土地确权不仅在中国发生,在其他发展中国家也有广泛的实践(Brauw and Mueller,2012)。土地产权与国际移民之间的关系是一个重要研究方向,产权不明确会增加移民的迁移成本。Field(2002)和Janvry等(2015)通过对墨西哥、秘鲁实施的土地产权认证的政策效果评估后发现,农地确权使更多居民向农业社区外迁移,从而提高了劳动力要素的配置效率。而Brauw等(2012)对埃塞俄比亚的研究发现,农地确权对农户是否移民没有显著影响。区别于西方国家的土地私有产权,中国农地归属集体所有。由于中国户籍制度和农村土地制度的安排,地权不稳定妨碍人口迁移,尤其是缩短了迁移持续时间。中国的城乡人口流动相较于其他国家具有明显的暂时性特征。本章研究中国农地确权对农村劳动力就业决策的影响,为更好地评估农地确权的政策效果提供中国的经验证据。

二、理论分析

农地具有生产性和财产性的双重功能,农地产权保护强度的变化对农村劳动力就业决策呈现差异化影响。生产性功能是农地的首要功能，农地确权带来产权稳定性的提升，直接促进农业增收并具有显著的生产效率改进效应（孙琳琳等，2020）。财产性功能是农地作为一种生产要素，通过流转、抵押等方式在获得非生产性收入过程中形成的。农地确权提高了产权的稳定性、排他性和可交易性（郑冰岛和朱汉斌，2019），降低农户失地风险，同时促进农地流转，给农户带来财产性收入，减少农村劳动力非农转移成本。相较于商品市场和服务市场，要素市场发育不够充分，特别是土地要素市场发展更为滞后，严重制约农地财产性功能的发挥，使农地流转更多发生在亲属之间或村庄内部，降低了农地流转收益。因此，在当前农地产权保护强度和土地要素市场发展的现状下，农村土地主要发挥生产性功能，农地确权带来的生产效率改进效应更为明显，使更多农村劳动力从事农业生产。据此，本书提出如下假设。

假设1：农地确权减少农村劳动力非农就业，使更多农村劳动力从事农业生产。

从理论上来看，农地确权通过扩大农地面积和增加农业投资影响农村劳动力就业决策。以农地确权为核心的农地产权制度改革增强了农地产权保护强度，减少因农地频繁调整带来的农地细碎化和农地投入不足等问题，直接促进农业生产效率的改进和农业绩效的提升。在农地产权不稳定的情况下，农地在未来可能出现的调整削弱了农户对农地产出的稳定预期，使大量农地闲置抛荒、农地投入激励不足，降低农地投资积极性和农业生产效率。具体而言，由于户籍制度在农村人口与农业用地之间建立了一种制度层面的紧密联系，在农地产权不明晰的情况下，地权稳定性较差，农民外出从事非农工作会面临失地风险，特别是落户城市使家庭人口规模减少。出于平等分配土地的需求,可能出现在农地确权时对家庭土地进行重新分配,进而使农户减少农业投入的情况(胡新艳等,2021)。农地确权后地权稳定性提升,提高农业生产的预期收益和农村劳动力从事非农就业的机会成本,有助于增加农地生产性投入,减少农地抛荒,带来农业生产力的提高和农业耕地面积的增加,吸引更多农村劳动力从事农业生产(陈奕山等,2018)。农地确权通过农地流转发挥资源配置效应,加速农地规模化经营,扩大了农户农业耕地面积,直接增加农业劳动力需求。现有研究表明,农地确权能促进农业生产,增加农业投资,提高农地所有者的土地面积,具有投资激励效应和资源配置效应(丁从明,2020)。农地面积和农业投资增加又提高农业生产效率,促进农业增收,农村劳动力从事非农劳动的机会成本随之增加,进而外出从事非农就业的农村劳动力显著减少。据此,提出两个假设。

假设 2-1:农地确权通过扩大农地面积减少农村劳动力非农就业;

假设 2-2:农地确权通过增加农业投入减少农村劳动力非农就业。

第三节 数据与模型设定

一、数据来源及处理

本部分使用的数据来自中山大学社会科学调查中心开展的"中国劳动力动态调查"(以下简称 CLDS)微观数据(现已开放 2012、2014 和 2016 年)。①

———————

① 参见 http://css.sysu.edu.cn。

该调查数据广泛用于研究中国劳动力的现状及变动,样本调查范围覆盖除港澳台、西藏、海南外的中国 29 个省份。

本书考察农地确权对农村劳动力就业决策的影响及其作用机制。农地确权是文章关注的核心解释变量,由于 CLDS 2012 年问卷并未包含农地确权的相关信息,故主要使用 CLDS 2014 年和 2016 年数据,采用家庭问卷中"是否领到农村土地承包经营权证书"来测度农地确权。具体数据处理如下:首先,将家庭、村居层面数据与个体层面数据进行匹配;其次,由于聚焦于农地确权对农村劳动力就业决策的影响,剔除个体层面的就业类型缺失样本及家庭问卷中没有记录"是否领到农村土地承包经营权证书"的样本。

经处理后,在 CLDS 2014 年、2016 年数据中,受访者所在家庭领到"农村土地承包经营权证书"分别占比 49.64% 和 52.66%。现有数据反映农地确权已取得明显进展,数据结构能较好地评估农地确权对农村劳动力就业决策的影响。从 CLDS 2014 年、2016 年数据中农地确权情况来看,大部分受访者所在家庭的农地确权发生在 2014 年以前,考虑到一项政策实施可能随着时间的推移导致影响力度发生变化,因此在实证分析中主要采用 CLDS 2014 年数据,稳健性检验中进一步结合 CLDS 2016 年数据,探究随着农地确权政策在全国范围持续推进,其对农村劳动力就业决策的影响是否发生改变。

二、变量选取

(1)被解释变量:农村劳动力就业决策。劳动力的就业选择往往是个体作出决策,根据个体问卷中受访者对职业的回答,农业就业赋值为

0,非农就业赋值为 1。在稳健性检验中,选取家庭问卷中家庭是否从事非农劳动及家庭从事非农劳动力占比来测度。

表 5.1 为受访者个体所在家庭农地未确权和已确权被解释变量的组间差异 T 检验结果,发现农村劳动力非农就业、家庭是否从事非农劳动及家庭非农劳动力占比均存在显著的组间差异,农地未确权组别的非农就业样本均值显著高于已确权组别。

表 5.1　农村劳动力就业决策分组检验

| 变　量 | 定　义 | 被解释变量样本均值 | | T 检验 |
		未确权	已确权	
农村劳动力非农就业	非农就业＝1,农业就业＝0	0.476	0.308	0.168 ***
家庭是否从事非农劳动	是＝1,否＝0	0.360	0.238	0.122 ***
家庭非农劳动力占比	家庭非农劳动力人数/家庭总人数	0.622	0.553	0.068 ***

注:*** 、** 、* 分别代表在 1%、5%、10% 的置信水平上显著。下表同此。

（2）核心解释变量:农地确权。根据家庭问卷中"是否领到农村土地承包经营权证书"来进行测度,农地已确权赋值为 1,尚未确权赋值为 0。

（3）控制变量:个体层面包括个体性别、年龄、婚姻状况、受教育程度、是否党员,家庭层面包括家庭总人数、家庭年总收入,村居层面包括村庄地势、村庄人口数量、村民人均年收入、村庄农业人口比例、村庄耕地面积、村庄是否有非农经济。

三、模型选择

为研究农地确权对农村劳动力就业决策的影响,受访个体作出农业

表 5.2 变量说明及描述性统计

变量	说明	2014			2016		
		均值	标准差	观测值	均值	标准差	观测值
农村劳动力非农就业	非农就业=1;农业就业=0	0.47	0.50	8 905	0.55	0.50	10 742
是否从事非农劳动	是=1;否=0	0.30	0.46	10 337	0.36	0.48	10 641
非农劳动力占比	从事非农劳动人数/家庭总人数	0.59	0.25	7 708	0.56	0.27	6 796
农地确权	领到"农村土地承包经营权证书"赋值为1,否则为0	0.50	0.50	10 337	0.53	0.50	9 710
性别	男=1,女=0	0.47	0.50	12 540	0.47	0.50	15 821
年龄	年龄(岁)	42.56	13.70	12 540	43.58	13.78	15 821
婚姻状况	未婚=0,已婚=1,离婚=2,丧偶=3	0.91	0.47	12 540	0.90	0.49	15 818
受教育程度	受教育年限(年)	7.51	3.88	12 540	8.60	4.14	15 799
是否党员	是=1,否=0	0.04	0.19	12 223	0.07	0.25	15 164
家庭总人数	家庭成员总数(人)	4.89	1.95	12 540	4.62	1.98	15 821
家庭年总收入	家庭全年总收入的对数值	10.12	1.59	12 322	10.27	1.70	15 809
村庄地势	丘陵,山地=1,平原=0	0.60	0.49	12 540	0.43	0.50	15 821
村庄人口数量	村庄总人口(人)	5 328.57	13 139.54	12 491	4 986.77	6 865.23	15 660
村民人均年收入	村民人均年收入(户籍人口)的对数值	8.84	0.85	12 221	10.06	2.98	15 490
村庄农业人口比例	15—64岁从事农业生产的村民占比(%)	59.99	36.78	12 423	46.41	40.72	15 660
村庄耕地总面积	村庄耕地总面积(亩)	3 282.60	5 505.94	10 256	2 921.53	4 564.96	10 476
村庄是否有非农经济	是=1,否=0	0.35	0.48	10 103	0.27	0.45	10 476

或非农就业决策基于自身效用最大化考虑且为二元离散选择变量,故我们采用如下的 Logit 回归模型:

$$y_i = \delta Certif_i + \beta x_i + \mu_i + \varepsilon_i \qquad (5\text{-}1)$$

其中,y_i 表示受访者是否从事非农就业,从事非农就业时取值为 1,否则为 0;$Certif_i$ 表示受访者所在家庭的农地确权情况,领到"农村土地承包经营权证书"的取值为 1,否则为 0;δ 为核心解释变量的系数,x_i 表示个体、家庭、村居层面的控制变量,β 为控制变量的系数,u_i 表示省份固定效应,ε_i 表示随机误差项。

第四节　实证结果分析

一、基准回归结果

本研究在基准回归中采用 CLDS 2014 年数据,通过逐步添加控制变量的方法,以观察核心解释变量农地确权对农村劳动力非农就业的影响。表 5.3 的基准回归结果显示,模型整体拟合情况较好,核心解释变量均在 1% 的水平上显著为负,反映农地确权对农村劳动力非农就业有着显著的负向影响。在当前农地产权保护强度下,农地确权减少农村劳动力非农就业,使更多农村劳动力从事农业生产,证明假设 1 成立。在加入个体、家庭和村居层面的控制变量后,农地确权使农村劳动力从事非农就业的概率下降 4.9%。总的来看,农地确权显著提高了农村劳动力的农业劳动参与度,更多农村劳动力选择农业就业。

表 5.3　基准回归结果

变　量	(1)	(2)	(3)	(4)
农地确权	−0.059***	−0.055***	−0.055***	−0.049***
	(−5.32)	(−5.43)	(−5.50)	(−4.96)
性别		0.089***	0.092***	0.085***
		(9.51)	(9.92)	(9.32)
年龄		−0.012***	−0.011***	−0.011***
		(−27.56)	(−25.43)	(−25.31)
婚姻状况		0.001	0.001	−0.000 4
		(0.06)	(0.06)	(−0.03)
受教育程度		0.019***	0.017***	0.016***
		(11.96)	(10.65)	(9.87)
是否党员		0.080***	0.064***	0.065***
		(3.75)	(2.98)	(3.03)
家庭总人数			−0.010***	−0.002
			(−3.89)	(−0.99)
家庭年总收入			0.057***	0.048***
			(7.96)	(6.60)
村庄地势				0.006
				(0.50)
村人口数量				−1.23e−06**
				(−2.29)
村人均年收入				0.052***
				(6.88)
村农业人口比例				−0.002***
				(−11.26)
村庄耕地面积				−5.18e−06**
				(−2.44)
村庄非农经济				0.070***
				(6.54)
省份固定效应	YES	YES	YES	YES
标准误	YES	YES	YES	YES
观测值	7 485	7 237	7 117	6 858
调整后的 R^2	0.170 8	0.324 6	0.340 1	0.375 1

注:表中汇报值为平均边际效应,括号内为 Z 值。下表同此。

二、稳健性检验

1. 采用村居聚类标准误。在基准回归中运用稳健标准误时可能存在村居层面个体组内自相关,在此采用村居聚类标准误对模型进行估计。表5.4的第(1)列显示,村居聚类标准误与稳健标准误非常接近,核心解释变量均在1%的水平上显著,表明即使考虑村居样本可能存在组内自相关,农地确权对农村劳动力非农就业的负向影响依旧稳健,故本研究使用稳健标准误和村居聚类标准误均可。

2. 替换被解释变量测度指标。在稳健性检验中,我们分别采用家庭是否从事非农劳动和家庭非农劳动力占比来度量,回归结果见表5.4的第(2)(3)列。由于家庭非农劳动力占比并非二元离散选择变量,故采用OLS模型进行估计。从估计结果来看,农地确权对家庭是否从事非农劳动及家庭非农劳动力占比均存在显著的负相关,与基准回归结果一致。

表 5.4　稳健性检验结果

变　　量	农村劳动力非农就业	家庭是否从事非农劳动	家庭非农劳动力占比	农村劳动力非农就业	
	(1) Logit	(2) Logit	(3) OLS	(4) Probit	(5) Logit
农地确权	−0.049***	−0.042***	−0.029***	−0.048***	−0.041***
	(−3.11)	(−4.52)	(−5.43)	(−4.89)	(−3.95)
城市经济水平					0.041
					(1.45)
城市总人口					0.122***
					(6.1)
城市产业结构					0.004**
					(2.05)
政府财政支出					−0.121***
					(−4.28)

续　表

变　量	农村劳动力非农就业	家庭是否从事非农劳动	家庭非农劳动力占比	农村劳动力非农就业	
	(1) Logit	(2) Logit	(3) OLS	(4) Probit	(5) Logit
控制变量	YES	YES	YES	YES	YES
省份固定效应	YES	YES	YES	YES	YES
标准误	村居聚类	YES	YES	YES	YES
观测值	6 858	9 443	7 109	6 858	6 394
调整后的 R^2	0.375 1	0.190 5	0.334 9	0.370 7	0.385 7

注:表中第(3)列的括号内为 t 值。

3. 使用不同估计方法。在基准回归中采用 Logit 模型估计,在此运用二项 Probit 模型进行稳健性检验。可见,表 5.4 的第(4)列估计结果与基准回归基本一致,因此本研究结论是稳健的。

4. 控制城市层面变量。农村劳动力就业决策不仅与受访者个体、所在家庭和村庄特征有关,而且可能受到所在城市特征的影响。在稳健性检验中我们进一步控制受访者所在地级市层面的城市经济发展水平(地区生产总值的对数值)、总人口(年末总人口的对数值)、产业结构(第二、三产业产值的 GDP 占比)和政府财政支出(地方财政一般预算内支出的对数值),以控制城市层面的影响。表 5.4 的第(5)列显示,农地确权显著减少了农村劳动力非农就业,说明控制地级市层面的特征后核心结论依旧稳健。

表 5.5　选用 CLDS 2016 年数据、剔除劳务大省数据及 PSM 估计结果

变　量	(1) Logit	(2) Probit	(3) Logit	(4) Probit	(5) 近邻匹配	(6) 半径匹配
农地确权	-0.031^{***}	-0.030^{***}	-0.044^{***}	-0.042^{***}	-0.042^{***}	-0.050^{***}
	(-2.89)	(-2.77)	(-4.06)	(-3.83)	(-3.05)	(-5.07)
控制变量	YES	YES	YES	YES	YES	YES
省份固定效应	YES	YES	YES	YES	YES	YES

续　表

变　量	(1) Logit	(2) Probit	(3) Logit	(4) Probit	(5) 近邻匹配	(6) 半径匹配
标准误	YES	YES	YES	YES	YES	YES
观测值	6 304	6 304	5 712	5 712	3 461	6 817
调整 R^2	0.361 3	0.358 3	0.386 2	0.383 4	0.354 3	0.375 9

5. 选取 CLDS 2016 年数据进行检验。在 CLDS 2016 年数据中受访者农地确权比率较 CLDS 2014 年提升 3.02 个百分点,本章进一步考察随着农村土地确权登记颁证工作在全国范围推进,其对农村劳动力就业决策的影响是否发生变化。表 5.5 的第(1)(2)列分别汇报了采用 Logit 模型与 Probit 模型的回归结果,发现与 CLDS 2014 年数据得出的结论基本一致,即农地确权抑制了农村劳动力非农就业,随着农地确权比率上升,对农村劳动力非农就业的负向影响有所下降(大约 2 个百分点),说明在当前农地产权保护强度下,农地确权的持续推进对农村劳动力就业决策的影响减弱,农业吸纳就业能力有限,政策实施效果存在阶段性。目前,农村地区劳动力结构尚不能满足农业农村现代化发展需求,为推进农业农村现代化和实施乡村振兴,需在农地确权的基础上推动农地产权制度进一步改革,改善农村劳动力结构,发展现代化农业生产。

6. 剔除劳务输出大省数据。陈奕山等(2018)认为农地确权推广可能存在选择性偏误,劳务输出大省倾向于率先实施农地确权。我们剔除四川、安徽、河南、江西四个劳务输出大省的样本数据,分别采用 Logit 模型和 Probit 模型进行回归并控制省份固定效应。表 5.5 的第(3)和(4)列估计结果与基准回归较为一致,证明本章结论仍然稳健。

三、内生性处理

农地确权作为一项农地产权制度改革政策,政策实施的区域可能存在选择性。为缓解可能存在样本选择带来的内生性问题,使用倾向得分匹配法(以下简称 PSM)对匹配后的样本进行估计,通过 Logit 模型来估计倾向得分,采用最近邻匹配、半径匹配、核匹配三种方法。其中,最近邻匹配为 1∶1 有放回匹配,半径匹配的半径为 0.05,核匹配中使用默认宽带0.06。匹配后各变量的标准化偏差均降至 10% 以内且不显著,满足平衡性假设。表 5.5 的第(5)(6)列汇报了匹配后样本的回归结果,发现三种匹配方法的结果较接近且半径匹配与核匹配的结果一致(限于篇幅,核匹配结果未汇报),农地确权对农村劳动力非农就业的影响均显著为负,表明考虑可能存在的选择性偏误后,农地确权仍显著降低农村劳动力非农就业。

四、机制分析

从上述分析可知,农地确权显著降低农村劳动力非农就业,本部分对其中的影响机制进行检验。根据理论分析,这里重点考察农地确权对农地面积和农业投入的作用机制影响农村劳动力就业决策,使用中介效应模型进行检验。农地面积采用受访者所在家庭耕地面积的对数值来测度,农业投入采用受访者所在家庭农业经营投入的对数值来测度(回归结果如表 5.6 所示)。

表 5.6 的第(1)列表明,农地确权在 1% 的显著性水平上增加受访者所在家庭的耕地面积。第(2)列将农地确权、农地面积加入回归方程后发

表 5.6　机制分析

变　量	(1) 农地面积	(2) 农村劳动力非农就业	(3) 农业投入	(4) 农村劳动力非农就业
农地确权	0.050***	-0.038***	0.018***	-0.038***
	(5.81)	(-3.94)	(2.61)	(-3.74)
农地面积		-0.074***		-0.025***
		(-12.57)		(-12.50)
农业投入				
控制变量	YES	YES	YES	YES
省份固定效应	YES	YES	YES	YES
标准误	YES	YES	YES	YES
观测值	6 830	6 830	6 731	5 444
调整后的 R²	0.283 6	0.394 4	0.236 6	0.366 0
Sobel Z/P 值		-10.66***		-6.429***
		(0.00)		(0.00)
Goodman-1 Z/P 值		-10.65***		-6.418***
		(0.00)		(0.00)
Goodman-2 Z/P 值		-10.67***		-6.44***
		(0.00)		(0.00)
中介效应占比		0.345 5		0.216 3

注：对于农地面积，我们仍用使用受访者所在家庭承包耕地面积的对数值进行检验，结果同样显著。

现,随着家庭耕地面积的扩大显著减少了农村劳动力非农就业。采用同样的方法检验农地确权能否通过增加农业投入影响农村劳动力就业决策,第(3)列显示农地确权促进了农业投入增加,第(4)列进一步发现农业投入增加会减少农村劳动力非农就业,对农村劳动力农业就业具有显著的促进作用。

表5.6汇报了Sobel检验结果,发现Goodman-1、Goodman-2统计量Z的P值均显著拒绝原假设,且使用bootstrap法抽样1 000次,以农地面积和农业投入作为中介变量时的中介效应皆在1%的置信区间上显著,[①]与Sobel检验结果一致。也就是说,存在以农地面积、农业投入为中介变量的中介效应,论证了假设2-1和假设2-2成立。这一结果表明农地确权通过扩大农地面积、增加农业投入来减少农村劳动力非农就业,促进农村劳动力从事农业生产,且分别能解释农地确权对农村劳动力非农就业影响的34.55%、21.63%。

五、异质性分析

1.地区异质性。由于中国地区间农地确权进度和经济发展水平存在较为明显的差异,可能引起农地确权政策作用效果的地区异质性,按照东部、中西部地区对样本展开实证分析。表5.7的第(1)(2)列实证结果显示,东部和中西部地区农地确权都显著降低农村劳动力从事非农就业比重,且东部地区的负向影响更强。当前,中国农地产权保护尚处于初步开展阶段,从样本数据来看,东部、中西部地区农地确权比例分别约为

---

① 限于篇幅,抽样结果未汇报,作者备索。

40％、58％,东部地区农地确权进度落后于中西部地区,农地确权实施之初的政策效果往往更好并显著提高农地的生产性功能。由于东部地区劳动力成本上涨,大量劳动密集型企业转移到中西部地区,产业转型升级加速推进带来了东部地区的劳动密集型企业的整体用工需求减少。而农地确权有助于扩大农地面积和增加农业投资,提高农业生产收益。随着农村建设力度不断加大,东部农村地区的基础设施配套较好,城乡差距逐渐缩小。农村劳动力在就业决策时基于成本和收益的综合考量,农地确权使农村劳动力更多选择从事农业生产,且对年龄较大、教育水平较低的农村劳动力的影响更为显著。由于土地的边际报酬递减,农业对就业吸纳能力有限。随着农地确权的继续推进,未来农地产权保护力度的进一步加强,不仅使农地生产性功能得到充分体现,农地财产性功能也得以释放,对农村劳动力的就业决策可能产生新的影响。

2. 农作物种植异质性。地区农作物种植的差异直接影响农村劳动力配置。丁从明等(2020)的研究发现,水稻和小麦种植方式的差异形成对劳动力类型的不同偏好,水稻的精耕细作种植特性使水稻主产区需要更密集的劳动力投入。进一步考虑不同地区农作物种植差异的影响,根据南稻北麦的地区农作物种植特性进行分组,回归结果见表 5.7 的第(3)(4)列。可见,无论在小麦种植区还是水稻种植区,农地确权都减少农村劳动力非农就业,且对水稻种植区的影响更大,说明在当前农地产权保护强度下,农地确权更多地提升了农地的生产性功能,小麦种植区对劳动力的需求低于水稻种植区,故水稻种植区农地确权对农村劳动力就业决策的影响更大,更多农村劳动力从事农业生产。

表 5.7 分地区、作物类型和跨县流动的异质性检验结果

变　　量	(1) 东部	(2) 中西部	(3) 小麦种植区	(4) 水稻种植区	(5) 跨县流动	(6) 无跨县流动
农地确权	-0.053***	-0.049***	-0.034**	-0.054***	-0.055**	-0.047***
	(-3.44)	(-3.75)	(-2.42)	(-4.00)	(-2.33)	(-4.31)
控制变量	YES	YES	YES	YES	YES	YES
省份固定效应	YES	YES	YES	YES	YES	YES
标准误	YES	YES	YES	YES	YES	YES
观测值	3 148	3 710	3 167	3 691	1 375	5 475
调整后的 R^2	0.397 5	0.287 1	0.27	0.438 1	0.346 4	0.378 6

表 5.8 村居异质性检验结果（N=6 858）

变　　量	农村劳动力非农就业		
农地确权	-0.089***	-0.043***	-0.035**
	(-5.72)	(-4.24)	(-2.94)
农地确权×村庄地势	0.063***		
	(3.29)		
农地确权×村庄耕地面积		0.000 01***	
		(3.76)	
农地确权×村庄是否含有非农经济			-0.039**
			(-2.08)
控制变量	YES	YES	YES
省份固定效应	YES	YES	YES
标准误	YES	YES	YES
调整后的 R^2	0.376 2	0.376 9	0.375 5

3. 劳动力是否跨县流动异质性。在分析农地确权对农村劳动力就业决策的影响中，进一步考虑劳动力是否跨县流动，并根据问卷中受访者是否跨县流动进行分组，对比分组的回归结果是否存在显著差异。从表 5.7 的第(5)(6)列结果可知，无论劳动力是否跨县流动，农地确权都显著促进农村劳动力从事农业生产。在跨县流动样本中，农地确权使更多农村劳动力从事农业生产，主要是因为农村劳动力选择就业时会综合考虑流动机会成本和潜在回报，在其他条件给定时更倾向于本地就业。

4. 村居异质性。通过加入农地确权与村庄地势、村庄耕地面积、村庄是否有非农经济的交互项来考察村居特征是否存在异质性影响。从表 5.8 的回归结果可知，核心解释变量农地确权及交互项的系数皆显著。相较于平原地区，丘陵或山地的村庄农业生产效率提升有限，农地确权对农村劳动力农业就业的正向影响更弱。村庄有非农经济时，农地确权后其农业生产性功能得到提升，更多劳动力从事农业生产活动。

第五节　本　章　小　结

农地产权制度改革与农村劳动力要素配置密切相关。本章采用 CLDS 2014—2016 年的数据，将家庭、村居层面数据与个体层面数据进行匹配，实证研究农地确权对农村劳动力就业决策的影响。研究发现三点。第一，农地确权对农村劳动力非农就业存在显著负向影响，更多农村劳动力选择从事农业就业。本章运用 CLDS 2014 年数据实证发现，在其他条件不变的情况下,农地确权使农村劳动力从事非农就业的概率比农地未确权低 4.9%。进一步地,结合 CLDS 2014 年、2016 年数据的回归结果,研究发现随着农地确权在全国范围持续推进,其对农村劳动力非农就业的负向影响力度有所减弱(大约 2 个百分点)。第二,机制检验显示,农地确权通过扩大农地面积、增加农业投入来减少农村劳动力非农就业,促进农村劳动力选择农业就业,且分别能解释农地确权对农村劳动力非农就业影响的 34.55%、21.63%。第三,异质性分析结果表明,东部地区、水稻种植区、存在跨县流动、平原地区和有非农经济村庄的农地确权对农村劳动力农业就业的促进作用更为显著。

农地产权与"三农"问题紧密相关,事关乡村振兴和共同富裕。农地确权既影响农村地区土地要素资源配置效率,也影响劳动力要素的跨地区流动及配置效率。农地确权是农地产权制度改革的起步阶段,在当前新一轮农地确权已基本完成的情况下,还需继续深入推进改革。基于以上分析,本章提出以下政策建议:农村地区需深入推进农地产权制度改革,消除阻碍劳动力自由流动的制度性壁垒,在释放农地生产性功能的同时强化农地的财产性功能。应在新一轮农地确权的基础上,建立和完善土地出让市场,赋予农地在产权明确情况下交易的权利,推动农村土地市场化改革,盘活存量农地资产。随着农村土地制度改革的逐步深入、农地产权保护力度的持续增强,不仅农地生产性功能得到充分发挥,农地的财产性功能也能极大释放。应在稳定农业生产、促进农业增收的同时,实现农业农村现代化,进一步推动农村居民福利水平提升,切实推进共同富裕。

第六章
农地确权与村庄稳定①

土地产权安全是维护村庄稳定和推动村庄发展的重要保障。中国的农地确权改革是土地产权改革的重要部分，通过明晰农地产权边界，农地确权具有提升农民土地产权安全性的重要作用。长久以来，经济学研究主要聚焦于产权改革的经济效应，对其乡村社会发展的影响关注不足。我们认为土地产权改革不仅有重要的经济效应，还对社会发展，如缓解农村社区冲突有重要影响。本章将视角转向土地产权改革的社会发展效应，研究农地确权改革的"犯罪减少"效应。

第一节 引　言

土地产权是中国农民最重要的财产权利。清晰的产权界定与严格的产权保护是促进农村经济发展和维护村庄稳定的重要制度保障。村庄稳定是国家长治久安的基础和关键，2018年国务院印发的《国家乡村振兴

---

① 本章核心部分发表于《中国经济问题》2021年第5期，略有改动。

战略规划(2018—2022 年)》指出,要建设平安乡村,健全矛盾纠纷化解机制。如何通过完善农村制度供给来建设平安乡村和维护村庄稳定?完善农村土地产权制度,提高土地产权保护程度是关键。农地确权改革是近些年农村发生的重大改革事件,大量文献研究了农地确权的经济作用,然而农地确权不仅影响经济,还会对社会发展,比如村庄冲突与犯罪产生影响。近些年,中国城镇化的快速推进,引发了大量与土地相关的纠纷和案件。根据 2018 年国家最高法披露的《京沪土地纠纷案件数据报告》,2016—2018 年 3 月全国土地纠纷结案 8.99 万份,其中京沪两地土地纠纷案件中,因土地承包经营权引发的纠纷占 90% 以上(详见表 6.1)。土地纠纷产生的重要原因是农民土地权属不明确,缺乏有法律效力的正式产权证书。事实上,自 20 世纪 50 年代初给农民颁发作为土改成果的土地证之后,国家已长达数十年之久没有提供普遍、连续的产权确认与颁证服务(北京大学国家发展研究院综合课题组,2010)。土地产权模糊和不稳定,引发了大量村庄纠纷及犯罪事件,严重威胁着农村居民的生命财产安全,不利于村庄稳定和乡村振兴。当前中国正处于经济社会转型时期,农村青壮年劳动力外出务工成为趋势,村庄留守大量儿童及老弱残群体,通过制度建设营造安全稳定的村庄环境显得十分必要。

表 6.1　2016—2018 年京沪两地土地纠纷案件类型和占比

	农地承包合同纠纷	土地承包经营权纠纷	土地租赁合同纠纷	宅基地使用权纠纷	建设用地使用权纠纷	建设用地合同纠纷
北京	50.36%	21.31%	20.34%	7.30%	0.38%	0.22%
上海	23.75%	9.71%	61.81%	2.55%	1.92%	0.26%

资料来源:摘自 2018 年 3 月中华人民共和国最高人民法院披露的《京沪土地纠纷案件数据报告》。

产权制度是社会主义市场经济的基石,农地产权残缺和模糊不清会对经济发展和乡村稳定造成严重影响。1978 年之后,以家庭联产承包责任制为代表的农村产权改革极大地调动了农民的生产积极性(Lin,1992),释放了巨大的产权改革红利。然而,时至今日,原有的农村人地关系逐渐难以适应农业现代化和城镇化的发展需求。2016 年农地"三权分置"改革激活了土地经营权,进一步释放了农村土地要素的生产力,土地流转成为新的趋势,在这一背景下,农民对建立更为清晰和完整的土地产权关系更为急切。尽管如此,中国农地产权关系一直未得到清晰界定和严格保护(李江一,2020),而且"强管制,弱产权"的宅基地规制导向并不尽如人意,导致管制无效和产权无效(刘守英和熊雪峰,2019)。尽管在法律的不同层面都规定农村土地归集体所有,然而对"集体"概念界定的模糊性和无法实现土地财产收益,始终困扰着农村的发展。在城镇化推进过程中,农村土地流转和政府征地大量发生,农村土地产权残缺和地块边界不清,引发的村民耕种纠纷及征地补偿冲突不断,甚至升级为暴力犯罪事件导致严重的社会问题。土地产权不完善导致侵权事件频发,[①]各地出现"征你一头牛,还你一只鸡"的乱象,农民土地权益受到严重侵害。

随着农村改革的深入,中央政策层面对农村土地产权保护力度呈加强态势。[②]自 2009 年起,为摸清全国承包地家底,严格保护农民土地权

---

① 根据 2005 年的统计,在全国发生的近 8 万起群体事件中,农民维权数量占 30%,其中因征地补偿不公发生的群体事件占农民维权的 70%(张曙光,2007)。2014 年云南晋宁部分村民因征地纠纷引发暴力违法犯罪行为,造成 8 人死亡和 18 人受伤的严重后果。

② 2007 年《中华人民共和国物权法》将承包经营权规定为用益物权,意味着承包人作为用益物权人,可以对抗发包人和第三人的侵害,包括个别地方政府部门的违法干预;2013 年党的十八届三中全会通过《中共中央关于深化改革若干重大问题的决定》提出建立"归属清晰、权责明确、保护严格、流转顺畅的现代产权制度";2009 年,中央一号文件明确提出稳(转下页)

益,中央推动农村农地确权颁证改革,在全国层面给每块农村土地颁发"身份证",以解决历史遗留问题导致的农地土地面积不准、四至不清及空间位置不明确等问题。截至 2016 年,全国已经有 2 545 个县(市、区),2.9万个乡镇,49.2 万个村开展试点,完成确权面积 8 亿亩,超过二轮家庭承包耕地面积的 60%。[1]根据政策指向,农地确权改革将农户土地承包土地的权利以证书形式确立下来,让广大农民吃上"定心丸",彻底消除农民对失去土地的担忧。关于农地确权政策效应的研究近些年受到关注,国际经验研究表明,土地确权颁证对促进农业投资(Goldstein et al.,2018;Besley,1995;Goldstein and Udry,2008)、引导农村劳动力向非农部门转移(Field,2007;Do and Iyer,2008;Janvry et al.,2015)、降低农村贫困(Besley et al.,2000;Galiani and Schargrodsky,2010)以及减少村庄冲突(Di Falco et al.,2020;Alston et al.,2000)等均有显著作用。国内学者从土地流转效应(程令国等,2016;林文声等,2017)和影响农业投资(孙琳琳等,2020;黄季焜和冀县卿,2012)等角度进行了分析。尽管很多文献关注到农地确权的经济影响,但对于农地确权对社会发展的作用未给予足够的重视,文献中土地产权保护对村庄犯罪影响的证据相当缺乏。鉴于此,本章关心的问题是:中国农地确权改革作为土地产权保护的重要方式,能否对减少村庄犯罪维护村庄稳定起到积极作用? 农地确权是通过何种渠道影响村庄犯罪的? 本章不仅有利于全面评价土地产权保护的作用,还能从土地产权视角为分析村庄犯罪问题提供理论指导。

（接上页）步开展农村土地承包经营权确权登记试点,并在 2015 年提出用 5 年时间完成全国土地确权工作,2020 年农业部公布数据全国确权颁证率达 96%。

[1] 数据来源:http://www.gov.cn/xinwen/2016-11/03/content_5128080.htm。

　　基于上述分析,本章从土地产权保护视角出发,寻找维护农村社会稳定和经济健康发展的源头保障,将土地产权保护与村庄犯罪事件相联系,考察农地确权的"犯罪减少"效应。使用村级大样本数据考察发现,土地产权保护会显著降低村庄犯罪水平,农地确权使得村庄发生犯罪的概率下降 27.1％,村庄犯罪人数下降 46.3％,整体村庄犯罪率下降 9.9％。实证检验中,为缓解解释变量内生性带来的估计偏误,使用村庄民主作为土地产权保护的工具变量进行检验,发现工具变量估计结果与基准结果一致。

　　本章的贡献在于,与现有文献对农地确权的研究多集中在经济作用不同,发现农地确权不仅影响经济发展,还会对社会发展产生重要作用,比如减少村庄纠纷及犯罪。通过将土地产权保护与农村犯罪问题相联系,探讨中国的制度背景下,农村土地产权保护对村庄犯罪和社会治安的影响,进一步挖掘土地产权改革带来的社会发展效应。本章其余部分的结构安排如下:第二节为文献回顾和理论分析;第三节介绍研究数据和模型;第四节给出实证结果分析,并对内生性问题进行处理;第五节进行稳健性检验;第六节是结论和政策建议。

第二节　文献回顾与理论分析

　　本章的基本问题是:土地产权保护对村庄犯罪的影响及其作用机制。与之相关的文献有两支:一类是从土地产权角度,分析土地产权保护对经济社会影响的研究,涉及土地确权颁证、地权稳定性以及土地产权完善的影响等;另一类是从村庄犯罪角度,分析引起犯罪发生的文献,涉及与引起村庄冲突和村庄犯罪的收入、就业及土地等因素。本节在文献回顾的基础上,进一步对土地产权保护影响村庄犯罪的作用机制进行理论分析。

一、文献回顾

(一) 土地产权保护的影响

土地产权保护一直是学术界关注的重点议题。大量研究表明,土地产权的稳定性有利于促进土地流转(Wang et al.,2015;Zhang et al.,2019;程令国等,2016),增加劳动力流动及跨国迁移(De Janvry et al.,2015;Giles & Mu,2018;李江一,2020),获取金融信贷(Zhang et al.,2019;张龙耀等,2015),增加农业长期投资(Goldstein et al.,2018;Besley,1995;Deininger et al.,2011;Jacoby et al.,2002;孙琳琳等,2020;黄季焜和冀县卿,2012)等。Galiani 和 Schargrodsky(2010)使用阿根廷的经验数据,发现土地确权具有缓解贫困的作用。宁静等(2018)基于中国数据发现,农地确权可以改善农户的财产性和工资性收入以减缓贫困。土地确权还可以起到"还权赋能"的作用,Meeks(2018)使用秘鲁农村的数据研究发现,土地确权提高了该地农村居民获取水资源的能力。陆铭和常晨等(2018)使用家庭承包联产责任制的实施时间,作为土地产权保护度量指标,研究发现土地产权保护对城建效率具有正向效应。对于土地产权保护的收入效应方面,研究发现农地确权改革可以通过两条途径作用于农民收入:一是确权通过正式证书的形式会有效保证农民的土地经营权利,降低农地流转费用,有利于农民通过土地流转交易增加收入(丰雷等,2019);二是农地确权颁证可以稳定地权抑制农村土地频繁调整,稳定农民预期,增加其农业投资进而提高农民收入(黄季焜和冀县卿,2012)。

现有文献对土地产权保护的经济影响进行了不同角度的研究,使用农地确权颁证作为正式产权度量工具的文献亦是相当丰富。大量研究发现土地产权保护对缓解贫困、增加农业投资、提高农业生产率以及促进劳动力流动的等正面影响,但很少有文献直接将土地产权保护与村庄犯罪这一重要社会问题相联系。土地产权保护对土地争端的影响在先验上是不明确的(Deininger and Castagnini,2006),不同于以往研究,罗必良和张露(2020)认为中国农地确权政策是一个被过高预期的政策,对于土地流转、农业劳动力非农转移和农业分工深化并未产生积极的促进作用,因此土地产权保护对村庄稳定的影响缺乏有效的证据。

(二) 村庄犯罪的影响因素

村庄犯罪常常由村民冲突或纠纷升级而来,土地是引起农民冲突的一个重要来源。Murphy 和 Rossi(2016)对墨西哥的研究发现,土地改革对谋杀案数量有显著影响,土地数量多的地方,改革后暴力谋杀下降数量更大。中国城镇化过程中产生了很多征地纠纷和冲突,有学者指出,大多数村庄矛盾是由于集体所有制中产权界定模糊不清,形成土地所有权缺陷所致(张先贵,2013)。农地产权不清、产权界定或执行的费用过高都可能引起征地冲突(肖屹和钱忠好,2005)。近些年中国居高不下的犯罪率已经引起学术界广泛关注(Cameron et al.,2019;Edlund et al.,2013;张丹丹等,2018;陈硕,2012)。从乡村犯罪发生的成因来看,与经济相关的因素是导致犯罪的重要成因,贫困(Allen,1996)是广为学术界讨论的影响因素。[①]收入差距和分配不平等同样会导致犯罪发生,陈春量和易君键(2009)利用中国省级数据,估计了收入分配不平等对刑事犯罪的影响,发现收入差距每提高 1 个百分点,刑事犯罪率会上升大约 0.14 个百分点。吴一平和芮萌(2011)使用省级面板数据研究发现,基尼系数每提高 1 个百分点,犯罪率至少上升 0.18 个百分点。收入差距导致犯罪的重要原因是,低收入群体收入过低引起的心态失衡和对社会的不满,因此,减少贫困是降低农村犯罪的重要手段。

人口流动和劳动力转移也会对犯罪率产生影响,张海鹏和陈帅(2016)研究认为,农村劳动力外出就业会通过"转移效应"降低农村犯罪率。农村犯罪是否会随着劳动力流动向城市转移受到关注,研究发现农村人口向城市移民并不会带来城市犯罪率的增加(Xin and Dandan,2013)。不少学者研究了其他因素对犯罪率的影响,陈硕(2012)发现司法投入对犯罪率并没显著影响;贾济东等(2016)发现信息化水平的提高会改变传统犯罪的结构、形式和方法,催生网络新型犯罪;张丹丹等(2018)发现最低工资制度会引发流动人口的失业,从而提高外来务工人员的犯罪概率。综合以上研究,可以认为犯罪率的上升更多是转型时期多种社会经济特征综合所致,其中经济贫困、劳动力转移、收入差距和农业生产的土地冲突等是引起犯罪不可忽视的因素。

现有研究为多角度评估土地产权保护的社会经济效应,理解产权保护对村庄稳定的影响,寻找遏制村庄犯罪的途径,提供了很好的基础,具

---

① 《马克思恩格斯全集》第 2 卷对此亦有论述:"在资本主义社会里,当无产阶级穷到完全不能满足最迫切的需要,穷到要饭和饿肚子的时候,蔑视一切社会秩序的倾向也就愈来愈增长了",在这种情况下,"男人进行抢劫或是盗窃,女人盗窃或是卖淫"。

有重要的参考价值。但现有村庄犯罪的研究存在一些不足。其一,从劳动力流动出发的文献大多数关注城市犯罪问题,对农村犯罪问题的关注不够。其二,以往研究多采用省级宏观数据,省级加总数据估计结果的准确性常常受到质疑。其三,产权残缺和模糊是中国农地制度的重要特征,仅有少量的文献关注到正式产权与土地纠纷问题(Di Falco et al.,2020;Alston et al.,2000),基于中国背景的研究比较缺乏。中国农地确权颁证改革为准确评估土地产权保护对村庄犯罪的影响提供了政策基础。鉴于此,本章使用村级调查数据,在理论分析基础上实证检验农村土地产权保护对村庄犯罪的影响,为现有土地确权影响的研究提供补充,为乡村振兴背景下从产权制度视角构建和谐稳定的平安乡村提供借鉴。

二、理论分析

著名经济学家贝克尔(Becker,1968)认为,犯罪行为是外界条件诱导下个人理性选择的结果,从私人角度,当犯罪的预期收益大于成本时犯罪就会发生。从产权角度而言,德姆塞茨(H. Demsetz,1967)指出,产权是社会的一个工具,是能够使自己或他人受损或收益的权利,主要在于帮助人们形成行动的合理预期。农地确权颁证通过给予农民正式的产权证书起到产权确认的功能,明确的土地产权能降低交易成本,提高犯罪行为的定罪概率,[①]对产权所有者形成保护。理论上,农地确权可以

---

① 根据 Becker(1968)犯罪经济学理论,罪犯行为与定罪概率、惩罚力度及非法活动的收益等变量存在着密切关联,用函数表示为:$o_i = o_i(p_i, f_i, u_i)$,o_i 表示特定时期的违法数量,p_i 表示每桩犯罪的定罪概率,f_i 为每桩犯罪的惩罚力度,u_i 为其他因素。p_i 和 f_i 的任何增加都会减少犯罪的预期效用,定罪概率提高会降低社会的犯罪规模,即 $o_i = \frac{\partial o_i}{\partial p_i} < 0$。

通过将低产权侵害、增收减贫及劳动力流动三种机制作用于村庄犯罪的发生。

第一,降低产权侵害。从正式产权的作用而言,明确正规的土地产权带来的直接效应是保护所有者排他性权利,减少暴力带来的收益(Murphy and Rossi,2016)。大量研究发现,土地产权模糊导致的征地和土地流转纠纷是引起村庄冲突和犯罪的重要根源(Di Falco et al.,2020;Dower and Pfutze,2020;张先贵,2013)。农地确权通过提供有法律效力的产权证书,可以使权利归属得以清楚界定,农民的土地权利得到合理表达,提高土地的安全性(Zhang et al.,2019;程令国,2016)和农地产权的强度(罗必良,2016)。因此,农地确权会通过直接降低犯罪的收益预期,提高产权侵害预期成本,减少犯罪发生。

第二,增收减贫机制。关于家庭联产承包制改革的研究发现,土地包产到户改革会极大地提高农民的生产积极性,提高粮食产量(Lin,1992)。因此土地产权改革具有明显的生产激励效应,产权的明确同样具有重要收入效应。研究发现土地确权颁证会促进土地流转(Wang et al.,2015;Zhang et al.,2019;程令国等,2016),提高农民土地投资积极性(Deininger et al.,2011;Jacoby et al.,2002;孙琳琳等,2020),稳定的土地产权会改善农业生产绩效(Goldstein et al.,2018)。有研究指出农业生产改善会增加劳动就业供给,减少因失业引起的犯罪(Raphael and Winter-Ebmer,2001;张丹丹等,2018)。与之一致的是,已经不少直接证据表明土地确权能减缓贫困(Goldstein et al.,2018;Galiani and Schargrodsky,2010;宁静等,2018)。而贫困是引发犯罪的重要原因(Berk and Rossi,1980;陈春良和易君健,2009)。因此,本书认为农地确权可以通过增加收入减少贫困的方式减少村庄犯罪的发生。

第三,劳动力流动机制。农村劳动力大规模外出就业深刻地改变了中国农村的社会结构,也引致了一系列社会后果,农村犯罪率的变化就是一个重要表现(张海鹏和陈帅,2016)。研究发现,地权稳定性增加会引起农村劳动力的向外流动,如国际移民和乡城迁移(Gile and Mu,2018;De Janvry et al.,2015;Valsecchi,2012)。张海鹏和陈帅(2016)研究表明,农村劳动力外出就业对农村犯罪产生的"创造效应"大于"转移效应",两种效应共同推动农村犯罪率的上升。刘彬彬等研究(2017)发现,劳动力流入会使得农村刑事案件显著增加,而劳动力流出对犯罪发生的作用不显著。根据现有文献,尽管农地确权改革会有助于劳动力向外转移,但对村庄犯罪的发生的影响并不确定。

根据以上理论和机制分析,以农地确权改革为代表的土地产权保护会从不同角度影响村庄犯罪率,但在多种渠道的综合作用下,产权保护对村庄犯罪的作用效果存在不确定性。本章利用全国层面大型微观数据进行实证检验,为此提供基于因果识别的支持性证据。

第三节　数据和模型

一、数据来源

本章使用的数据来自 2017 年浙江大学"中国家庭大数据库"(Chinese Family Database,以下简称 CFD)和西南财经大学中国家庭金融调查与研究中心的"中国社区治理调查"(China Community Governance

Survey,以下简称 CCGS)和南京审计大学的"中国基层治理调查"(China Grassroots Governance Survey,以下简称 CGGS)。该调查内容涉及中国农村家庭的基本结构、就业、收支、财富、农业生产经营和土地流转等各个方面。数据包含中国 29 个省(市、区)的农村样本共 24 764 个家庭 77 132 人,具有省级和农村层面代表性。村庄层面数据详细调查本村是否进行农地确权、村庄犯罪及犯罪人数等指标。研究中,本章使用农地确权作为土地产权保护的度量,识别土地产权保护对村庄犯罪的影响。实证检验中剔除没有农地的村庄以及农地确权变量丢失的样本,有效观测值为 6 566 个,其中确权村 5 060 个(占比 85.01%),非确权村 892 个(占比 14.99%),样本村中 38.27% 村庄无犯罪行为,61.73% 的村庄有犯罪行为。另外,统计发现样本村人均收入 7 692.96 元,户均耕地面积 6.46 亩,东部地区户均耕地 4.83 亩,中部地区户均耕地 7.60 亩,西部地区户均耕地 6.58 亩。

二、变量设置

(一) 被解释变量

本章使用三个变量度量村庄犯罪:(1)村庄犯罪(*Crime*),即该村是否发生犯罪事件,是 0—1 变量,如果该村过去一年内有犯罪发生,该变量取值为 1,否则取值为 0;(2)犯罪人数(*Crime_Num*),有犯罪发生的村庄的犯罪人数;(3)村犯罪率(*Crime_Ratio*),使用村庄犯罪人数与村庄总人口之比计算所得,由于实际犯罪人数较少,计算中将该犯罪人数乘以 100 再除以村庄总人数,表示该村每百人有犯罪记录的人数。样本统计表明,38.27% 的村庄发生过犯罪行为,61.73% 的村庄无犯罪行为。

表 6.2 给出了确权村和非确权村被解释变量的基本统计特征的组间差异 T 检验结果,两组村庄在犯罪行为、犯罪人数及村犯罪率的均值统计都具有显著性差异,确权村犯罪行为、犯罪人数和村犯罪率均值显著性的低于非确权村。

表 6.2 村庄犯罪分组检验结果

变量名称	变量定义	被解释变量样本均值			T 检验
		全样本	非确权村	确权村	
村庄犯罪	村庄发生犯罪=1;否=0	0.617	0.761	0.594	0.168***
犯罪人数	犯罪村庄的犯罪人数	1.896	2.616	1.782	0.833***
村犯罪率	(犯罪人数×100)/村庄人口	0.114	0.150	0.108	0.042***

注:*** 、** 、* 分别表示通过 1%、5%和 10%的显著性检验。

(二)核心解释变量

本章的核心解释变量是农地确权($Treat$)。由于农村土地实行集体所有制,所以实践中农地确权改革一般以行政村为单位,其定义为:该村是否开展进行土地确权颁证。问卷中包含"本社区是否开展农村土地确权颁证工作?"的问题,回答"是的"则村确权变量赋值为 $Treat=1$,反之定义为 $Treat=0$,统计发现 85.01%的村庄完成农地确权,14.99%的村庄尚未完成农地确权。为多角度考察产权保护变量,在稳健性检验部分,使用土地承包合同作为村级土地产权保护的度量方式。土地承包合同是第二轮土地承包时,村集体向农户开具的土地承包证明,尽管中途土地多次调整,土地承包合同作为土地产权最初的文件,对农户产权保护意识的形成具有重要意义。"中国家庭大数据库"2015 年调查了土地合同发放情况,本章使用该变量进行稳健性检验。

(三) 其他控制变量

在控制变量方面,参照 Di Falco 等(2020)关于土地发证对土地冲突的研究,以及陈鹏忠(2019)对农村贫困群体犯罪的分析,为减缓遗漏变量带来的估计偏误,本文控制影响村庄冲突和犯罪的三类主要变量。一是村庄人口特征,如村庄人口(Pop)、老年占比($Elderratio$)、儿童占比($Childratio$)以及党员数量($Party$)等。二是村庄经济特征,包括户均耕地(亩)($Area$)、贫困农户占比($Poverty$)、政府扶持产业($Indus$)、养老保障($Pension$)、宽带接入($Internet$)等变量。三是村庄地理特征,如地势特征包括平原($Plain$)、丘陵($Hill$)、山区($Mountain$)、高原($Plateau$)以及村庄距离县城距离($Distance$)等变量。对于学者指出的信息化会引发新型犯罪提高犯罪水平(贾济东等,2016),回归方程中控制了村庄宽带接入($Internet$)。表 6.3 报告了根据确权村和非确权村进行分组的变量定义、赋值及描述统计,可以发现,平均而言确权村劳动力流出率更高为 22.0%,非确权村为 15.0%,确权村人均可支配收入比非确权村约高出 6%。确权村有政府扶持的比率更大,村集体收入更高且地理位置更优越,距离乡镇更近。实证过程对连续变量剔除异常值对计量结果的影响,对连续变量均采取 1%分位的缩尾处理,并取对数作为控制变量。

表 6.3　变量定义和描述性统计

变量符号	变量名称	变量赋值	非确权村		确权村	
			样本	均值	样本	均值
$Treat$	农地确权	本村农地确权状态	892	0	5 060	1
$Crime$	村庄犯罪	无=0;有=1	892	0.761	5 060	0.594
$Crime\_Num$	犯罪人数	村庄犯罪人数	859	2.616	5 043	1.782
$Crime\_Ratio$	村犯罪率	犯罪人数/总人口	823	0.150	4 551	0.108

变量符号	变量名称	变量赋值	非确权村		确权村	
			样本	均值	样本	均值
Pop	村庄人口	村户籍总人口数	823	2 241	4 551	1 952
Elder	老年占比	老年数量/总人口	812	0.207	4 431	0.218
Child	儿童占比	儿童数量/总人口	750	0.177	4 168	0.209
Outflow	劳动力流出	外出劳动力/总人口	823	0.150	4 495	0.220
Inflow	劳动力流入	外来劳动力/总人口	816	0.062	4 532	0.065
Party	党员数量	村党员数量	879	53	5 013	55
Area	户均耕地(亩)	耕地面积/总户数	566	7.558	3 109	6.185
Poverty	贫困户占比	贫困户数量/总人口	797	0.021	4 493	0.029
Indus	扶持产业	否=0;有=1	892	0.274	5 060	0.316
Pension	养老保障	否=0;是=1	892	0.864	5 060	0.857
Inc	村庄收入	村集体收入/总人口	795	109.9	4 477	159.102
Internet	宽带接入	接入宽带数/总户数	716	0.344	3 879	0.356
Circulation	规模流转	无=0;有=1	657	0.061	3 142	0.149
Expropri	政府征地	无=0;有=1	892	0.335	5 060	0.267
Poor	贫困村	否=0;是=1	718	0.294	4 293	0.306
Plain	平原	否=0;是=1	892	0.437	5 060	0.452
Hill	丘陵	否=0;是=1	892	0.466	5 060	0.474
Mountain	山区	否=0;是=1	892	0.090	5 060	0.106
Plateau	高原	否=0;是=1	892	0.047	5 060	0.022
Distance	县城距离(km)	村委到县城距离	879	32.104	4 913	29.176
Deputy	村民代表大会	村民代表大会次数	892	6.637	4 987	6.637
Election	选举投票率	参与村庄投票比率	892	87.870	4 950	88.940

三、计量模型

本章研究目标变量为村庄的犯罪水平,使用村庄犯罪、犯罪人数及村犯罪率三个层面的变量进行度量,核心解释变量为土地产权保护,使用村级农地确权状态进行度量(0—1变量),为严格验证农地确权改革对村庄犯罪发生的影响,以村庄犯罪作为被解释变量为例,设定如下计量模型:

$$Crime_i = \alpha + \beta Treat_i + \gamma X_i' + \varepsilon_i \qquad (6\text{-}1)$$

公式(6-1)中，$Crime_i$ 表示村庄犯罪，即村庄 i 在调查年份是否发生过犯罪事件，当有犯罪事件时变量取值为 1，否则取 0。核心解释变量 $Treat_i$ 表示村庄 i 的土地产权保护程度，当村庄 i 已经完成农地确权，变量取值为 1，否则取值为 0。村庄的犯罪可能与村庄特征如人口特征、经济特征及地理特征有关，因此控制了一组村庄特征变量 X_i' 及地区固定效应，模型中 ε_i 为不可观测的随机扰动项。估值结果如果 β 符号为负，表示土地产权保护与村庄犯罪存在负向关系，考虑到残差项可能组内相关，估计过程中将标准误在县级层面上进行聚类(cluster)调整。

实证检验中，农地确权与村庄犯罪的关系可能因多种原因存在内生性问题，使得估计结果存在偏误，解决内生性成为一个重要挑战。我们借鉴汪险生和李宁(2019)研究结果，使用村庄民主作为工具变量进行两阶段最小二乘法估计。第一阶段回归模型为：

$$Treat_i = \tau + \rho Democracy_i + \varphi X_i' + \mu_i \qquad (6\text{-}2)$$

公式(6-2)中，$Democracy_i$ 表示村庄民主程度，使用村民代表大会召开次数和村民选举投票率分别进行度量，回归方程同时控制了其他村级变量。将第一阶段回归的预测值 $\widehat{Treat_i}$ 代入(1)式中内生的 $Treat_i$，分别对村庄犯罪、犯罪人数及村犯罪率进行回归，此为第二阶段回归，用公式表示为：

$$Crime_i = \alpha + \beta \widehat{Treat_i} + \gamma X_i' + \varepsilon_i \qquad (6\text{-}3)$$

式(6-3)的系数解释类似于式(6-1)，β 值小于 0 时，表示农地确权改革会降低村庄犯罪发生概率，反之，表示农地确权改革会提高村庄犯罪的发生概率。

第四节　实证结果分析

一、基本估计结果

在基准模型估计中,我们初步考察了农地确权对村庄犯罪、犯罪人数和村犯罪率的影响,并根据数据特征使用不同模型进行检验。表 6.4 给出了农地确权改革对村庄犯罪影响的基本估计结果。

表 6.4　农地确权改革与村庄犯罪估计结果

VARIABLES	村庄犯罪		犯罪人数		村犯罪率	
	LPM 模型 (1)	Probit 模型 (2)	LPM 模型 (3)	Tobit 模型 (4)	LPM 模型 (5)	Tobit 模型 (6)
农地确权	−0.454***	−0.304***	−0.652***	−0.554**	−0.168***	−0.118**
	(0.042)	(0.108)	(0.055)	(0.216)	(0.011)	(0.046)
村庄人口	0.284***	0.177**	0.542***	0.557***	−0.006	−0.001
	(0.033)	(0.077)	(0.050)	(0.194)	(0.008)	(0.044)
老年占比	0.433***	−0.013	1.139***	0.347	0.439***	0.236
	(0.125)	(0.276)	(0.165)	(0.744)	(0.034)	(0.185)
儿童占比	−0.744***	0.231	−1.339***	0.470	−0.234***	0.330
	(0.144)	(0.363)	(0.211)	(0.864)	(0.032)	(0.207)
党员数量	−0.002***	−0.000	−0.005***	−0.001	−0.001***	−0.000
	(0.001)	(0.001)	(0.001)	(0.004)	(0.000)	(0.001)
户均耕地	0.183***	0.040	−0.017	0.001	−0.014*	−0.013
	(0.029)	(0.061)	(0.045)	(0.142)	(0.008)	(0.031)
扶持产业	−0.000	−0.048	0.074*	−0.069	0.002	−0.028
	(0.024)	(0.077)	(0.040)	(0.170)	(0.007)	(0.038)
贫困户占比	0.721	−0.426	0.638	−0.900	−0.354**	0.256
	(0.471)	(1.460)	(1.097)	(3.391)	(0.174)	(0.821)

VARIABLES	村庄犯罪		犯罪人数		村犯罪率	
	LPM 模型 (1)	Probit 模型 (2)	LPM 模型 (3)	Tobit 模型 (4)	LPM 模型 (5)	Tobit 模型 (6)
养老保障	−0.401***	−0.091	−0.661***	−0.199	−0.111***	−0.015
	(0.028)	(0.074)	(0.048)	(0.177)	(0.010)	(0.037)
宽带接入	0.417***	0.036	0.340***	−0.060	0.099***	−0.008
	(0.044)	(0.068)	(0.061)	(0.178)	(0.012)	(0.038)
县城距离	0.098***	0.017	0.098***	0.009	−0.007*	−0.006
	(0.015)	(0.038)	(0.021)	(0.090)	(0.004)	(0.020)
常数项	−1.033***		−1.403***	−2.629	0.506***	0.180
	(0.237)		(0.368)	(1.679)	(0.063)	(0.365)
省级固定效应	YES	YES	YES	YES	YES	YES
观测值	2 792	2 577	2 766	2 766	2 792	2 792
R^2	0.815		0.787		0.879	

注:第(1)(3)(5)列使用线性概率模型,第(2)列使用 Probit 模型,第(5)(6)列使用 Tobit 模型,回归报告值为边际效应,括号里是聚类到县级的准误,回归控制了村庄地形,*** 、** 、* 分别表示在1%、5%和10%的统计水平上显著。

表 6.4 结果中第(1)(2)列被解释变量均为村庄犯罪 0—1 变量,第(1)列的回归中使用线性概率模型,由于变量为 0—1 变量,模型(2)使用 Probit 模型,并报告解释变量的边际效应。估计结果发现,不同估计方法下农地确权对村庄犯罪的影响均显著为负,模型(2)农地确权系数为−0.304,表示确权村相比非确权村发生犯罪的概率下降 30.4%。模型(3)(4)被解释变量为犯罪人数,模型(3)使用线性概率模型,由于发生犯罪村庄大量犯罪人数为 1,是典型的审查数据,因此模型(4)使用 Tobit 模型进行检验,并报告边际效应。结果表明,农地确权会显著降低村庄犯罪人数,平均而言,确权使得村庄犯罪人数下降 55.4%。前文分别检验村庄犯罪与犯罪人数,最后(5)(6)两列使用村庄犯罪率作为被解释变量进行

检验,村庄犯罪率的计算使用村庄犯罪人数占村庄总人数比值表示①,模型(5)使用线性概率模型,模型(6)使用 Tobit 模型,结果显示,农地确权会显著降低村庄犯罪率,农地确权系数为 -0.118,表示农地确权会使得村犯罪率大约下降 11.8 个百分点。综上所述,农地确权会显著降低村庄犯罪率,减少犯罪人数并降低村庄犯罪率。

二、内生性处理

经济学因果推断过程中不可避免地会存在内生性问题。上述计量模型设定中,一方面,由于某些影响村庄犯罪的变量未纳入模型,估计结果不一致。另一方面,村庄犯罪与农地确权可能互为因果,如上级政府在选择农地确权试点时优先选择犯罪水平较低、经济水平较高的地区。鉴于此,使用两种方法克服内生性对估计结果的影响。一是为减缓遗漏变量偏误导致的估计偏误,选择使用村民代表大会($Deputy$)和选举投票率($Election$)两个工具变量用来代表村庄民主程度。②二是为克服样本自选择导致的估计偏误,使用 PSM 方法对控制变量匹配后对基准结果进行估计。

(一) 工具变量法两阶段最小二乘估计

表 6.5 报告了使用村民代表大会和选举投票率作为工具变量,对土地确权进行第一阶段回归的结果,第(1)列仅控制省级固定效应,没有放入其他控制变量,第(2)列放入村庄全部控制变量。可以发现,两个工具变量的系数非常显著地影响村庄农地确权变量。

---

① 由于调查样本中村庄犯罪人数较少,本书实际处理时将村庄犯罪人数($Crime\_Num$)乘以 100 再除以村庄人口(Pop),得到每百人犯罪人数,即 $Crime\_Ratio = \dfrac{Crime\_Num \times 100}{Pop}$。

② 根据汪险生和李宁(2019)等研究,村庄民主会显著影响村庄确权选择。

表 6.5　工具变量法第一阶段回归结果

VARIABLES	(1) 农地确权	(2) 农地确权
村民代表大会	0.005***	0.009***
	(0.001)	(0.002)
选举投票率	0.002***	0.002***
	(0.000)	(0.001)
常数项	0.753***	0.423***
	(0.038)	(0.144)
控制变量		YES
观测值	5 765	2 715
R^2	0.225	0.389
省级固定效应	YES	YES

注:***、**、*分别表示通过1%、5%和10%的显著性检验,系数下文括号内的值为聚类到县级层面的标准误。

一般而言,工具变量法需要满足三个方面的要求,即相关性、外生性和排他性约束(Angrist and Pischke,2014)。表 6.6 给出的工具变量的相关性检验中,LM 统计量的 P 值均小于 0.1,拒绝工具变量识别不足的原假设;Cragg-Donald Wald F 统计值均大于 Stock-Yogo 临界值 19.93,拒绝了弱工具变量的原假设;根据 Sargan 统计量 P 值均大于 0.1,无法拒绝工具变量满足外生性的原假设,因此所选工具变量满足外生性和排他性要求。村庄民主为何会影响土地产权安全? 有学者指出,由于中国农村集体产权的主体模糊(罗必良,2011),村委会扮演者集体代理人的角色,竞争性的村干部选举制度能够迫使当局守则,民主可以提高产权的安全性(汪险生和李宁,2019)。另外,农地确权改革是涉及全村村民长远利益的大事,需要村集体的统筹规划如政策说明和实施办法的商议等才能顺利完成,农地确权推进与村庄民主程度有密不可分的关系。对于村庄民主与村庄犯罪的直接关系,学者研究发现村庄民主发育程度对贫困户的幸福感没有显著的影响(陈前恒等,2014),而村庄的犯罪往往与农村贫困、村民幸福感直接相关,可以认为村庄民主不直接影响村庄犯罪。

表 6.6　工具变量法第二阶段估计结果

VARIABLES	村庄犯罪		犯罪人数		村犯罪率	
	(1) 2SLS	(2) IV-Probit	(3) 2SLS	(4) IV-Tobit	(5) 2SLS	(6) IV-Tobit
农地确权	−1.669***	−3.560***	−2.755***	−4.586***	−0.779***	−1.218***
	(0.326)	(0.142)	(0.435)	(0.967)	(0.127)	(0.194)
常数项	0.747*	−0.250	1.089**	0.643	0.981***	1.059***
	(0.383)	(0.615)	(0.536)	(0.975)	(0.141)	(0.217)
观测值	2 715	2 500	2 689	2 750	2 715	2 715
R^2	−0.399		−0.523		−1.050	
控制变量	YES	YES	YES	YES	YES	YES
省级固定效应	YES	YES	YES	YES	YES	YES
LM 统计量 P 值	0.000		0.000		0.000	
Cragg-Donald Wald F 值	22.91 [19.93]		27.76 [19.93]		22.91 [19.93]	
Sargan 统计量 P 值	0.399		0.731		0.714	

注:***、**、*分别表示通过1%、5%和10%的显著性检验,系数下文括号内的值为聚类到县级层面的标准误;第(1)(3)(5)列使用线性概率模型进行工具变量两阶段最小二乘法估计,第(2)列使用 IV-Probit 模型估计,第(4)(6)列使用 IV-Tobit 模型估计;控制变量系数囿于篇幅限制未报告。

表 6.6 给出了工具变量法第二阶段估计结果。第(1)(2)列被解释变量为村庄犯罪,与基准估计一致,第(1)列回归中使用线性概率模型将村庄民主作为工具变量进行估计,第(2)列回归使用 IV-Probit 模型,发现使用工具变量后结果均显著为负。第(3)(4)列被解释变量是有犯罪发生村庄的犯罪人数,由于犯罪人数变量是截断数据,分别使用两阶段最小二乘

法和 IV-Tobit 模型进行估计,结果显示与基准结果一致,农地确权系数显著为负,表示农地确权显著降低了村庄犯罪人数。类似地,使用村庄民主作为工具变量考察了农地确权对村犯罪率的影响,模型(5)为两阶段最小二乘估计,发现结果与基准结果一致。回归(6)使用 IV-Tobit 回归,使用不同估计方法核心解释变量的系数和显著性均未改变,表示在解决内生性后,核心解释变量农地确权仍然显著降低村庄犯罪,因此,可以认为基准估计结果有效。

(二) PSM 估计结果

样本选择偏误是导致估计结果存在内生性问题的重要来源之一。在政策实施过程中很难做到随机试验,由于政策选择的非随机化,直接使用最小二乘法估计往往会导致估计系数不一致性。本文使用 Rosenbaum 和 Rubin(1983)提出的 PSM 方法,根据控制变量匹配结果,使用匹配后的样本进行估计。假设 $D_i = 1$ 表示村庄 i 发生土地确权改革,设为处理组;$D_i = 0$ 表示村庄没有发生土地确权改革,设为对照组。Y_{1i} 表示处理组村庄犯罪水平,Y_{0i} 表示对照组村庄犯罪水平。在给定其他特征 X 的情况下,村庄发生土地确权的概率 $P(X_i)$ 用 Logit 进行估计如下:

$$P(X_i) = \Pr[D_i = 1 \mid X_i] \tag{6-4}$$

根据处理组与对照组的样本进行匹配,将综合特征最相近的对照组样本结果作为处理组的反事实结果。在匹配样本满足独立分布和共同支撑的假设后,平均处置效应(ATT)即为处理组与对照组的均值之差,如式(6-5)所示:

$$ATT = E[Y_{1i} \mid D_i = 1, P(X_i)] - E[Y_{0i} \mid D_i = 0, P(X_i)]$$

$$\tag{6-5}$$

PSM 能够部分缓解样本自选择带来的估计不一致问题。对控制变量同时使用核匹配和半径匹配后,分别计算了农地确权对村庄犯罪、犯罪人数和村犯罪率的影响,表 6.7 报告了 PSM 的估计结果。结果表明,使用不用匹配方法后,农地确权变量的系数均显著为负,且不同匹配方法对结果系数和显著性影响不大,表示土地确权均显著的降低村庄犯罪,减少村庄犯罪数量,降低村庄犯罪率。

表 6.7　土地确权对村庄犯罪的影响的处理效应(PSM 估计)

	核匹配			半径匹配		
	(1) 村庄犯罪	(2) 犯罪人数	(3) 村犯罪率	(4) 村庄犯罪	(5) 犯罪人数	(6) 村犯罪率
农地确权	−0.163***	−0.260***	−0.049***	−0.181***	−0.325***	−0.043***
	−0.026	−0.042	−0.010	−0.027	−0.042	−0.011
常数项	0.832***	1.114***	0.171***	0.829***	1.114***	0.171***
	−0.022	−0.036	−0.009	−0.023	−0.036	−0.009
观测值	1 703	1 628	1 645	1 458	1 441	1 458
R^2	0.023	0.024	0.015	0.031	0.041	0.011
控制变量	YES	YES	YES	YES	YES	YES
省级固定效应	YES	YES	YES	YES	YES	YES

注:匹配过程放入控制变量,通过平衡性检验,限于篇幅未全部列出。

三、机制检验

上述分析表明,农地确权会显著降低村庄犯罪,本部分检验其作用机制。综合现有土地产权保护和村庄犯罪的文献,依据理论分析,重点检验农地确权对产权侵害、增收减贫及劳动力流动三种作用机制对村庄犯罪的影响。

第一,抑制产权侵害,减少征地引起的犯罪事件。城市化过程中城市边界不断扩展,农村土地不断被征用,为征地补偿和土地边界闹矛盾的事件不断,甚至升级为犯罪行为,土地产权侵占引发社会动荡。很多类似事件是土地边界不清、归属不明导致,农民缺乏议价权,土地确权可以减少此类矛盾和暴力犯罪事件的发生。为检验土地产权保护是否会减少征地冲突而降低村庄犯罪,我们在回归中放入土地确权与政府征地交互项。结果如表 6.8 第(1)列所示,交互项系数显著为负,表示假设成立,对于发生征地的村庄,在土地确权后犯罪率下降更明显。

表 6.8　土地产权保护对村庄犯罪影响机制分析

VARIABLES	(1)	(2)	(3)	(4)	(5)
农地确权	−0.198*	−0.306***	−0.386***	−0.301***	−0.218
	(0.114)	(0.109)	(0.143)	(0.112)	(0.148)
政府征地×农地确权	−1.727***				
	(0.317)				
规模流转×农地确权		−1.090***			
		(0.227)			
贫困村×农地确权			−1.349***		
			(0.171)		
劳动力流入×农地确权				−0.238	
				(0.297)	
劳动力流出×农地确权					−0.647
					(0.749)
观测值	2 577	2 331	2 282	2 572	2 577
控制变量	YES	YES	YES	YES	YES
省级固定效应	YES	YES	YES	YES	YES

注:***、**、*分别表示通过1%、5%和10%的显著性检验,系数下文括号内的值为聚类到县级层面的标准误;回归中均使用线性概率模型,被解释变量同时放入村庄犯罪,政府征地、贫困村、规模流转、劳动力流入和劳动力流出及其与农地确权的交互项,限于篇幅未全部列出。

第二,土地产权的清晰界定会减少农户耕作时因边界不清导致的冲突。中国农村土地确权颁证可以清晰界定农户地块四至,划清各家各户农地边界,从根本上保护农民对土地的排他性权利,减少农户因"多占半条垄"造成的矛盾。在农村地区,人多地少使得农户土地耕种保持着"开荒开到天,种地种到边"等传统,使得农民对土地的边界问题特别敏感,农民"争地边"现象不断,因相邻地块耕种多占半条垄大打出手的事情时有发生。据此,我们认为土地确权颁证可以明确农地边界和面积,减少农户间冲突和犯罪行为。按照以上分析,由于小农户对地块边界更敏感,因此小农户会比规模户更容易因土地边界发生冲突或犯罪行为,为了检验该假设,使用本村是否有土地规模流转进行识别。将农地确权和规模流转交互项放入回归,结果如表 6.8 第(2)列所示,农地确权和规模流转交互项系数显著为负,表示农地确权改革对有规模流转村庄的犯罪减少作用更明显。

第三,提高收入降低贫困抑制村庄犯罪。土地确权发证会增加地权稳定性,增加农民的投资积极性,并会通过促进土地流转,改善农业生产,增加就业等途径提高农民收入。收入的提高会减少贫困降低犯罪,如宁静等(2018)研究发现,农地确权能提高农户财产性收入,促进劳动力转移提高工资水平,因此具有减贫效果。为了验证该作用机制,我们使用村庄是否贫困村进行检验,将是否贫困村与农地确权交互项放入回归考察交互项的系数。回归结果发现贫困村与土地确权交互项的系数显著为负,见表 6.8 第(3)列,表示可以验证假设,即土地确权可以通过增加收入减少贫困这一机制降低村庄犯罪。

除了以上作用渠道,地权稳定性引起的劳动力流动可能会影响村庄犯罪。一方面,劳动力流动性本身会影响犯罪率,劳动力流动率高的地区,犯罪率一般较高;另一方面,农地确权会引起农村劳动力向外流动,进而影响村庄犯罪行为。因此,将劳动力流出与流入分别和农地确权的交互项进行检验劳动力流动机制,见表6.8第(4)(5)列。结果发现,农地确权与劳动力流动交互项均不显著,表示农地确权通过劳动力流动对村庄犯罪的影响不明显。这一结论与刘彬彬等(2017)研究结果一致,可能的解释是,尽管劳动力流出会减少犯罪,但本身村级犯罪数量很少,流出的劳动力往往是村里素质相对较高的农民,本身犯罪倾向低,综合影响使得劳动力流动这一机制不显著。

第五节　稳健性检验

为检验基本估计结果的可靠性,本部分进行两个稳健性检验:一是使用土地承包合同替代农地确权度量土地产权保护程度,考察土地承包合同对村庄犯罪的影响;二是在基准估计中控制两个外生性工具变量再检验。

一、土地承包合同对村庄犯罪的影响

土地承包合同是农村土地政策最终的法律表现形式之一。一般认为,土地承包合同落实得越彻底的地区,农地承包方的权利越能得到保障,土地产权保护效果越好。为检验基本估计的稳健性,使用2015年村庄土地承包合同作为农地确权的替代变量,考察其对村庄犯罪、犯罪人数及村犯罪率的影响。理论上,村土地合同发放情况表示该村农地产权保护情况,因此,使用前一期村庄土地合同发放情况作为解释变量,可以检验产权保护对村庄犯罪影响的可靠性,同时可有效避免因果识别中反向因果导致的内生性问题。

表 6.9　土地合同对村庄犯罪的影响估计结果

VARIABLES	(1) 村庄犯罪	(2) 村庄犯罪	(3) 犯罪人数	(4) 犯罪人数	(5) 村犯罪率	(6) 村犯罪率
土地承包合同	−0.033**	−0.027	−0.047*	−0.090**	−0.011*	−0.020**
	(0.016)	(0.017)	(0.026)	(0.037)	(0.006)	(0.008)
常数项	−0.583***		−1.214***	−2.713***	0.433***	0.197**
	(0.170)		(0.260)	(0.420)	(0.064)	(0.097)
控制变量	YES	YES	YES	YES	YES	YES
县级固定效应	YES		YES		YES	
省级固定效应	YES	YES	YES	YES	YES	YES
观测值	2 979	2 794	2 954	2 954	2 979	2 979
R^2	0.282		0.289		0.316	
伪 R^2				0.138		0.648

注:***、**、*分别表示通过1%、5%和10%的显著性检验,系数下文括号内的值为聚类到县级层面的标准误;第(1)(3)(5)列均为线性概率模型,第(2)列 Probit 模型,第(4)(6)列使用 Tobit 模型;控制变量回归系数限于篇幅未全部给出。

如表 6.9 所示,第(1)(2)列被解释变量为村庄犯罪 0—1 变量,使用线性概率模型回归发现,土地承包合同的系数在 5% 显著性水平为负。第(2)列系数不显著但符号仍然为负,且 t 值(1.58)接近 10% 的显著性水平(1.65)。第(3)(4)列被解释变量为犯罪人数,与基本结果相一致土地承包合同作的系数显著为负,且分别在 5% 和 10% 的显著性水平上通过检验,表示土地承包合同的发放会显著降低村庄犯罪率。类似地,第(5)(6)两列被解释变量为村犯罪率,估计结果与基本结果类似,系数均为负,表示土地承包合同的发放会显著降低村庄犯罪率。

二、基准模型控制工具变量再检验

前文表明,使用村民代表大会和选举投票率作为工具变量,符合工具变量选择的外生性和相关性条件。这里将村民代表大会和选举投票率两个工具变量,同时放入基准回归模型中再次进行检验,同时控制县级固定效应,考察农地确权系数的显著性变化,结果如表 6.10 所示。可以发现,基准回归模型在控制工具变量之后,农地确权的系数和显著性未发生根本性变化,表示在控制内生性后,采用工具变量法的估计结果与基准回归结果仍然一致,进一步控制县级固定效应,农地确权显著性没有发生改变。

表 6.10　基准回归放入工具变量后再检验结果

VARIABLES	(1)村庄犯罪	(2)村庄犯罪	(3)犯罪人数	(4)犯罪人数	(5)村犯罪率	(6)村犯罪率
农地确权	−0.378***	−0.271**	−0.575***	−0.463**	−0.160***	−0.099**
	(0.045)	(0.107)	(0.064)	(0.218)	(0.013)	(0.046)
村民代表大会	−0.004	−0.008	−0.017***	−0.035*	−0.004***	−0.010**
	(0.003)	(0.008)	(0.005)	(0.020)	(0.001)	(0.004)
选举投票率	−0.009***	−0.005*	−0.008***	−0.010*	−0.001***	−0.002**
	(0.001)	(0.003)	(0.002)	(0.006)	(0.000)	(0.001)
常数项	0.456*		0.434	−0.855	0.799***	0.613*
	(0.243)		(0.401)	(1.670)	(0.079)	(0.368)
观测值	2 715	2 500	2 689	2 689	2 715	2 715
R^2	0.837		0.790		0.883	
控制变量	YES	YES	YES	YES	YES	YES
县级固定效应	YES	NO	YES	NO	YES	NO
省级固定效应	YES	YES	YES	YES	YES	YES

注:***、**、*分别表示通过 1%、5%和 10%的显著性检验,系数下文括号内的值为聚类到县级层面的标准误。

第六节 本 章 小 结

中国的发展离不开农村,农村的发展离不开村庄稳定。土地是农村最重要的资产,明晰的财产权与有效实施是乡村社会家户积累财富最重要的制度安排。截至 2020 年,全国农地确权颁证率超过 96%,两亿农民获得土地经营权证,农地确权颁证改革的质量和绩效有待深入挖掘。作为土地产权保护的手段之一,农地确权改革会使得农民土地权利获得更为清晰的界定和严格保护,对经济和社会产生广泛的影响。现有文献关于农地确权改革对村庄稳定影响的研究尚不多见,为弥补这一缺憾,本章利用基于农地确权改革政策,考察了土地产权保护对村庄犯罪的影响。研究发现,土地产权保护会显著降低村庄犯罪发生概率,农地确权改革村比非确权村发生犯罪的概率下降 27.1%,发生犯罪村庄的犯罪人数下降46.3%,村级犯罪率下降 9.9%。机制分析表明,农地确权改革会提高土地产权保护程度,减少农户间地块边界不清引起的农业生产纠纷摩擦,降低征地过程的维权冲突,减少产权侵害从而犯罪的发生,还可以通过促进农业生产提高农民收入,缓解村庄贫困等途径减少村庄犯罪事件。

本章提出以下政策建议。首先,从乡村振兴的角度,乡村稳定是乡村振兴的前提,而完善的土地产权保护制度是农村经济发展的制度基础,也是维护农村社会长治久安的根本条件。从政策方面,应重视农民财产权利保护维度的建设,完善农地确权颁证改革实施的质量,增加农村产权稳定性,使用制度手段降低农村犯罪,维护农村健康发展和农民财产和人身安全。其次,应提高农民自身的财产权利保护和维权意识,增加农村居民的产权安全感知,完善基层治理和村民自治过程中的产权制度,完善农地产权纠纷解决机制。最后,应建立健全以保护农民权益为重点的农村土地产权保护制度,落实承包地、宅基地、集体经营性建设用地的用益物权,赋予农民更多财产权利,尤其要维护被征地农民合法权益,规范征地程序,充分保障其知情权、参与权和监督权,健全矛盾纠纷化解机制。

第七章
农户分化与农地退出①

农地改革不仅包含经营权改革,还涉及承包权改革。随着中国人口老龄化加深和城镇化水平的提升,客观而言,将有越来越多的农村劳动力离开农村,农村土地单纯依靠经营权流转导致的三权分离,仍然无法避免农业经营效率低下的问题。针对学界 2015 年中央提出的农地"退出"构想,中央层面一直采取谨慎推进的态度。农地承包经营权退出机制的探索仍在进行中,试点工作已经开展,效果仍待检验。本章从农户就业分化视角考察农地退出改革的政策效应和相关机制。

第一节　引　　言

改革开放以来,中国的工业化和城镇化水平快速提高,庞大的农村劳动力通过嵌入现代经济的分工中,实现了自身收入和整体经济的迅速增

---

① 本章内容核心部分发表于《经济与管理研究》2020 年第 2 期,略有改动。

长。农村出现两个显著的变化。第一,劳动力要素在城乡和产业间的流动明显增强,由于农户禀赋的差异,农村劳动力群体出现分化,最直接的表现为纯农户比重下降,兼业农户和非农户比重上升(如图 7.1)。第二,农业人口不断向非农部门转移,由于城乡体制与要素市场分割,农村劳动力非农化流动的同时,并未产生有效的人口迁徙与农户的土地承包经营权退出。农民与土地的关系表现为黏性下降,不断疏离,但一直藕断丝连。一方面是农民的"离农",另一方面却没有"离地";一方面是农民工"进城",另一方面却没有"弃地"和选择落户(罗必良等,2012)。农民尽管已经"不再以农为业,不再以农为生",却仍然持有土地。这种现象在市场健全的发达国家是罕见的。不仅如此,伴随以上趋势出现的是广泛的耕地撂荒现象(冯艳芬等,2010;庾莉萍,2008)。

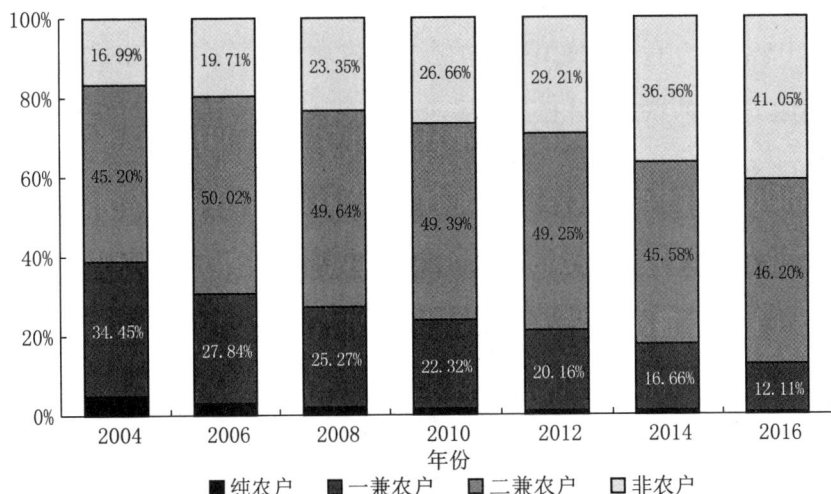

资料来源:根据农业部农村固定观测点数据计算。

图 7.1 中国农户分化趋势:2004—2016 年

为了适应城镇化发展,农地承包经营权的退出议题被纳入中央政策的考虑范围,2015 年国务院出台的《关于加快转变农业发展方式的意见》中指出"在坚持农村土地集体所有和充分尊重农民意愿的基础上,在农村改革试验区稳妥开展农地承包经营权有偿退出试点,引导有稳定就业收入长期在城镇居住的农户自愿开展退出土地承包经营权"。农地承包经营权是农民生存之本,对于社会稳定意义重大,因此国家对农地退出议题慎之又慎,坚持强调农地有偿退出的前提是尊重农民意愿且在有条件的地区实施。本章关心的问题是,农户逐步分化是否会引起农地承包权的退出? 其作用机制何在? 对于以上问题的思考和实证不仅能为中国农地改革提供线索,更能为城市化过程中农民土地权利的实现提供政策建议。

恰亚诺夫(1925)最早提出了农户分化的概念,但主要基于人口因素,并未强调市场性因素。从经济学角度,农户分化是指一定区域内的农户由同质性的经营农业户分化为经营农工商等异质性农户的过程,具体表现为农户由经营农业的纯农户逐渐分化出亦工亦农的兼业户及非农户,从而形成纯农户、兼业户和非农户并存且不断演化的局面(李宪宝和高强,2013)。农户分化已经成为城镇化发展的动力,其本质在于兼业化(苏群等,2016)。刘守英等(2018)研究发现,2003—2012 年间,中国纯农业户和农业兼业户的比例分别下降了 2.5% 和 12.39%,非农业兼业户和非农业户比例分别上升了 4.25% 和 10.36%。不少学者通过诸如职业类别、家庭非农就业人口、家庭食品消费支出占总支出的比例、农户人均年纯收入来衡量农户的分化程度,并在此基础上探讨农户分化与农地流转之间的关系(李宪宝和高强,2013;秦雯,2012;聂建亮和钟涨宝,2014;许恒周和郭忠兴,2011),但对承包权退出问题的涉及偏少。国外学者在土地退出影响因素研究方面,Harris和Todaro(1970)很早便对农业人口向城市转移的决策机理进行了分析,认为在两部门的经济中,农民放弃农地经营而进入城市的决策主要受到对城乡收入差距预期的影响。随着中国城镇化的推进以及劳动力迁移增加,土地承包权的退出意愿问题开始得到国内学术界的关注,已有研究认为农户分化与兼业(刘同山等,2013;张学敏,2013)、产权认知(高佳和李世平,2015)、城镇住房以及农地流转(王常伟和顾海英,2016)等因素会影响农户土地承包权的退出意愿。刘同山等(2013)考察了兼业程度对农户土地退出意愿的影响,发现兼业程度每提高一个单位,土地退出意愿就提高0.49个单位(刘同山等,2013)。李荣耀和叶兴庆(2019)发现分化程度较高且已流转出承包地的农户有着更低的承包权退出意愿。表7.1总结了不同学者关于农地承包权退出意愿研究结果。可以发现,各地因政策差异,农户对承包权退出态度差异较大,发达地区退出意愿更强,整体上超过20%的农户愿意通过补偿等机制退出农地。

表7.1 土地退出意愿的文献研究结果

作者及年份	调查地区	承包权退出意愿占比	样本量(户)
罗必良等(2012)	珠江三角洲	55.8%	753
张学敏(2013)	河南、湖南、重庆	19.64%	886
刘同山和孔祥智(2016)	山东、河北、河南	21.7%	779
王常伟和顾海英(2016)	上海、浙江、江苏	34.85%	1 208
高佳和李世平(2015)	陕西关中地区	24.2%	580
李荣耀和叶兴庆(2019)	重庆、成都、泸州	63.55%	716
王丽双等(2015)	铁岭市	29.6%	240

农户彻底退出土地实现完全城镇化是中国发展过程中出现的新议题,学术界对此问题的关注和研究明显不足,针对城镇化水平较高地区的

农户退地意愿研究有待进一步推进。基于此,本章以长三角地区农户为研究对象,从农户分化视角考察土地承包权退出意愿,检视政策效果。

　　本章的结构安排如下:第一节引言部分为研究背景并提出问题;第二节为理论分析及假设,基于农户行为理论分析农户分化对农地流转和农地退出决策的影响,并提出研究假设;第三节为模型和数据,讨论计量模型的设计,根据数据的分析给出统计性证据;第四节为实证结果;第五节给出研究结论和政策建议。

第二节　理论分析与假设

　　农户土地承包权退出决策不是个人行为,通常是基于家庭经济社会效用最大化理性决策的家庭行为,只有当退出土地承包权的成本在可承受范围内,并且退出土地选择所带来的收益较大时,农户才会将退出意愿转化为退出行为(李荣耀和叶兴庆,2019)。根据丹宁格(Deininger,2005)的分析思路,城镇化带来的农户分化对农户经济行为的影响,会通过劳动供给和土地决策实现家庭效用的最大化。

一、不存在农地退出机制时

　　当不存在农地退出机制时,农户无法彻底地退出土地,只能通过流转交易,让渡土地的经营权,实现部分性的土地退出。为实现家庭收益和效用的最大化,农户在农村与城市之间配置劳动力,并选择农地流转数量。假设农户 i 的初始劳动禀赋为 $\overline{L_i}$,农地资源为 $\overline{A_i}$,农业生产能力为 α_i,城

市就业的工资为 w，农户可以竞争性的在劳动市场和土地市场上配置自己的劳动力和土地，农户农业生产函数为：

$$y_i = \alpha_i f(l_i^a, A_i) \tag{7-1}$$

公式(7-1)中，l_i^a 和 A_i 分别为农户 i 投入到农业生产中的劳动和土地，$f(l_i^a, A_i)$ 为增函数。[①]当农地市场为完全竞争性时，农户选择 l_i^a 和 A_i 最大化其效用函数：

$$U_i = p\alpha_i f(l_i^a, A_i) + wl_i^o + (\overline{A_l} - A_i)r \tag{7-2}$$

$$\overline{L_i} = l_i^a + l_i^o \tag{7-3}$$

$$\overline{A_l} = A_i + A_{\text{rent-out}} \tag{7-4}$$

$A_{\text{rent-out}}$ 为租出的农地，有如下一阶条件：

$$p\alpha_i f_{l_i^a}(l_i^a, A_i) = w \tag{7-5}$$

$$p\alpha_i f_{A_i}(l_i^a, A_i) = r \tag{7-6}$$

公式(7-5)和(7-6)的经济学含义为：均衡状态时，农户 i 选择在农村和城市间分配的劳动分别为 l_i^{a*} 和 l_i^{o*}，保留的土地面积为 A_i^*，使得劳动的边际收益等于土地的边际收益。使用城市工资 w 对等式两边求导，获得如下结果：

$$p\alpha_i f_{l_i^a l_i^a} \frac{\partial l_i^a}{\partial w} + p\alpha_i f_{l_i^a A} \frac{\partial A}{\partial w} = 1 \tag{7-7}$$

---

① 在此假定农户生产函数 $f(l_i^a, A_i)$ 满足 $f_{l^a} > 0$，$f_A > 0$，$f_{l^a l^a} > 0$，$f_{AA} > 0$，$f_{l^a A} > 0$ 且 $f_{l^a l^a} f_{AA} - f_{l^a A} > 0$。

$$p\alpha_i f_{Al_i^a} \frac{\partial l_i^a}{\partial w} + p\alpha_i f_{AA} \frac{\partial A}{\partial w} = 0 \qquad (7\text{-}8)$$

整理后可得

$$\frac{\partial A}{\partial w} = \frac{f_{Al_i^a}}{p\alpha_i \left[(f_{Al_i^a})^2 - f_{l_i^a l_i^a} f_{l_i^a l_i^a} \right]} < 0 \qquad (7\text{-}9)$$

$$A_{rent\text{-}out} = \overline{A_l} - A \quad \frac{\partial A_{rent\text{-}out}}{\partial w} = -\frac{\partial A}{\partial w} > 0 \qquad (7\text{-}10)$$

由公式(7-10)可知,城市工资水平 w 提高,会使得农户保留农地减少,农地流转和交易市场供给量会相应增加。如果以收入来源作为划分农户分化的标准,那么非农收入越高的农户分化程度越高,据此提出以下假设。

假设 1:当不存在制度性的农地退出机制时,农户非农就业收入占比越高,农户越倾向流转土地经营权,即农户分化程度越高,越可能作出流转土地经营权的决策。

二、存在农地退出机制时

现在假设存在农地退出机制,农户可以选择完全退出农地承包权,并换取一定的经济补偿。假定货币化补偿单位为 M,表示农户退出农地可获得的无风险的收益,此时农户是否选择退出承包农地的决策受到退出农地换取确定性补偿与持有农地作为一种风险性资产的预期收益之间的权衡。对于持有农地的农户而言,假设其持有农地效用为:

$$U_i = \sum_{k=1}^{n} q_k U(p\alpha_i f(l_i^a, A_i) + wl_i^o + (\overline{A_l} - A_i)r + \delta_k \cdot M)$$

$$(7\text{-}11)$$

公式(7-11)中 M 可视为将农地作为风险资产的配置量,q_k 为风险资产农地产生 δ_k 收益率的概率,$\sum_{k=1}^{n} q_k = 1$,当农户在无风险确定性补偿和具有带来风险收益的持有农地之间权衡时,最优条件可由 $\partial U_i / \partial M = 0$ 确定:

$$\sum_{k=1}^{n} q_k U(p\alpha_i f(l_i^a, A_i) + wl_i^o + (\overline{A_l} - A_i)r + \delta_k \cdot M)\delta_k = 0$$

$$(7\text{-}12)$$

对上式关于 w 求微分,可得:

$$\frac{\partial M}{\partial w} = \frac{-\sum_{k=1}^{n} q_k U''(p\alpha_i f(l_i^a, A_i) + wl_i^o + (\overline{A_l} - A_i)r + \delta_k \cdot M)\delta_k}{\sum_{k=1}^{n} q_k U''(p\alpha_i f(l_i^a, A_i) + wl_i^o + (\overline{A_l} - A_i)r + \delta_k \cdot M)\delta_k^2}$$

$$(7\text{-}13)$$

由式(7-13)可知,在递减的绝对风险厌恶和风险资产期望收益大于零的假设下,可以证明 $\frac{\partial M}{\partial w} > 0$,其经济学含义为农户对不确定资产的配置比例与城市工资成正比,假定 $w_i = w^*$ 为农户恰好退出农地进入城市就业的临界工资条件,当城市工资 $w_i < w^*$ 时,农户进入城市同时会放弃带有风险性收益的农地资产,而当城市工资 $w_i > w^*$ 时,农户对风险资产的持有倾向高于放弃。如果简单地将收入等同于工资,那么收入越高的农户更倾向于持有农地作为一项资产。已有研究支持了这一观点,黄蔡(Wongchai,2015)对泰国农户研究发现,富有的农户出售农地的概率相对较低。据前面分析给出另一假设:

假设 2:当存在制度性的农地退出机制时,农户家庭收入水平越高,对风险性土地资产配置比例越高,即分化程度越高的农户越倾向于持有土地作为风险性资产,农地承包权退出意愿越低。

第三节　模型和数据

一、计量模型

根据舒尔茨(Schultz,1964)的"理性小农"理论,农户是精于计算的生产单位,农户的农地退出决策是极其复杂的过程,面临着经济的权衡。罗必良等(2012)认为农户退地是综合决策的结果,只有当退地的综合收益高于机会成本时,农户才会产生退出农地承包权的意愿,农户退出农地决策从根本上是一个利益权衡的过程。借鉴刘同山(2017),农户的退地决策变量为 D_i,退出承包地的潜在收益为 D_A^*,不退地的预期收益为 D_N^*,农户作为理性人追求收益最大化的条件下,只有退地带来的潜在收益大于保留土地承包权的收益时,农户才会选择退出农地换取经济补偿。即当且仅当 $D_A^* - D_N^* = D_i^* > 0$ 时,农户才会选择退地。采用潜变量模型(Latent Variable Model)来考察农户退出承包权的决策:

$$D_i^* = Z_i\alpha + X_i\beta + \mu_i \tag{7-14}$$

$$D_i = \begin{cases} 1, & if\ D_i^* \leqslant r_1 \\ 2, & if\ r_1 < D_i^* \leqslant r_2 \\ 3, & if\ r_2 < D_i^* \end{cases} \tag{7-15}$$

公式(7-15)中,可观测的变量 D_i 为农户退出决策,本章采用离散排序变量,如果农户愿意退出农地,则 $D_i = 1$;如果农户不确定,则 $D_i = 2$;如果农户不愿退出农地,则 $D_i = 3$。Z_i 为核心解释变量农户分化程度,同样采用递进分类变量进行定义。X_i 表示农户特征、农地特征等影响农户退地决策的控制变量;α 为待估计的系数向量,μ_i 为不可观测的扰动项,$r_1 < r_2$ 为待估测参数,被称为切点(cut point)。假设扰动项 μ_i 服从标准正态分布,如果农户选择愿意退出农地,其退地决策可用如下概率刻画:

$$P(D_i = 1 \mid Z_i) = P(D_i^* \leqslant r_1) = P(\mu_i \leqslant r_1 - Z_i\alpha - X_i\beta)$$
$$= F_\mu(r_1 - Z_i\alpha - X_i\beta) \qquad (7\text{-}16)$$

公式(7-16)中,$F_\mu(\cdot)$ 为 μ_i 的累积分布函数,可根据农户分化程度和农户特征变量的样本值计算累计分布函数获得农户退出土地意愿。为实证检验城镇化过程中农户分化对农户退地决策的影响及其作用机制,建立以下基准计量模型:

$$Land_{decision_i} = \alpha_i + \beta_{i1}diff_i + \beta_{i2}Inc_i + \beta_{i3}Lease_i$$
$$+ \beta_{i4}Car_i + \beta_{i5}House_i + \sum_{j=1}\beta_j x_j + \varepsilon_i \qquad (7\text{-}17)$$

公式(7-17)中,$Land_{decision_i}$ 为被解释变量,表示农户 i 对于土地承包权退出决策,即农地退出意愿;$diff_i$ 为核心解释变量,表示农户 i 分化程度;Inc_i 为农户家庭收入,$Lease_i$ 为农地流转程度。为控制家庭财富,放入私家车 Car_i 和商品住房 $House_i$ 两个变量。x_i 是影响农户 i 农地退出决策的其他控制变量,ε_i 为不可观测的扰动项。

二、数据特征

本章数据来源于 2016 年上海交通大学农村经济研究所联合上海市

农业委员会对长三角地区农户承包权退出意愿调查。调查采用随机入户的方式，问卷内容涉及农户家庭特征、劳动力及就业特征、家庭收入和财产以及土地利用等方面的信息。本次调查共获得有效问卷 1 361 份，其中上海样本占比 87.09％，其他样本主要来自江苏（5.40％）、浙江（7.51％）等地。问卷基本反映了长三角发达地区农村的基本土地特征和农户土地承包权退出意愿。样本显示，男性占比 67％，教育程度初中及以下占 57.61％，户主年龄 45—60 岁农户最多占 42.9％。户均承包耕地面积为 2.97 亩，59.5％的农户农地面积小于 3 亩，农地面积大于 5 亩的占 10.7％，兼业特征上，纯农户占比 26.93％，兼业农户占比 28.04％，非农户占 45.03％。土地特征方面，户均具有农地 2.97 亩，图 7.2 给出了受访样本耕地面积的概率分布。

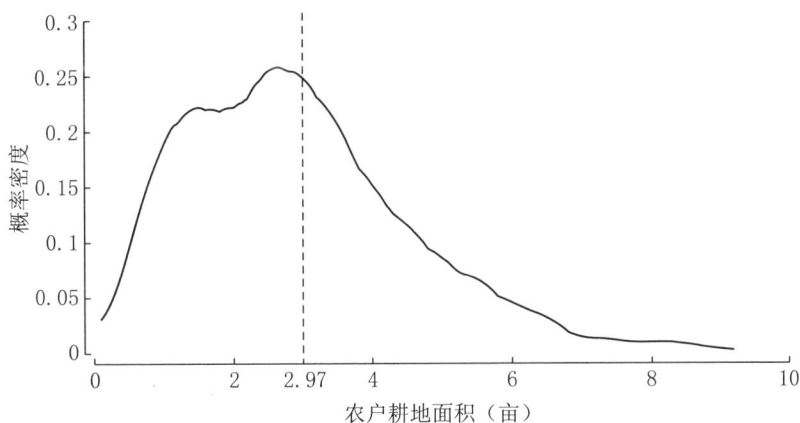

资料来源：长三角地区农户调查数据。

图 7.2　家户耕地面积概率分布

如表 7.2 所示，总体上 66.44％的农户收入高于 5 万元，按照农户分化程度对农户分组统计发现，非农户、兼业户及纯农户分别有 84.72％、

56.67％及 46.06％的农户收入高于 5 万元。农地流转方面,68.23％的非农就业农户全部流转了农地,而纯农就业户中 51.4％的农户全部流转了农地。显然,发达地区的农地流转水平高于全国。①非农就业户中不愿退出农地的农户占比 60.31％,愿意退出农地的比例仅占 21.37％,纯农户中 37.34％的农户不愿退出农地,远低于非农户。对农地退出补偿诉求的统计发现,非农户中希望获得最高 E 类补偿的农户占比 52.32％,高于纯农户的 47.71％,统计上可以发现非农户对农地退出的补偿诉求更高。

表 7.2　样本特征统计

变　　量	变量度量	不同农户类型占比			合计
		纯农户	兼业户	非农户	
家庭收入	收入≤1 万	3.79％	1.52％	0.75％	1.78％
	1 万＜收入≤3 万	17.67％	10.61％	4.53％	9.77％
	3 万＜收入≤5 万	32.49％	31.21％	10.00％	22.01％
	5 万＜收入	46.06％	56.67％	84.72％	66.44％
农地流转	没有流转	16.19％	18.79％	9.38％	14.48％
	部分流转	32.38％	39.09％	22.40％	30.81％
	全部流转	51.43％	42.12％	68.23％	54.71％
农地退出	愿意	40.82％	39.51％	21.37％	31.74％
	不确定	21.84％	18.24％	18.32％	19.25％
	不愿意	37.34％	42.25％	60.31％	49.02％
退出补偿	A 类	16.01％	17.19％	14.09％	15.47％
	B 类	21.24％	27.50％	22.78％	23.69％
	C 类	12.09％	8.44％	9.27％	9.79％
	D 类	2.94％	0.94％	1.54％	1.75％
	E 类	47.71％	45.94％	52.32％	49.30％

---

① 农业部关于河北、陕西、辽宁、浙江、四川、湖北和广西 7 省(区)的调研数据表明 2015 年农地流转面积为 30.13％,2016 年增加到 33.71％。

表 7.2 统计表明：第一，非农就业农户的家庭收入和农地流转比率均高于纯农户；第二，相比纯农户，非农户退出农地意愿更低且对退地的补偿诉求更高。值得注意的是，在劳动力约束放松的条件下，纯农户是土地的潜在需求者，本应该对土地的依赖性更强，却更倾向于退出农地。

三、变量设置

（1）农地退出。农地退出是本章的被解释变量。农民土地承包权的彻底退出关乎城镇化的速度和质量，是城镇化的必然阶段，关于农地退出的度量，现有研究多采用退出意愿与退出行为（李荣耀和叶兴庆，2019；罗必良等，2012），由于目前实质性的农地退出实践仍然较少，农地退出议题较大程度在研究农户的退出意愿，根据调查问卷中"如果获得相应补偿，您是否愿意退出农地承包经营权"的回答结果，本章把农地退出决策划分为"不愿有偿退出""不好说""愿意有偿退出"三类。

（2）农户分化。农户分化是本章的核心解释变量，其本质是农业收入在家庭收入中的占比下降，张琛等（2019）认为制度政策放活和农业转型发展驱动两大因素诱导着农户不断分化。关于农户分化的度量，常用家庭收入结构将农户分化程度划分为纯农户、农业兼业户、非农业兼业户、非农户（李宪宝和高强，2013；李荣耀和叶兴庆，2019）。苏群等（2016）将农户划分为纯农户、一兼农户、二兼农户和非农户四种类型。基于数据可得性，依据调查问卷中"您的就业类型"将农户分化程度由低到高分别定义为"纯农户""兼业户""非农户"三种类型，并将递进变量分别赋值，检验农户分化带来的土地承包权退出决策。

（3）中介变量。参考苏群等（2016）研究方法，使用农地流转和家庭收入作为中介变量,关于农地流转的度量一般包括流转参与及流转面积指标,或者分类变量对农地流转程度划分的做法。借鉴王常伟和顾海英(2016),本部分使用"您家承包地是否流转出去"和"您家一年总收入"将农地流转变量定义为"没有流转""部分流转""全部流转"三类,将家庭收入变量依次定义为"年收入≤1万""1万<年收入≤3万""3万<年收入≤5万""5万<年收入"四类。

(4)控制变量。除上述解释变量外,研究表明农户土地承包权退出决策还受户主及家庭、地块特征等影响,本章参考刘同山等(2016,2017)研究,在计量分析时,除了控制户主年龄、户主性别、教育水平、家庭人口、商品住房及私家车等变量外,还在控制项中放入农地确权、承包地面积、补偿诉求等变量。

表7.3 变量定义及描述统计

变 量	变量定义及赋值	均值	方差
农地退出	不愿有偿退出=1;不好说=2;愿意有偿退出=3	1.830	0.880
农户分化	纯农户=1;兼业户=2;非农户=3	2.180	0.830
家庭收入	"收入≤1万"=1;"1万<收入≤3万"=2;"3万<收入≤5万"=3;"5万<收入"=4	3.530	0.740
商品住房	无城镇住房=0;有城镇住房=1	0.410	0.490
私家车	无私家车=0;有私家车=1	0.420	0.490
农地流转	没有流转=1;部分流转=2;全部流转=3	2.400	0.730
户主性别	男=1;女=0	0.680	0.470
户主年龄	"35岁≤年龄"=1;"35岁<年龄≤45岁"=2;"45岁<年龄≤60岁"=3;"60岁<年龄"=4	2.620	0.950
教育水平	初中以下=1;初中=2;高中/中专=3;大专及以上=4	2.430	0.990
家庭人口	家庭实际人口数量	3.800	1.270
承包地面积	样本家庭承包地面积(亩)	2.970	1.700
农地确权	未确权=0;已确权=1	0.930	0.250
确权人数	家庭中拥有承包权的人数	3.220	1.260
补偿诉求	1—5,退出补偿要求逐步提高	3.460	1.620

表 7.3 为本章所使用变量定义及描述统计结果,可以发现调查样本中男性户主占多数将近 70%,整体受教育水平较高,高中及以上学历占比 43.40%,66.44% 的样本家庭年收入高于 5 万元,非农户家庭中有 84.72% 的家庭收入高于 5 万元。样本中 22% 的农户既有城市住房又有私家车,38% 的受访户既无城市房产也无私家车。土地方面,户均承包地面积为 2.97 亩,全部流转的农户占 54.71%,93% 的农户有土地承包证。农地部分及全部流转的农户达到 84%,高于全国平均水平,农地退出意愿的均值介于 1 和 2 之间,整体退出农地意愿较低,31% 的样本农户表示愿意放弃农地,49% 的农户表示不愿意退出农地。

第四节 实证结果及分析

一、基准回归结果

根据理论分析,农户分化可能会对农户农地退出决策产生重要影响,表 7.4 给出了基准的回归估计结果。其中模型 Ⅰ 和模型 Ⅱ 分别采用有序 Probit 和有序 Logit 模型,同时考察了全部样本和上海样本,由于非线性模型的系数不能完全说明解释变量的边际效应,报告同时给出了解释变量的估计系数和边际效应,便于解释农户分化的具体影响。

表 7.4 结果显示,农户分化对农地退出决策的影响在 1% 的置信水平显著,且符号为负,表示分化程度越高的农户退出土地意愿越低,更倾向于保留农地而非退出,这与李荣耀、叶兴庆(2019)的研究结果一致,但本结果显著性更强。边际效应的经济意义为农户分化程度每提高一个单

位,农户选择有偿退出农地的概率大约下降 7 个百分点。基于上海样本的考察结果与全样本结果一致,对比发现上海的农户农地退出决策受农户分化影响更大,同样的分化程度下,上海地区农户农地退出意愿更低。可能的解释是上海样本受大都市的影响,农户对土地的估值和未来的预期收益更高,需要更高的确定性补偿换取土地退出权。模型Ⅰ和模型Ⅱ的回归结果非常接近,农户分化对农地退出决策的影响较为稳定和一致。

影响农地退出决策的其他因素方面,家庭收入的影响不显著,系数小于零,表示收入越高,农户对农地退出选择的评价越低;农地流转因素在 1% 的水平显著影响农户的退出决策,农地流转越多的农户农地退出决策越积极,显然农地流转决策反映了农户对土地的依赖以及土地对其生产和发展的重要性。此外,回归方程控制了私家车和商品住房两个重要财富变量,按照边际效用递减的原理,财富越多的农户,对退出土地带来的经济补偿的收入效应越低,因此越不愿意退出农地,回归结果佐证了上述推论,私家车和商品住房两项的系数均为小于零,表示家庭越富裕的农户越不愿意放弃土地。户主特征同样会影响农户风险偏好以及农地退出决策,可以发现户主性别和年龄均显著影响农地退出决策,男性户主更愿意退出农地换取补偿,对退地决策影响的边际效应比女性户主高约 7.4%,这或许与女性更保守有关。而随着年龄增加其无论男性还是女性劳动优势将逐渐丧失,退地意愿会变得更低。

农户分化伴随着两个方面的变化:收入分化和就业分化。城镇化和工业化是农户兼业和农户分化的主要推动力,农业人口向城市转移不仅可提高农民的收入还能够促进土地的流转。为进一步考察农户分化影响农地退出决策的作用机制,本章采用中介效应模型分别检验农户家庭收

表 7.4　基准回归结果

VARIABLES	全部样本				上海样本			
	模型 I		模型 II		模型 I		模型 II	
	系数	边际效应	系数	边际效应	系数	边际效应	系数	边际效应
农户分化	-0.208***	-0.077***	-0.333***	-0.076***	-0.221***	-0.083***	-0.351***	-0.081***
	(0.056)	(0.021)	(0.090)	(0.021)	(0.062)	(0.023)	(0.100)	(0.023)
家庭收入	-0.019	-0.007	-0.039	-0.009	-0.044	-0.016	-0.081	-0.019
	(0.054)	(0.020)	(0.088)	(0.020)	(0.058)	(0.022)	(0.094)	(0.022)
农地流转	0.153***	0.057***	0.259***	0.059***	0.174***	0.065***	0.301***	0.070***
	(0.053)	(0.020)	(0.087)	(0.020)	(0.056)	(0.021)	(0.093)	(0.022)
商品住房	-0.045	-0.017	-0.068	-0.015	-0.062	-0.023	-0.096	-0.022
	(0.090)	(0.033)	(0.147)	(0.033)	(0.099)	(0.037)	(0.163)	(0.037)
私家车	-0.309***	-0.114***	-0.511***	-0.116***	-0.344***	-0.128***	-0.572***	-0.130***
	(0.087)	(0.032)	(0.142)	(0.032)	(0.094)	(0.034)	(0.154)	(0.034)
承包地面积	-0.026	-0.010	-0.045	-0.010	-0.057**	-0.021**	-0.097**	-0.022**
	(0.026)	(0.010)	(0.043)	(0.010)	(0.029)	(0.011)	(0.048)	(0.011)
户主性别	0.206**	0.075***	0.330**	0.074***	0.198**	0.073**	0.322**	0.073**
	(0.080)	(0.029)	(0.129)	(0.028)	(0.087)	(0.032)	(0.141)	(0.031)
户主年龄	-0.182***	-0.068***	-0.302***	-0.069***	-0.180***	-0.068***	-0.299***	-0.069***
	(0.056)	(0.021)	(0.092)	(0.021)	(0.062)	(0.023)	(0.102)	(0.024)
教育水平	-0.023	-0.009	-0.043	-0.010	-0.030	-0.011	-0.054	-0.012
	(0.054)	(0.020)	(0.088)	(0.020)	(0.061)	(0.023)	(0.099)	(0.023)

续　表

VARIABLES	全部样本				上海样本			
	模型 I		模型 II		模型 I		模型 II	
	系数	边际效应	系数	边际效应	系数	边际效应	系数	边际效应
家庭规模	0.056	0.021	0.092	0.021	0.075*	0.028*	0.123*	0.028*
	(0.036)	(0.013)	(0.059)	(0.013)	(0.040)	(0.015)	(0.065)	(0.015)
农地确权	−0.062	−0.023	−0.134	−0.031	−0.221	−0.085	−0.387	−0.093
	(0.143)	(0.054)	(0.229)	(0.054)	(0.155)	(0.061)	(0.248)	(0.061)
确权人数	0.118***	0.044***	0.195***	0.044***	0.178***	0.067***	0.298***	0.069***
	(0.040)	(0.015)	(0.066)	(0.015)	(0.045)	(0.017)	(0.075)	(0.017)
切点 1	−0.464		−0.807		−0.569		−0.943	
	(0.372)		(0.602)		(0.412)		(0.671)	
切点 2	0.116		0.135		−0.002		−0.017	
	(0.372)		(0.602)		(0.412)		(0.670)	
样本量	1 005		1 005		856		856	
伪 R^2	0.034 2		0.034 6		0.045 8		0.046 4	

注：***、**、* 分别代表在 1%、5%以及 10%的水平上显著；括号内为回归标准误。

入和农地流转变量作为中介变量对农户农地退出决策的影响。

二、作用机制一:家庭收入

基于理论分析,家庭收入越高的农户越倾向于将农地作为风险性资产持有,因此更愿意持有农地而非有偿退出。本部分首先考察了家庭收入对农地退出决策和退地补偿诉求的影响(表7.5),进而考察农户分化以家庭收入作为中介对农地退出决策的影响(表7.6)。发现农户家庭收入会显著地影响其土地退出决策,表7.5前两列被解释变量为农户的农地退出意愿,回归结果显示家庭收入对农户农地退出决策的回归系数为负,且在10%的统计水平上显著,回归的边际效应表示农户家庭收入每提高1个单位,其选择退出农地的概率降低3.3个百分点。农地退出决策内在地受到农户退出土地获得的经济补偿影响,为考察家庭收入对农户退地影响的稳定性,将农户退地补偿诉求作为被解释变量再次进行回归,发现家庭收入对补偿的诉求回归结果显著为正,表示家庭收入显著影响了农户退地的补偿诉求,并且收入越高,退出土地要求获得的补偿越高。

表 7.5　家庭收入对农地退出影响的回归结果

VARIABLES	被解释变量:退出意愿 & 补偿诉求			
	退出意愿		补偿诉求	
	系数	边际效应	系数	边际效应
家庭收入	-0.095^{*}	-0.033^{*}	0.357^{***}	0.142^{***}
	(0.054)	(0.019)	(0.053)	(0.021)
切点 1	-0.980^{***}		1.140^{***}	
	(0.332)		(0.327)	
切点 2	-0.447		1.959^{***}	
	(0.331)		(0.329)	

续　表

VARIABLES	被解释变量:退出意愿 & 补偿诉求			
	退出意愿		补偿诉求	
	系数	边际效应	系数	边际效应
切点 3			2.229***	
			(0.330)	
切点 4			2.276***	
			(0.330)	
控制变量	YES	YES	YES	YES
样本量	1 146		1 121	
伪 R^2	0.050 7		0.060 6	

注:回归中均放入控制变量,限于篇幅未列出,***、**、*分别代表在1%、5%以及10%的水平上显著;括号内为回归标准误。

按照温忠麟和叶宝娟(2014)中介效应检验方法,进行三个步骤的回归检验(见表7.6),第一步因变量农地退出决策对自变量农户分化回归,自变量系数为−0.327,在1%水平上显著;第二步中介变量家庭收入对自变量农户分化回归,家庭收入的系数为0.362,在1%水平上具有统计显著性;第三步因变量农地退出决策同时对自变量农户分化和中介变量家庭收入进行回归,中介变量系数为−0.095,达到显著水平,且自变量农户分化对农户退出决策的影响系数为−0.309,系数绝对值小于第一步回归结果且依然显著。根据以上三个条件,可以判断家庭收入起到部分中介作用。

表 7.6　家庭收入中介效应检验结果

VARIABLES	中介变量:家庭收入					
	第一步		第二步		第三步	
	系数	边际效应	系数	边际效应	系数	边际效应
农户分化	−0.327***	−0.114***	0.362***	0.122***	−0.309***	−0.108***
	(0.054)	(0.019)	(0.058)	(0.020)	(0.054)	(0.019)

续　表

VARIABLES	中介变量:家庭收入					
	第一步		第二步		第三步	
	系数	边际效应	系数	边际效应	系数	边际效应
家庭收入					−0.095*	−0.033*
					(0.054)	(0.019)
切点 1	−0.774**		0.176		−0.980***	
	(0.311)		(0.355)		(0.332)	
切点 2	−0.243		1.289***		−0.447	
	(0.310)		(0.349)		(0.331)	
切点 3			2.253***			
			(0.353)			
控制变量	YES	YES	YES	YES	YES	YES
样本量	1 146		1 147		1 146	
伪 R^2	0.049 4		0.179		0.050 7	

注:回归中均放入控制变量,限于篇幅未列出,*** 、** 、* 分别代表在 1%、5% 以及 10%的水平上显著;括号内为回归标准误。

三、作用机制二:农地流转

农户分化在横向上显示出家庭收入的差异,在垂直水平上表现出职业分化。农户由传统的纯农业生产逐步向纯农就业、兼业、非农就业并存形式的过渡,显著特征是农户对土地的依赖下降,农户的农地流转行为反映了其对土地依赖程度的变化。统计发现,农地全部流转的农户愿意有偿退出农地的比率为 62.26%,而农地尚未流转的农户愿意有偿退出农地的比率仅为 13.48%,远低于前者。为更严格地考察两者之间的因果关系,本部分检验农户分化如何通过农地流转影响农地退出决策,首先考察农地流转对农户退出决策的影响,其次进行农地流转中介效应的检验。

表 7.7 给出了农地流转对农地退出意愿和补偿诉求影响的回归结

果,可以发现,农地流转显著的影响农地退出决策,流转程度越高的农户,农地有偿退出意愿越高,单位农地流转会使得土地退出意愿提高 5.8%。为了检验结果的稳健性,将退地补偿诉求作为被解释变量对农地流转进行回归,发现农地流转程度越高,农户对退地补偿诉求越低,农地流转每增加一个单位,要求最高补偿的概率下降 16.9%,对土地依赖程度的下降会使得农户更愿意放弃土地换取确定性补偿。

表 7.7   农地流转对农地退出影响的回归结果

| VARIABLES | 被解释变量:退出意愿 & 补偿诉求 | | | |
| | 退出意愿 | | 补偿诉求 | |
	系数	边际效应	系数	边际效应
农地流转	0.155 ***	0.058 ***	−0.432 ***	−0.169 ***
	(0.053)	(0.020)	(0.055)	(0.021)
	(0.040)	(0.015)	(0.038)	(0.015)
切点 1	−0.423		−0.378	
	(0.353)		(0.347)	
切点 2	0.157		0.493	
	(0.353)		(0.348)	
切点 3			0.801 **	
			(0.348)	
切点 4			0.856 **	
			(0.348)	
控制变量	YES	YES	YES	YES
样本量	1 005	1 005	980	980
伪 R^2	0.034 2	0.034 2	0.056 5	0.056 5

注:回归中均放入控制变量,限于篇幅未列出,*** 、** 、* 分别代表在1%、5%以及10%的水平上显著;括号内为回归标准误。

表 7.8 中给出了中介效应检验结果。为考察农地流转的中介作用,按照三步法构建了检验方程:第一步因变量农地退出对自变量农户分化进行回归,结果显示自变量系数为 −0.327 且在 1% 水平上显著;第二步

被考察的中介变量农地流转对自变量农户分化进行回归,回归系数在1%水平显著;第三步农地退出作为因变量同时对自变量农户分化和中介变量农地流转进行回归,可以发现自变量的系数仍然显著且系数的绝对值降至0.211,以上结果满足中介效应检验的三个条件,农户分化通过农地流转作为中介效应显著地影响了农户农地退出决策,而且农地流转会增加农户农地退出概率。

表 7.8 农地流转中介效应检验结果

VARIABLES	中介变量:农地流转					
	第一步		第二步		第三步	
	系数	边际效应	系数	边际效应	系数	边际效应
农户分化	−0.327***	−0.114***	0.165***	0.066***	−0.211***	−0.078***
	(0.054)	(0.019)	(0.057)	(0.023)	(0.055)	(0.021)
农地流转					0.155***	0.058***
					(0.053)	(0.020)
	(0.035)	(0.012)	(0.040)	(0.016)	(0.040)	(0.015)
切点 1	−0.774**		−0.424		−0.423	
	(0.311)		(0.346)		(0.353)	
切点 2	−0.243		0.591*		0.157	
	(0.310)		(0.346)		(0.353)	
控制变量	YES	YES	YES	YES	YES	YES
样本量	1 146		1 006		1 005	
伪 R^2	0.049 4		0.049 2		0.034 2	

注:回归中均放入控制变量,限于篇幅未列出,***、**、*分别代表在1%、5%以及10%的水平上显著;括号内为回归标准误。

以上分析可知,总体上农户分化显著降低了农户农地退出意愿,农户分化程度越高农户农地退出的意愿越低。农户分化主要通过家庭收入和农地流转两个中介变量作用于农地退出决策。农户分化通过两个机制影响农地退出决策:一方面,农户分化伴随着其家庭收入的变化,家庭收入越多的农户农地退出意愿越低,家庭收入越低的农户更倾向于退出农地换取经济补偿;另一方面,农户分化引起农地流转的差异,农地流转程度越高的农户越愿意退出土地,农地流转程度越低的农户更愿意保留土地。

第五节　本　章　小　结

继续推进工业化和新型城镇化,促进农业人口向非农产业和城市部门转移,是现阶段中国的基本趋势。城镇化的推进伴随着农户的分化,在农村劳动力非农化的同时,如何引导有条件的农户完全放弃土地承包经营权,实现完全的城镇化是中国当前必须回答的重要问题。本章基于长三角发达地区的农户调查数据,实证研究了城镇化过程中农户分化对农地退出决策的影响及其作用机制。研究发现:第一,农户分化整体降低了土地退出意愿,分化程度越高的农户,完全退出土地的意愿越低,分化程度越低的农户越愿意退出土地换取经济补偿。第二,农户分化通过家庭收入和农地流转两个机制作用于农地退出决策:一方面,农户分化过程伴随着家庭收入水平的变化,家庭收入越高的农户退出农地意愿越低,家庭收入越低的农户为了获取经济补偿反而更愿意退出农地;另一方面,农户分化引起农地流转的差异,农地流转程度越高的农户越愿意退出农地,农地流转程度越低的农户更愿意保留土地承包权。

基于本章结论,当前农地承包权退出政策可以考虑以下建议。首先,按照现行的政策,很多地区采取一次性经济补偿的方式"买断"农民的承包权,但是政策指向的目标群体为有稳定的非农就业且分化程度较高的农户,研究表明该部分群体往往由于退地的补偿诉求更高而不愿退地,那么采用"一刀切"的补偿方式引导农地退出,极有可能达不到期望效果。因此,农地退出试点不仅要谨慎稳妥地基于农户的意愿,更应考虑农户的异质性,设计差异化的农地退出制度,避免出现大面积的对土地依赖程度较高的农民失地现象。其次,进一步明晰农地权属,需要确定相对稳定的补偿机制,使农户形成合理的土地增值预期,引导有条件的农户自愿的退出承包权。具体地,可以采取加快农地确权颁证等手段,进一步通过明确权属增加农户农地流转收益,增加政策的确定性,减少部分土地持有者的投机性行为。最后,需要关注农地承包权退出机制的外部联动性。农户彻底退出土地并实现完全的城镇化是一项复杂的系统性工程,主要困难在于农户退地的利益诉求以及进入城市后的成功"落地",破除制度分割带来的住房、养老、教育及公共服务不均等依然是当前政府工作的重点和难点,如果进入城市的农民不能享有同等的社会福利,会增加其退地的焦虑并阻碍城镇化发展,因此,农地退出制度改革的同时应关注公共服务、社会保障及户籍制度的配套改革。

第八章
农户收入与农地退出①

经济收入对农户的重要性不言而喻，但随着收入水平的提高，土地的重要性似乎在下降，农户对土地的认知也发生了改变。对高收入农户和低收入农户，关于"土地是什么"的答案将不同。当农户收入水平逐步提升之后，他们还将继续保留土地承包权吗？本章从这些思考出发，考察收入水平对农户土地认知的影响，进而考察收入对农户土地退出意愿的影响。

第一节 引 言

农民土地承包经营权有偿退出是现阶段适应"人的城镇化"发展、补齐全面建设小康"短板"、伸长农业现代化"短腿"的现实要求。近年来，中央多次提出：在有条件的地方开展农民土地承包经营权有偿退出试点。②

---

① 本章内容核心部分发表于《经济学家》2020 年第 9 期，略有改动。

② 2015 年 7 月，国务院办公厅印发的《关于加快转变农业发展方式的意见》（国办发〔2015〕59 号）明确提出：在坚持农村土地集体所有和充分尊重农民意愿的基础上，在农村改革试验区稳妥开展农户承包地有偿退出试点，引导有稳定非农就业收入、长期在城镇居住生（转下页）

然而,随着农民收入增长,如何才能有效开展农民土地承包经营权的有偿退出? 很多问题亟待深入分析。第五章从非农就业角度分析农户有偿退出农地意愿,发现非农就业程度高的农户愿意有偿退出农地的意愿更低。本章则主要从农户收入出发,进一步分析农户收入、土地保障认知程度与农地退出意愿的相互关系,聚焦分析农户收入水平对农地退出意愿的影响。

中国推进新型城市化战略的核心应是农村转移人口的市民化,焦点问题是市民化过程中农民对土地承包经营权的处置(张学敏,2013)。改革开放以来,随着工业化和城镇化的加速推进,中国的农业剩余劳动力资源源源不断地流向城市的工业部门和服务部门。然而,这些流入城市的常住人口,绝大部分没有同步实现从农村居民向城市居民身份的转变,形成了突出的"暂住""候鸟式""农民工"现象或迁移模式,导致了绝大多数的"农民工"长期"离农"但不"离土",最终造成中国不完全城镇化、半城镇化的突出问题。据统计,2018 年中国农村转移劳动力高达 2.88 亿,其中7 533 万农民工已在城镇稳定就业,但 83.6% 的农民工希望进城后能定居并保留承包地(国家统计局,2019)。

从世界范围来看,农业转移人口转化为市民是城镇化的必然现象,但受制于中国长期实施的城乡分割制度、城市偏向政策和城乡二元结构的阻隔影响,决定了中国农业转移人口市民化的过程不可能一蹴而就,必须

(接上页)活的农户自愿退出土地承包经营权。2015 年 11 月,中共中央办公厅、国务院办公厅印发的《深化农村改革综合性实施方案》进一步提出:在有条件的地方开展农民土地承包经营权有偿退出试点。2016 年中央一号文件提出:支持引导农民依法自愿有偿转让土地承包经营权益。2017 年中央一号文件再次提出:允许地方多渠道筹集资金,按规定用于村集体对进城落户农民自愿退出承包地、宅基地的补偿。

在深化户籍制度改革,促进农业转移人口平等享有城镇基本公共服务的基础上,开展农民土地承包经营权的有偿退出,以实现农业转移人口的"离农""离土"。基于此,目前学界和政府部门就两个政策思路达成共识。一是通过渐进的制度改革,推动农民工有序融入城市,推动流动人口获得城市户口包含的最低生活保障、保障性住房待遇和子女教育等三项排他性公共服务,以使农民工逐步弱化并最终放弃农村土地的保障功能。[①]二是允许农民自愿有偿退出其在农村的承包地等,以逐步扩大土地的经营规模,提升规模效益,实现农业现代化。

中国城市化的推进和农业现代化的实现,客观上要求部分农民完全脱离土地,并转移到城镇就业和定居。针对中国目前两亿多农户拥有土地承包经营权的现实,若仅靠农民集体成员权的主动放弃或自然人的消亡来实现农业转移人口的"离农离土",则必然是一个漫长的过程。因此,有必要引导有条件的农户逐步退出农地。事实上,在推进完全城市化或"人的城镇化",以及实现农业现代化的背景和共识下,一些地区已陆续开展了"土地换保障"等的试点工作,如浙江嘉兴的"两分两换"模式、成都温江的"双放弃"模式以及苏南地区的"三置换"模式(徐烽烽等,2010)等。也有一些地方政府鼓励和引导农民"弃地进城",尝试通过制度创新来全面解决失地农民进城、农民工社会保障等问题(刘同山等,2013);引导有条件的农户完全脱离农地,进入城市安居就业,以减少农村人口和伸长农业现代化"短腿",为现代农业的发展提供条件。更有全国面上推行的鼓励家庭承包耕地流转行动,间接促进了农村转移人口的市民化、非农

---

① 2014年3月颁布的《国家新型城镇化规划(2014—2020年)》明确提出了"三个1亿人"的目标,其中有一条就是促进约1亿农业专业人口落户城镇。

化。据统计,2018 年中国家庭承包耕地流转面积达 5.4 亿亩,占家庭承包耕面积的 37%,第一产业从业人员占比也已下降至 26%,农民工资性收入 5 996 元,非农就业对农民增收的贡献率达 42.0%(张红宇,2020)。因此,随着这些改革的进一步深入、完善,农户非农就业程度的提高和城市融入能力的增强,必将会弱化农业转移人口对农地的依赖。

本章从中国城市化过程中出现的不完全城市化问题出发,基于长三角地区农户的微观调查数据,从农户的收入水平、土地保障认知程度与农地退出意愿的相互关系,分析农户收入水平对其农地退出意愿的影响。本章的结构安排如下:第一节阐述本章研究背景和研究意义;第二节梳理农地退出研究的相关文献,并进行评述;第三节是理论分析并提出研究假设,分析农户收入与土地保障及农地退出之间的相互关系和机制;第四节为研究模型构建和数据来源说明,并给出基本的统计性分析;第五节为实证结果分析;第六节总结全文的研究结论,并讨论相应政策含义及其对现实的启示。

第二节　已有研究观点

城镇化本质上是人口和劳动力的重新配置,新型城镇化更加强调"人的城镇化",实现农村进城务工人员在城市落户,享受城市的福利。中国农民的收入获得了快速的增长,主要来源于非农收入增长。国家统计局数据显示,中国农业的就业比重从 1978 年的 70.5% 下降到 2017 年的 26.1%,截至 2018 年,农村劳动力非农就业参与率超过 90%,农民工资性收入为 5 996 元,非农就业对农民增收贡献率达 42.0%(张红宇,2019)。

农民收入增长与土地关系的研究是学术界关注的热点问题。程名望等(2016)研究发现健康、基础教育、技能培训和工作经验所体现出的人力资本对农户收入增长贡献率为 38.57%,且对以外出务工收入为核心的工资性收入的回报率和贡献率最为显著。随着非农收入成为重要的收入增长来源,农民能否割舍与土地的联系涉及不同的观点。一是土地的保障作用。大量农业人口进入城市就业,由于户籍制度因素,无法获得当地户口和相应福利,在医疗、养老保险等因素限制下,农民很难在迁入地定居下来,土地可作为最后的就业回流地,提供家庭生存的基本保障(姚洋,2000;陶然和徐志刚,2005;徐庆和陆钰凤,2018)。闫小欢和霍学喜(2013)指出,农村土地的保障功能是农民在社会保障缺位状态下被迫进行自我保障的理性反应。近些年,实施的农村养老保障体系也未能从根本上改变土地的社会保障功能,参加新型农村合作医疗保险,或许会强化农户对土地的依赖(张璋和周海川,2017)。二是土地的财产功能。城市地理空间扩展,使得土地表现出日益增值的财产功能,关于迁移过程中土地退出问题,农民工大多不愿以土地承包权置换的方式换取城镇居民的身份,更多地走向利益的权衡(国务院发展研究中心,2011;罗必良,2013;郭熙保,2014)。罗必良(2013)指出农民的土地"退出"并不是单纯的福利保障功能及替代问题,还是关于预期收益与机会成本的权衡问题。除此之外,还有学者从农户兼业(刘同山等,2013)、农地流转(李荣耀和叶兴庆,2019)、农户分化(刘同山,2014)、住房财富效应(王常伟和顾海英,2016)等影响因素分析农户与土地的分离问题。

　　总结相对发达国家推进城市化的实践经验,不难看出,很多国家都会对农民土地退出行为给予引导和激励。例如,欧盟为了促进老年农民退出农地,将申领年金资格与离农要求挂钩;又如德国、法国等,在农民年金的给付条件中,加入了强制性的老年离农退休条款;再如韩国,为促进农民退出农地,政府于 2005 年专门成立农地银行系统,对拟迁移农地农民进行补助,为专业农民扩大经济规模提供了条件。还有日本,在激励老年农民退出土地方面,对 65 岁以后领取特别附加年金的要求是必须退出农地经营(王常伟和顾海英,2017)。

　　在实践层面上,中国不同省市先后探索了引导性的土地承包经营权退出试点工作,并形成了格局特色的操作模式(方志权,2017)。表 8.1 对重庆梁平、宁夏平罗和四川内江典型地区土地退出的做法进行归纳,可以发现,三个地区在退出条件上均对农户的收入或就业稳定性进行了限制,退出程序均要求遵循农户自愿原则,并在基础上设计不同的退地补偿方案。

表 8.1　试点地区农地退出方案总结

	重庆梁平	宁夏平罗	四川内江
退出条件	①整户退出,有稳定职业或收入来源、有城镇固定住所条件。②部分退出,退出面积不超过家庭承包面积的 50%。	①退出土地经过确权颁证。②在城镇有固定住所及稳定非农收入。③经村集体"一事一议"同意。④放弃集体经济组织成员身份。	①进城落户群体,外出务工等离开农村的人员。②因病、因残和因老而失去劳动力,自愿永久退地参加退地养老保险贫困户。
退出程序	①农户自愿申请。②民主决策。③村镇审核。④张榜公示。⑤签约交割。⑥注销权证。	①农地共有人书面申请。②村集体经济组织审核。③协商评估。④签订补偿协议。⑤兑现补偿费。⑥变更权证。	①农户申请。②村民小组核实。③村委会复核。④乡镇批准。⑤区农林局备案。

续　表

	重庆梁平	宁夏平罗	四川内江
补偿标准	①不超过同期同区域国家征地补偿标准。②补偿标准由集体经济组织与自愿退出农户充分协商,并经集体经济组织成员会议民主讨论确定。试点村退出补偿标准为1.4万元/亩。	①退出土地按照当年土地流转价上浮5‰的标准评估价值,并按二轮承包期内剩余年限计算,分期补偿。②永久退出的,一次性享受村集体"三资"收益分配。	①换现金(永久退出:30年计算,给3万元/亩一次性补偿;长期退出:按照850元/亩·年,以二轮承包剩余年限计算,给予1.19万元一次性补偿)。②退地换股份。③退地换养老保障。

资料来源:2017年5月《重庆市梁平区农村土地经营权证管理办法(试行)》;2017年7月《平罗县农村宅基地自愿有偿退出管理暂行办法》;2016年《四川内江土地退出"三换"模式》。

现有文献为本章分析城市化进程中农户与农地的关系提供了不同视角的经验借鉴,但仍存不足。一是随着农户收入水平的提高,抗风险能力的增强,土地的社会保障功能是否弱化? 针对目前农村土地流转率依然不高,①愿意放弃农地承包权进城的农民少之又少②的现实,现有文献对此问题的分析明显不足。二是不少学者认为,农民的农地流转决策能够指代农民对土地作为保障的依赖,但是农地流转是短期行为,并不影响承包权和返乡后继续对土地的使用。尽管有研究关注了农地的长期退出问题,但对发达地区农户退地意愿的考察仍然不足。鉴于此,本部分关注长三角地区农户收入水平对其土地退出意愿的影响,以进一步深化关于农地退出问题的研究。

---

① 农业部张红宇表示,截至2018年底,从事第一产业的劳动力比率从1978年的70.5%下降到26%,土地经营权流转比率仅为37%。

② 《关于建设城镇建设用地增加规模同吸纳农业转移人口落户数量挂钩机制的实施意见》提出,现阶段不得以退出农民土地承包权、宅基地使用权、集体收益分配权作为农民进城落户的条件;充分尊重农民意愿,切实维护进城落户农民的土地承包权、宅基地使用权、集体收益分配权,保障其合法权益。

第三节　理论分析与假设

根据 Todaro(1969)和 Harris(1970)的农业人口转移理论,城乡预期收入差距是农民进城的主要因素。在中国特殊的农村土地制度下,农民基于收入因素选择完全退出农地进入城市,必须接受的代价是失业风险,而一旦失业收入要低于在家务农的收入水平。因此,在农村社会保障和失业保险不足的情景下,农民不会轻易完全放弃土地。本章借鉴 Todaro(1969)模型中劳动者乡—城迁移决策的基本思想,假定农户退出土地等同于选择永久性迁入城市,拓展为农户农地退出的决策模型。

中国劳动力的迁移可以分有户口的永久性迁移和没有户口的短期迁移,本章主要讨论有户口转换的永久性迁移。假定永久性迁移会带来一种制度性的收益 $I(t)$,包含城乡福利差异 $W_i(t)$ 和完全退出失去的土地保障的货币价值 $L_i(t)$,即

$$I(t) = W_i(t) - L_i(t) \tag{8-1}$$

将式(8-1)代入 Todaro(1969)两部门人口流动模型中,形成拓展的农户迁移决策模型可表示为:

$$V_i(0) = \int_{t=0}^{n} \begin{bmatrix} P_i(t)Y_{iu}(t) - Y_{ir}(t) \\ -U_i(t) + W_i(t) - L_i(t) \end{bmatrix} e^{-rt} \mathrm{d}t - C_i(0) \tag{8-2}$$

式(8-2)中,$V_i(0)$ 表示农户 i 在 $t=0$ 时的预期城乡净收益现值,

$Y_{iu}(t)$和$Y_{ir}(t)$表示农户在城市和农村获取的平均收入,$P_i(t)$表示在城市获得工作的概率,$U_i(t)$表示城乡生活成本差异,$C_i(0)$表示迁入城市的机会成本。当$V(0)>0$时,农户将选择退出农地迁入城市,反之当$V(0)<0$时,农户不会选择完全退出农地。

依据式(8-2),对农村收入$Y_{ir}(t)$和土地保障价值$L_i(t)$求导数可以得出:

$$\frac{\partial V_i(0)}{\partial Y_{ir}(t)}<0 \tag{8-3}$$

$$\frac{\partial V_i(0)}{\partial L_i(t)}<0 \tag{8-4}$$

根据式(8-3)和(8-4),本章提出关于农户收入、土地保障与农地退出之间关系的两个假设。

假设1:农户收入水平越高,彻底退出农地并完全迁入城市带来的预期边际净收益越低,农户选择退出农地的意愿越低。

假设2:土地保障价值越高,彻底退出农地并完全迁入城市带来的预期边际净收益越低,农户选择退出农地的意愿越低。

第四节　模　型　和　数　据

一、计量模型

农户退地决策从根本上说是一个利益权衡的过程,面临着经济补偿和机会成本的综合考量。借鉴刘同山(2017)的研究,农户退地决策变量

为 D_i，退地的潜在收益为 D_A^*，不退地的预期收益为 D_N^*，农户理性条件下，只有退地带来的潜在收益大于保留土地的收益时，农户才会选择退出农地换取经济补偿。即当 $D_A^* - D_N^* = D_i^* > 0$ 时，农户才会选择退地。采用潜变量模型（Latent Variable Model）来考察农户退出承包权的决策：

$$D_i^* = Z_i\alpha + X_i\beta + \mu_i \qquad (8\text{-}5)$$

$$D_i = \begin{cases} 1,如果 D_i^* \leqslant r_1 \\ 2,如果 r_1 < D_i^* \leqslant r_2 \\ 3,如果 r_2 < D_i^* \end{cases} \qquad (8\text{-}6)$$

其中，可观测的变量 D_i 为农户退出决策，当农户愿意退出农地时，$D_i = 1$；当农户不确定时，$D_i = 2$；当农户不愿退地时，$D_i = 3$。Z_i 为核心解释变量，本章为农户收入 Inc，采用递进分类变量定义。X_i 表示农户特征、农地特征等影响农户退地决策的控制变量；α 为待估计的系数向量，μ_i 为不可观测的扰动项，$r_1 < r_2$ 为待估测参数，被称为切点。

本章研究的基本问题是：农户收入水平提高是否影响其农地退出意愿。因此，为了避免农户退地意愿受其他多种因素的影响，在研究过程中，本章尽量控制其他因素，构建了如下计量模型：

$$Land_{ik} = \alpha_0 + \alpha_1 Inc_{ik} + \sum_{i=1} X_{ik} + \varepsilon_i \qquad (8\text{-}7)$$

式 8-7 中，$Land_{ik}$ 表示 k 地区农户 i 的农地退出意愿，根据问卷分别设定为递进的三种类型，即愿意退出 $=1$，难以确定 $=2$，不愿退出 $=3$。Inc_{ik} 表示农户 i 的收入水平，为核心解释变量。X_{ik} 为一组可能影响农户土地退出意愿的控制变量,借鉴相关文献,本章从三个方面进行控制:(1)家户特征,包含户主性别、户主年龄、教育水平、家庭规模、兼业程度;(2)财富特征,包括商品住房及私家车;(3)土地特征,包括耕地面积、农地确权状态、权证人数等。

二、数据来源

本章分析使用的数据,来源于上海交通大学农村经济研究所于 2016 年开展的农户承包地退出意愿的调查。该调查通过问卷设计,对长三角地区拥有承包地的农户进行了问卷调查,共发放问卷 1 672 份。问卷涉及农户家庭特征、地块特征、农地流转及承包权退出态度等问题。本章通过整理并剔除无效问卷,获得有效问卷 1 177 份,其中上海地区样本占比 83.72%,涉及嘉定区(4.25%)、奉贤区(1.87%)、宝山区(4.25%)、崇明区(5.01%)、松江区(9.43%)、浦东新区(25.15%)、金山区(19.46%)、闵行区(3.74%)及青浦区(4.25%)9 个涉农区,其他样本主要来自江苏苏州(5.43%)、浙江湖州德清(7.51%)等地区。由于调查并未严格区别农户的农业收入和非农收入,本章在此假定农户收入增长主要来源于非农就业,并在后文进行计量检验。

从样本特征来看,使用农户收入水平与兼业程度进行交叉统计分析可见(见表 8.2),非农户的收入水平显著高于纯农户和兼业户,其中 84.72% 的非农户收入高于 5 万元,而兼业户和纯农户只占 56.67% 和 46.06%,农户兼业程度越高,收入高于 5 万的样本比例越大。另外,在全样本中,有 45.03% 的农户完全依靠非农就业获取收入,28.04% 的农户收入来自兼业,26.93% 的农户收入来自农业。

表 8.2　农户兼业程度与收入水平分布统计

类型	农户收入分布（户）								小计（户）	
	Inc≤1万		1万<Inc≤3万		3万<Inc≤5万		5万<Inc			
	数量	占比	数量	占比	数量	占比	数量	占比	数量	占比
纯农户	12	3.79%	56	17.67%	103	32.49%	146	46.06%	317	26.93%
兼业户	5	1.52%	35	10.61%	103	31.21%	187	56.67%	330	28.04%
非农户	4	0.75%	24	4.53%	53	10.00%	330	84.72%	530	45.03%
全样本	21	1.78%	115	9.77%	259	22.01%	530	66.44%	1 177	100.00%

表 8.3　农户收入水平与农地退出意愿统计

农户收入水平	不同收入水平农户退出土地意愿分布						小计（户）	
	不愿退地		说不好		愿意退地			
	样本量（户）	占比	样本量（户）	占比	样本量（户）	占比	样本量（户）	占比
Inc≤1万	9	42.86%	3	14.29%	9	42.86%	21	1.80%
1万<Inc≤3万	48	41.74%	32	27.83%	35	30.43%	115	9.84%
3万<Inc≤5万	88	34.51%	62	24.31%	105	41.18%	255	21.81%
5万<Inc	428	55.01%	128	16.45%	222	28.53%	778	66.55%
全样本	573	49.02%	225	19.25%	371	31.74%	1 169	100.00%

从农户收入水平与农地退出意愿统计来看（见表8.3），总体上31.74%的农户愿意有偿退出农地，19.25%的农户不确定是否参与有偿退地，更有49.02%的农户明确不愿退出农地。收入高于5万的农户中，愿意退地的农户占比为28.53%，收入小于等于1万的农户中，愿意退出土地的比率则高达42.86%。可见，收入水平较高的农户愿意退地的比率低于收入水平较低的农户。

此外，数据统计发现，35—45岁的受访农户愿意退地的比率为74.3%，60岁以上的受访农户愿意退地的比率为63%，中年农户的退出意愿高于老年农户；高中（含中专）学历农户愿意退地的比率为70.3%，高于初中以下学历的农户愿意退地的比率为64.8%，学历高的农户退地意愿高于学历低的农户。

三、变量设置

为研究农户收入水平对其土地退出意愿的影响和机制，实证检验变量如下：

（1）农户收入（Inc）。农户收入是本章的核心解释变量。该变量来源于调查问题"您家一年的家庭总收入是多少？"选项，并按照递进方式设置四类：当农户回答收入"1万元以下"时，$Inc=1$；收入"1—3万元"时，$Inc=2$；收入"3—5万元"时 $Inc=3$；收入"5万元以上"时，$Inc=4$。

（2）土地退出（$Land$）。土地退出意愿是本部分的被解释变量。农民土地承包权的退出关乎城镇化的速度和质量。关于农地退出的度量，目前实质性农地退出实践较少，遵循李荣耀（2019）等的研究，使用农户农地退出意愿替代。根据调查问卷中"如果获得相应补偿,您是否愿意退出农地承包经营权"的回答结果,本章把农地退出决策划分为"不愿有偿退出""不好说""愿意有偿退出"三类,当回答"不愿有偿退出"时 $Land=1$,"不好说"时 $Land=2$,"愿意有偿退出"时 $Land=3$。

(3) 土地保障($Security$)。土地保障认知是本部分的中介变量。文中考察农户收入水平影响农地退出意愿的作用机制时,使用农户土地保障认知作为中介效应变量,变量来源于问卷中"您对土地的认识",当回答"它是农民的一种保障"时设定 $Security=1$,否则设定 $Security=0$。样本统计显示,65.85％的农户认为土地具有保障作用,34.15％的农户不认为土地具有保障作用。

(4) 补偿诉求($Paid$)。在稳健性检验部分使用从退地补偿诉求角度检验农户收入水平对农户土地退出的影响。退地补偿变量根据问卷中"如果愿意退出承包地,希望获得的补偿是?"的回答设置,统计显示,希望获得Ⅰ类补偿"一次性经济补偿(每亩流转价格×土地面积×剩余承包期年数)"的农户占 15.47％,Ⅱ类补偿"一次性补偿,并在Ⅰ类基础上增加一定欠款额度"的农户占比 23.69％,Ⅲ类补偿"一定的补偿(少于Ⅰ选项),以及全家人获得镇保"的农户占比 9.79％,Ⅳ类补偿"一定的补偿(少于Ⅰ选项),以及解决家人就业"的农户占比 1.75％,Ⅴ类补偿"一定的补偿(少于Ⅰ选项),全家人获得镇保,以及解决家人就业"的农户占比 49.30％[①]。

(5) 控制变量。除上述核心解释变量,本章参考刘同山(2016)和王

---

① 目前,"镇保"已转为"社保"。

常伟等(2016)的研究,在计量检验过程中设置控制变量,控制农户的户主年龄、性别、教育水平、兼业程度等个体特征以及家庭规模、城市住房、私家车、耕地面积、农地确权状态等家庭特征,此外,还包括了省份固定效应控制变量。

表 8.4 给出了本章研究选取的变量定义及描述性统计的基本情况。

表 8.4 变量定义及描述性统计

变 量	变量名称	变量定义及赋值	均值	标准差
Gender	户主性别	男=1;女=0	0.680	0.470
Age	户主年龄	"35 岁≤Age"=1;"35 岁<Age≤45 岁"=2;"45 岁<Age≤60 岁"=3;"60 岁<Age"=4	2.622	0.947
Edu	教育水平	初中以下=1;初中=2;高中/中专=3;大专及以上=4	2.426	0.993
Off_farm	兼业程度	纯农户=1;兼业户=2;非农户=3	2.181	0.829
Hhsize	家庭规模	家庭实际人口数量(个)	3.805	1.275
Inc	农户收入	"Inc≤1 万"=1;"1 万<Inc≤3 万"=2;"3 万<Inc≤5 万"=3;"5 万<Inc"=4	3.531	0.743
Housing	商品住房	无城镇住房=0;有城镇住房=1	0.415	0.493
Car	私家车	无私家车=0;有私家车=1	0.421	0.494
Area	耕地面积	样本家庭承包地面积(亩)	2.972	1.704
Treat	农地确权	没有拿到=0;拿到权证=1	0.931	0.254
Certificate	确权人数	承包权证上家庭成员的人数(个)	3.216	1.263
Land	土地退出	不愿退出=1;不好说=2;愿意退出=3	1.827	0.882
Security	土地保障	土地不是保障=0;土地是保障=1	0.659	0.474
Paid	补偿诉求	1—5,退出补偿逐步提高	3.457	1.624

四、统计分析

受"土地是命根子"的传统思想影响,加上城市失业风险流动人口不愿放弃农村土地(Kung,1994;张怡然等,2011)。姚洋(2000)指出,人们以货币收入抵御风险能力的提高会降低实物保险的需求。随着农户收入水平的提高,对土地保障需求会下降吗? 本章使用农户收入水平、土地保障认知和土地退出意愿进行了交叉统计分析。

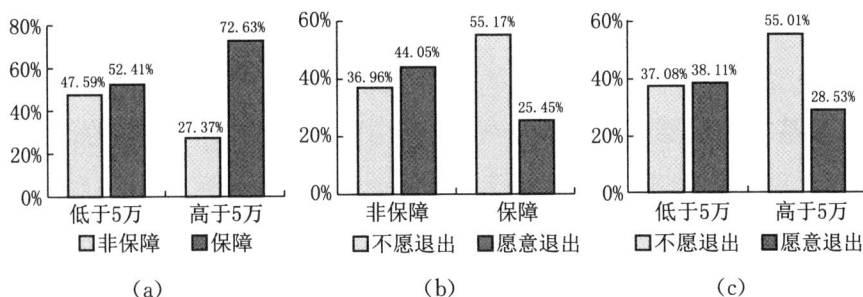

图 8.1　不同收入和保障认知农户的土地退出意愿

图 8.1(a)反映了农户收入水平与农户土地保障认知的交叉统计关系。统计发现,在高收入(年收入高于 5 万元的农户)群体中,有 72.63% 的农户认为,农地是一种保障,低收入(年收入不足 5 万元的农户)群体中,该部分人群占比则为 52.41%,收入水平越高,农户认为土地是保障的比率则越高。

图 8.1(b)反映了农户土地保障认知与农地退出意愿的交叉统计关系。统计发现,认为土地是保障的农户中,有 55.17% 的农户不愿退出农地,仅有 25.45% 的农户愿意退出;认为土地不是保障的农户中,愿意退地的占比为 44.05%,不愿退地的占比为 36.96%。农户对土地保障的认知程度越高,其愿意退出农地的比率越低。

图 8.1(c)反映了农户收入水平与农户退地意愿的交叉统计关系。统计发现,收入高于 5 万的样本中,有 55.01% 的农户不愿意退地;年收入低于 5 万的样本中有 37.08% 的农户不愿意退地,即农户的收入水平越高,

其愿意退地的比率越低。

第五节 实证结果分析

一、基本回归结果

本部分检验农户收入对土地退出意愿的影响。基本回归结果如表 8.5 所示,第(1)列回归方程解释变量仅放入农户收入水平核心变量,未控制其他变量,此时农户收入系数在 1% 显著水平为负值,R^2 为 0.017。第(2)列回归中控制家户特征和土地特征,根据王常伟和顾海英(2016)的研究发现,城市住房会影响农户的退地意愿,因此第(3)列控制城市房产和私家车等财富变量发现,农户收入变量的系数仍然显著,且系数为负。第(4)列在第(3)列的基础上控制了地区固定效应。考虑到被解释变量农地退出为离散分类变量,第(5)列使用有序 Probit 模型进行检验,并报告解释变量的边际效应为 -0.052,其经济含义可解释为,农户收入每提高一个单位,农户愿意退出农地概率下降 5.2%。第(6)列通过使用上海地区的样本进行检验发现,农户收入对农地退出的影响结果稳定,农户收入系数在 1% 的显著性水平下为负值。

表 8.5 农户收入对农地退出意愿影响的回归结果

VARIABLES	被解释变量:农地退出意愿					
	(1)	(2)	(3)	(4)	(5)	(6)
农户收入	-0.125***	-0.161***	-0.109***	-0.108***	-0.052***	-0.130***
	(0.035)	(0.037)	(0.039)	(0.039)	(0.019)	(0.041)

续　表

VARIABLES	被解释变量:农地退出意愿					
	(1)	(2)	(3)	(4)	(5)	(6)
户主性别		0.140**	0.144***	0.139**	0.065**	0.132**
		(0.055)	(0.055)	(0.055)	(0.026)	(0.058)
户主年龄		−0.019	−0.044	−0.037	−0.018	−0.044
		(0.034)	(0.034)	(0.034)	(0.017)	(0.036)
教育水平		−0.022	−0.024	−0.011	−0.005	−0.031
		(0.034)	(0.033)	(0.034)	(0.017)	(0.036)
家庭规模		0.080***	0.078***	0.077***	0.038***	0.088***
		(0.023)	(0.023)	(0.023)	(0.012)	(0.025)
耕地面积		0.046***	0.039**	0.042**	0.021**	0.029
		(0.018)	(0.017)	(0.017)	(0.008)	(0.019)
农地确权		−0.100	−0.058	−0.076	−0.041	−0.190
		(0.109)	(0.107)	(0.107)	(0.053)	(0.116)
确权人数		−0.026	−0.008	−0.008	−0.007	0.014
		(0.025)	(0.025)	(0.025)	(0.012)	(0.027)
私家车			0.054	0.063	0.038	0.049
			(0.057)	(0.058)	(0.028)	(0.061)
商品住房			−0.329***	−0.321***	−0.158***	−0.381***
			(0.057)	(0.057)	(0.026)	(0.061)
常数项	2.264***	2.141***	2.068***	2.033***		2.243***
	(0.125)	(0.227)	(0.227)	(0.228)		(0.246)
观测值	1 169	1 146	1 146	1 146	1 146	997
R^2	0.017	0.047	0.070	0.073		0.089
省级固定效应	YES	YES	NO	YES	YES	YES
家庭财富特征	NO	NO	YES	YES	YES	YES

注:报告结果为边际效应,*** 、** 、* 分别代表在1%、5%以及10%的水平上显著,括号内为回归标准误,第(5)列使用有序 Probit 模型,报告结果为边际效应值,其余回归使用线性概率模型,报告结果为系数。

从表8.5的基本回归结果还发现,除了农户收入之外,户主性别也会显著影响农户退地意愿,男性退出土地意愿相比女性较高;农户耕地面积越多,退出农地意愿越强,这可能与农户获得退出补偿的预期有关,即农户耕地面积越多,其获得的退出补偿也越多;同样,在城市拥有住房,也会显著地降低农户退地意愿。

本部分的重要假定是,农户收入提高主要来自非农就业,为验证该假设,使用农户兼业程度对农户收入水平进行回归,结果见表8.6所示。第(1)列仅考虑兼业程度变量,发现系数边际效应显著为正,R^2为0.116,表示农户兼业显著提升了农户收入水平。第(2)列回归中控制特征变量,第(3)列使用有序Probit模型检验显示,解释变量的边际效应在1%水平显著性。第(4)(5)列分样本检验均显著。此外,耕地面积对农户收入影响为负,因此可假定农户收入水平的提高主要来源于非农就业。

表8.6 兼业程度对农户收入影响的回归结果

VARIABLES	被解释变量:农户收入水平(Inc)				
	全样本			上海样本	非上海样本
	(1)	(2)	(3)	(4)	(5)
兼业程度	0.289***	0.175***	0.122***	0.172***	0.148**
	(0.025)	(0.029)	(0.020)	(0.032)	(0.064)
户主性别		0.013	−0.010	0.026	−0.048
		(0.041)	(0.029)	(0.045)	(0.097)
户主年龄		0.018	0.020	0.005	0.139**
		(0.027)	(0.019)	(0.029)	(0.069)
教育水平		0.057**	0.036*	0.034	0.264***
		(0.026)	(0.019)	(0.028)	(0.071)
家庭规模		0.082***	0.057***	0.088***	0.040
		(0.017)	(0.013)	(0.019)	(0.044)
私家车		0.259***	0.154***	0.279***	0.033
		(0.043)	(0.029)	(0.046)	(0.119)
商品住房		0.317***	0.249***	0.325***	0.221**
		(0.043)	(0.028)	(0.047)	(0.106)
耕地面积		−0.022	−0.019**	−0.034**	0.050
		(0.013)	(0.009)	(0.015)	(0.031)

| VARIABLES | 被解释变量:农户收入水平(Inc) | | | | |
| | 全样本 | | | 上海样本 | 非上海样本 |
	(1)	(2)	(3)	(4)	(5)
农地确权		0.023	0.010	0.013	0.090
		(0.081)	(0.056)	(0.089)	(0.185)
确权人数		0.091***	0.063***	0.097***	0.045
		(0.019)	(0.014)	(0.021)	(0.042)
常数项	2.888***	2.172***		2.252***	1.562***
	(0.058)	(0.169)		(0.186)	(0.390)
观测值	1 177	1 147	1 147	998	149
R^2	0.116	0.267		0.262	0.403
省级固定效应	YES	YES	YES	YES	YES
伪 R^2			0.183		

二、机制分析

(一) 中介效应检验

上述分析表明,农户收入水平提高会显著降低农户土地退出意愿。本部分引入农户土地保障认知进行机制分析。

表 8.7　土地保障认知中介效应的检验结果

| VARIABLES | 土地保障认知 | | 土地退出意愿 | |
	(1)	(2)	(3)	(4)
农户收入	0.114***	0.130***	−0.108***	−0.059
	(0.018)	(0.020)	(0.039)	(0.039)
土地保障				−0.375***
				(0.058)
户主性别		0.009	0.139**	0.142***
		(0.028)	(0.055)	(0.054)

续　表

VARIABLES	土地保障认知		土地退出意愿	
	(1)	(2)	(3)	(4)
户主年龄		−0.039**	−0.037	−0.052
		(0.017)	(0.034)	(0.034)
教育水平		−0.006	−0.011	−0.013
		(0.017)	(0.034)	(0.033)
家庭规模		−0.036***	0.077***	0.063***
		(0.012)	(0.023)	(0.023)
私家车		−0.045	0.063	0.046
		(0.029)	(0.058)	(0.057)
商品住房		−0.097***	−0.321***	−0.357***
		(0.029)	(0.057)	(0.056)
耕地面积		−0.058***	0.042**	0.021
		(0.009)	(0.017)	(0.017)
农地确权		0.184***	−0.076	−0.007
		(0.054)	(0.107)	(0.106)
确权人数		0.069***	−0.008	0.017
		(0.013)	(0.025)	(0.025)
常数项	0.215***	0.252**	2.033***	2.127***
	(0.065)	(0.115)	(0.228)	(0.225)
观测值	1 177	1 147	1 146	1 146
R^2	0.088	0.166	0.073	0.106
省级固定效应	YES	YES	YES	YES

注:使用线性概率模型,***、**、*分别代表在1%、5%以及10%的水平上显著,括号内为回归标准误。

表 8.7 中第(1)(2)列使用农户土地保障认知作为被解释变量,分析农户收入提高对土地保障认知的影响。第(1)列仅放入农户收入水平解释变量,第(2)列控制相关变量,可以发现,农户收入提高会显著地提高其对土地保障的认知水平,收入水平越高的农户越认为土地是保障。第(3)(4)列使用农户土地退出意愿作为被解释变量,其中第(3)列未控制农户

土地保障认知,第(4)列控制了该变量进行回归发现,当回归中控制农户土地认知变量时,农户收入水平对土地退出意愿影响的显著性消失。根据温忠麟等(2014)关于中介效应的分析和检验思路,本章认为,土地保障认知在农户收入影响农地退出意愿时起中介效应,即农户收入水平的提升强化了其对土地保障功能的认知,进而影响其农地退出决策;土地保障认知越强,农户土地退出意愿越低。

表 8.8 农户收入对农地退出影响的异质性检验

VARIABLES	全样本		农地保障样本		非保障样本	
	系数	边际效应	系数	边际效应	系数	边际效应
农户收入	−0.150***	−0.052***	−0.182***	−0.055***	0.044	0.017
	(0.053)	(0.019)	(0.069)	(0.021)	(0.091)	(0.036)
户主性别	0.188**	0.065**	0.117	0.035	0.238*	0.093*
	(0.076)	(0.026)	(0.095)	(0.028)	(0.135)	(0.052)
户主年龄	−0.051	−0.018	−0.109*	−0.033*	0.030	0.012
	(0.048)	(0.017)	(0.060)	(0.018)	(0.091)	(0.036)
教育水平	−0.014	−0.005	−0.022	−0.007	−0.025	−0.010
	(0.048)	(0.017)	(0.062)	(0.019)	(0.085)	(0.034)
家庭规模	0.109***	0.038***	0.128***	0.039***	0.073	0.029
	(0.033)	(0.012)	(0.042)	(0.013)	(0.059)	(0.023)
私家车	0.107	0.038	0.213**	0.065**	−0.235	−0.092
	(0.080)	(0.028)	(0.098)	(0.030)	(0.158)	(0.062)
商品住房	−0.464***	−0.158***	−0.605***	−0.175***	−0.183	−0.072
	(0.080)	(0.026)	(0.101)	(0.028)	(0.150)	(0.059)
耕地面积	0.061**	0.021**	0.107***	0.032***	−0.148***	−0.058***
	(0.024)	(0.008)	(0.030)	(0.009)	(0.047)	(0.019)
农地确权	−0.115	−0.041	0.237	0.066	−0.247	−0.098
	(0.143)	(0.053)	(0.216)	(0.054)	(0.203)	(0.081)
确权人数	−0.020	−0.007	−0.159***	−0.048***	0.366***	0.144***
	(0.035)	(0.012)	(0.046)	(0.014)	(0.067)	(0.026)
切点 1	−0.320		−0.417		0.448	
	(0.314)		(0.418)		(0.532)	

续 表

VARIABLES	全样本		农地保障样本		非保障样本	
	系数	边际效应	系数	边际效应	系数	边际效应
切点 2	0.203		0.160		0.977*	
	(0.314)		(0.418)		(0.533)	
观测值	1 146	1 146	770	770	376	376
省级固定效应	YES	YES	YES	YES	YES	YES
伪 R^2	0.038 0	0.038 0	0.065 5	0.065 5	0.076 2	0.076 2

（二）异质性分析

本部分进一步使用有序 Probit 模型,并根据样本分组考察农户收入水平对其土地退出意愿的异质性影响。

表 8.8 显示的全样本回归结果表明,收入水平每提高一个单位,农户选择农地退出的概率下降 5.2 个百分点。根据农户对土地的保障认知进行分样本检验可见,当农户认为土地是保障时,农户收入对其土地退出的边际影响为−0.055,并在 1% 水平上显著,即农户收入水平每提高一个单位,其退出农地的概率下降 5.5 个百分点;当农户不认为土地是保障时,农户收入对其土地退出意愿影响为正,这表明,收入水平越高,农户选择退出土地的概率越高,但其结果未通过显著性检验。

三、稳健性检验

上述分析表明,农户收入水平越高,则越不愿有偿退出农村地承包权。其主要原因在于农户收入水平的提高,强化了其土地保障功能的认知,进而降低了其农地退出意愿。然而,与农地退出意愿相伴而生的还有农地退出的补偿问题。一般认为,农户退地意愿越低,相应的退地补偿诉求越高,农地退出意愿与补偿诉求之间存在正向的相互影响。农户对土地退出补偿的要求可以反映其退出意愿或态度。鉴于此,为检验基本回归结果的可靠性,本部分使用农户退地补偿诉求作为被解释变量,并对基准结果进行稳健性检验。为简化起见,将农户收入分为 $Inc < 5$ 万和 $Inc \geqslant$ 5 万两组,表 8.9 给出了农户不同收入水平下农地退出的补偿要求统计分析结果。

表 8.9　不同收入水平农户的补偿要求

类别	农地退出补偿方案	按农户年收入分组		
		$Inc < 5$ 万	$Inc \geqslant 5$ 万	小计
Ⅰ	一次性经济补偿(每亩流转价格×承包地面积×剩余承包期年数)	23.82%	11.29%	15.47%
Ⅱ	一次性补偿,在 1 选项的基础上,再增加一定的钱款额度	31.41%	19.82%	23.69%
Ⅲ	一定的补偿(少于 1 选项),以及全家人获得镇保	9.420%	9.970%	9.790%
Ⅳ	一定的补偿(少于 1 选项),以及解决家人就业	2.880%	1.180%	1.750%
Ⅴ	一定的补偿(少于 1 选项),全家人获得镇保,以及解决家人就业	32.46%	57.74%	49.30%

从表 8.9 可以发现,要求完全经济补偿不需要养老保障和就业补偿的农户(方案Ⅰ、Ⅱ)约占 39%,该部分农户对土地的实物保障功能需求较低,更加注重土地财产权的变现。而另有 60% 以上的农户则选择需要政府提供社保或就业补偿(方案Ⅲ、Ⅳ、Ⅴ),这类群体对土地的保障性依赖较强,正如图 8.1 所示,目前仍有 65% 的农户将土地作为保障。从表 8.9 还可以发现,在要求获得社保和就业补偿(方案Ⅴ)中,年收入大于 5 万的农户比率为 57.74%,年收入低于 5 万的农户比率则为 32.46%,年收入大于 5 万的农户比低于 5 万的农户的比率高出 25.28%。

在分析不同农户收入水平下农地退出的补偿要求基础上,本章将农

户退地补偿诉求作为被解释变量,进一步进行了计量检验,回归结果见表
8.10 所示。

表 8.10 农户收入对退地补偿影响的回归结果

VARIABLES	被解释变量:退地补偿诉求			
	(1)	(2)	农地是否是保障	
			(Security=1)	(Security=0)
农户收入	0.464***	0.458***	0.477***	0.196
	(0.063)	(0.070)	(0.085)	(0.120)
户主性别		0.052	0.044	0.036
		(0.097)	(0.111)	(0.178)
户主年龄		0.359***	0.385***	0.308***
		(0.060)	(0.067)	(0.119)
教育水平		0.115*	−0.012	0.344***
		(0.059)	(0.066)	(0.111)
家庭规模		−0.185***	−0.261***	0.065
		(0.042)	(0.047)	(0.077)
私家车		−0.187*	−0.091	−0.106
		(0.103)	(0.116)	(0.210)
商品住房		0.465***	0.801***	−0.245
		(0.101)	(0.115)	(0.198)
耕地面积		−0.061**	−0.039	−0.036
		(0.031)	(0.035)	(0.062)
农地确权		0.092	−0.021	0.146
		(0.188)	(0.252)	(0.274)
确权人数		0.232***	0.179***	0.144*
		(0.044)	(0.051)	(0.082)
常数项	1.181***	−0.007	0.618	−1.452
	(0.260)	(0.431)	(0.504)	(0.892)
观测值	1 144	1 121	764	357
R^2	0.065	0.152	0.241	0.083
省级固定效应	YES	YES	YES	YES

注:报告结果为解释变量的边际效应,***、**、*分别代表在 1%、5%以及
10%的水平上显著;括号内为回归标准误。

表 8.10 使用有序 Probit 模型，考察了农户收入水平对退地补偿诉求的影响。第(1)列方程仅放入农户收入变量，未控制其他变量，此时农户收入水平系数在 1％水平上显著，R^2 为 0.065，单变量解释力较强。第(2)列控制其他一系列变量发现，农户收入水平显著影响农户的退地补偿诉求，农户收入水平越高，退出补偿诉求越高，即农户退出农地，政府所需要付出的补偿成本越大。根据农户对土地保障认知进行分组检验显示，当农户认为土地具有保障作用时，农户收入水平对其退出补偿诉求影响为正，并在 1％水平上显著，这表明，收入越高的农户，要求退地补偿越多；当农户不认为土地是保障时，农户收入水平的提高，对其退出补偿意愿影响不显著。

第六节　本　章　小　结

农户逐步退出农地是城镇化和农业现代化的内在要求，一方面，土地的不可移动性和制度上缺乏土地退出机制，决定了城镇化必然带来进城农民与土地的"人地分离"；另一方面，户均耕地面积不足十亩，且分散严重的小农经营方式，不利于现代农业的发展。因此，引导在城市实现稳定非农就业的农户退出农地，实现完全的城镇化或"人的城镇化"，是中国城市化过程中必须回答的重大问题。长期以来，由于农村缺乏完善的养老制度，农地一直被赋予农民生存和养老保障等功能，近些年随着非农收入增加，农民收入水平有了显著提高，农民的抗风险能力大幅提升。在此背景下，在有条件的地方开展农民土地承包经营权的有偿退出试点，关系着中国完全城市化或"人的城镇化"以及农业农村现代化的实现。

基于此,本章利用长三角地区微观调查数据,考察了农户收入水平对其农地退出意愿的影响。研究发现,样本地区有 31％的农户明确表示愿意有偿退出农地,明确不愿有偿退出农地农户占比 49.02％,整体退地意愿不强。回归结果表明,农户收入水平提高会显著降低其退出农地的意愿,农户收入水平每提高一个单位,农户愿意退出农地的概率下降 5.2％。使用农户土地保障认知作为中介变量,进行中介效应检验时发现,农户收入水平提高会显著增强农户土地保障认知,进而降低其农地的退出意愿,即农户收入水平越高,其退出农地的意愿越低。根据土地对农户保障作用的基本结果进行分组检验发现,当土地对农户是保障时,收入水平显著影响农户土地退出意愿,收入水平越高,农地退出意愿越低;当土地对农户不是保障时,解释变量边际效应不显著。使用农户退地补偿作为农户土地退出意愿的替代变量,进行稳健性检验时发现,农户收入水平越高,对退出农地的补偿诉求越高。

基于上述分析结论,本章为中国城市化过程中的农地退出问题提供三点政策建议。

首先,城镇化必然面临大量农民退出农地,要注意规避农地退出试点中的逆选择问题。农户收入水平的提高并不能提高其农地退出意愿,其根源在于,收入水平的提升提高了农户对土地保障功能的认知。因此,在推进农地有偿退出的过程中,政策上如果盲目地实行"一刀切"的农地的有偿退出,很有可能引起农地退出的逆选择问题。由于高收入农户退出农地的可能性更低,政府推行统一的农地退出补偿项目,存在使得高收入农户最终保留农地,而低收入农户为追求经济补偿放弃农地的风险。因此,在农地退出的制度设计中,不仅要充分尊重农户的意愿,给予退出农户相应的经济补偿,还应设计不同的补偿选择"菜单",让退出农户选择,建立多元化的退出模式,既要考虑"二轮"承包期内农户所拥有土地承包权的退出,也要研究"二轮"承包期满后土地承包权后延和部分农民退出的问题。

其次,要形成稳定明确的土地产权预期,扎实推进农村土地承包权确权登记颁证工作。农村农地确权颁证不仅有利于厘清地权边界,强化土地产权,规范农地流转和实现农业适度规模经营,也有利于农民土地财产权的实现;清晰稳定的农地产权,更有利于减少农地退出试点实践过程中的纠纷,降低农地退出的交易成本。

最后,要关注农地退出机制设计的外部联动性。缺乏失地、失业保障是抑制高收入农户退出土地的重要原因。随着中国经济增速下滑,就业机会减少与经济波动同时存在,农民工本身就业存在不稳定性,存在较大的失业风险。因此,引导有条件农民退出农地,推进农民有偿退出农地试点的同时,还应该推出与之相适应、相匹配的公平就业和城市居住制度,落实覆盖面更广、更有效的农村社会保障制度,使农民工摆脱失业后无家可归的担忧,愿意真正融入城市,实现农民工市民化。

第九章
农地权益与城市落户

中国城镇化水平不断提高的同时,表现出不完全城镇化的特征事实。新型城镇化的重中之重是农村转移人口市民化,而农村转移人口市民化的关键是其土地权益的保障。随着农二代逐渐成为城市建设主力军,他们与农一代对待土地的感情也发生变化,这种差异将如何影响中国未来的城镇化? 由此出发,本章使用中国流动人口动态监测调查数据,考察土地权益和社会保障对两代农民工城市落户意愿的影响。

第一节 引 言

城镇化是人类社会发展的客观趋势,是国家现代化的重要标志。党的十八大以来,党中央高度重视新型城镇化工作,明确提出以人为核心、以提高质量为导向的新型城镇化战略。①党的二十大报告强调,推进新型

① 2013 年 12 月,中央城镇化工作会议强调,"要以人为本,推进以人为核心的城镇化"。2014 年 3 月,十二届全国人大二次会议进一步提出,"要推进以人为核心的新型城镇化"。(转下页)

城镇化实现农民工的市民化,要避免"半城市化"的突出现象。① 新型城镇化的重点任务是农民工在城市落户并实现市民化,农民工从原籍退出后的土地权益和社会保障安排,将直接决定其"市民化"意愿,并最终影响整个城镇化进程和质量。因此,如何妥善解决落户城市引起的土地权益和社会保障损失,是推进新型城镇化过程中亟待破解的命题。

1978 年以来,中国经历了人类历史上最大规模的城镇化加速过程,并取得非凡成就(倪鹏飞和徐海东,2022)。第一,城市发展空间快扩张,城市数量大幅增加。1978—2020 年,中国城市建成区面积增长了 8.43 倍,2020 年达到了 6.07 万平方公里,中国的市辖区和小城镇分别由 1978 年 408 个和 2 176 个增加到 2020 年 973 个和 21 157 个。第二,城镇化使中国的城镇人口快速集聚,人民生活水平迅速提高,1978—2021 年,中国城镇人口数量从 1.7 亿增长到 9.1 亿,城镇居民的恩格尔系数从 1978 年的 57.5% 逐步下降至 2021 年的 28.6%。第三,城镇化使中国的城镇经济总量持续高速增长,年均增速超过 10%,城镇 GDP 占比从 1988 年的 50% 左右增长 2016 年的 80% 多,城镇居民人均可支配收入由 1978 年的 343 元增加到 2021 年的 47 412 元。

四十余年来,中国高速城镇化在取得突出成就的同时,也产生了结构

(接上页)同年 3 月,中共中央、国务院印发《国家新型城镇化规划(2014—2020 年)》,明确要求新型城镇化要"以人的城镇化为核心"。2018 年国务院印发的《国家乡村振兴战略规划(2018—2022 年)》强调,通过健全落户制度、保障享有权利等举措加快农业转移人口市民化。2020 年《中共中央关于制定国民经济和社会发展第十四个五年规划和二〇三五年远景目标的建议》明确提出,坚持走中国特色新型城镇化道路,深入推进"以人为核心的新型城镇化"战略,加快农业转移人口市民化。

① 2021 年中国常住人口城镇化率达到 64.72%,户籍人口城镇化率仅为 46.7%,18.2% 的人口生活居住在城市却没有城市户口。

失衡、城镇化质量不高以及收入差距拉大等一系列挑战和问题。第一,中国粗放式城镇化导致"人的城镇化"滞后于"土地城镇化"[见图9.1(a)],使得城市人口密度反而下降,降低了集聚效应。根据 Cai 和 Henderson (2013)的估算,2004—2014 年,十年间中国城市的人口密度下降幅度超过 25%。第二,户籍制度改革滞后,中国城镇户籍人口数远低于常住人口数,城镇化率出现"半城镇化""不完全城镇化"的独特现象。2021 年中国常住人口城镇化率达到 64.72%,户籍人口城镇化率仅为 46.7%,18.2% 的人口生活居住在城市却没有城市户口[见图9.1(b)],亦无法被城市的公共服务体系覆盖。第三,在户籍制度大幅度放开的背景下,农民工主动在城市落户意愿并不高。根据调查,"十三五"期间绝大多数城市农民工落户门槛一降再降,但农民工在城市落户的意愿却在持续下降(程郁等,2022)。从农民工主观愿意来看,愿意落户城市的比率始终不足40%[见图9.1(c)]。第四,农业剩余劳动力转移不完全,城乡收入差距过大。2021 年中国乡村常住人口为 4.98 亿人,占总人口的 35.3%,与此同时,农业部门产值占 GDP 比重 7.3%。2021 年城镇居民人均可支配收入4.74 万元,而农村地区人均可支配收入仅为 1.89 万元,前者将近是后者的 2.5 倍[见图9.1(d)],农村劳动力迁移远未结束。

中国城镇化战略的下半程是深入实施"以人为核心"的新型城镇化战略,重点是户籍制度改革,实现农民工市民化和完全城镇化,①真正实现农村转移人口在城市扎根落户,并获得与户籍制度绑定的医疗、教育和社会保障等公共福利。当前,中国新型城镇化仍然保持着"回村模式",大量

---

① 文中"人的城镇化"与彻底城镇化、完全城镇化概念含义相同,在使用中不再加以区分。

（a）土地城镇化快于人口城镇化

（b）中国人口城镇化率：1977—2021 年

（c）农民工落户意愿

（d）中国城乡收入差距：1977—2021 年

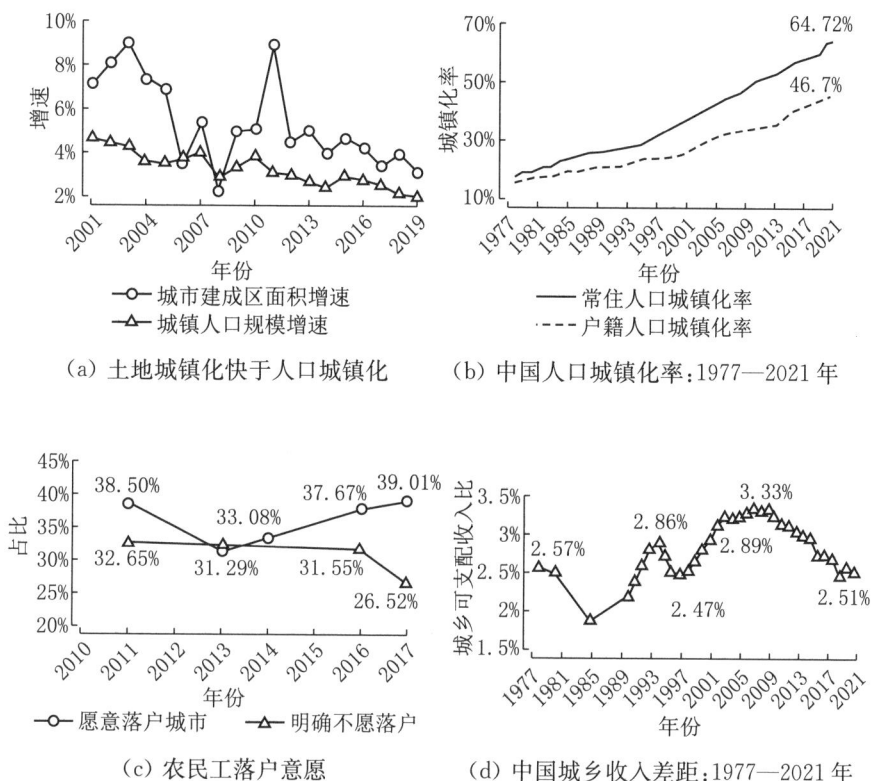

资料来源：作者绘制。图（a）（b）（d）来源于国家统计局。图（c）中 2011 年数据来自王贵新和胡健（2015），2013 年数据来自林奕冉和陈会广（2018），2014 年数据来自宁光杰等（2018），其余年份数据基于国家卫健委流动人口动态监测数据（2017）计算。

图 9.1　中国城镇化的问题与挑战

转移劳动力不愿意退出农地并落户于城市，完成"市民化"过程。尤其是随着新生代农民工逐步取代第一代农民工（简称"农一代"）成为城市外来务工人员的主力，新生代农民工成为中国新型城镇化应当关注的对象。基于此，本章关注的问题是：在新发展阶段，如何破除中国半城镇化困局，实现高质量城镇化？两代农民工的代际差异将如何影响其城市落户选择和中国新型城镇化的节奏？本章在分析两代农民工落户态度差异基础上,剖析土地权益和社会保障对农民工落户意愿的重要影响,为中国半城镇化现象提供一个新解释。

文献方面,现有研究对户籍城镇化率不足的解释主要有三个方面。

一是城市落户门槛。较高的城市落户门槛是影响转移人口城镇落户的首要因素(张吉鹏等,2020;梁琦等,2013;蔡昉等,2001;Au and Henderson,2006)。张吉鹏等(2020)发现城市落户门槛导致了农民工回流。Au和Henderson(2006)发现由于户口制度的约束,中国的城市规模偏小。近年来,虽然各地户籍限制逐步放宽,各种隐性壁垒依然存在,造成农业户籍流动人口在经济、健康保障、社会以及心理等方面的城市融入程度较低(田旭,2022)。

二是农地财产权缺失。农村土地制度改革滞后,导致转移劳动力农地财产权益难保障是影响城镇化速度的重要因素(刘涛等,2019;张怡然等,2011;陶然和徐志刚,2005)。农村土地"退出权"缺失使得农业转移人口无法获得农地的财产性收益,降低了农业转移人口市民化的能力(程郁等,2023;马晓河和胡拥军,2018;王常伟和顾海英,2016;刘同山和陈晓萱,2020)。陆铭(2021)提出部分试点地区宅基地退出的交易价格和补偿金额均低于其实际市场价值,未满足农户实际预期,宅基地有偿退出政策实际上仍难以落地实施。当前,尽管中央政策多次强调不得以放弃农村土地作为城市落户的条件,但现实中农民一旦离开集体,其农地权益很难被保留。李丽等(2023)发现土地确权能够显著提高低分位劳动力家庭的举家迁移比率,降低新生代农民工的迁移比率。

三是社会保障不足。社会保障视角解释城镇化不足问题(姚洋,2000;王瑞民和陶然,2016;高帆,2015)。高帆(2015)指出,当前城乡社会保障供给存在差异,农村土地事实上还承担着为农民提供基本养老和医疗等保障功能。张建菲和张应良(2020)认为,随着农村社会保障程度的不断提高,农户对农地权益重视程度并不一定会降低,反而会增强农户土地权益维护意愿。另外,有些学者从制度知晓度和公平度感知(叶俊焘和钱文荣,2016;钱文荣和李宝值,2013)、农民人力资本要素(黄江泉和李晓敏,2014)以及税制改革角度(高帆和许铭,2022)解释农民落户意愿不高的问题,并认为中国城镇化质量不高是地方政府"为增长而竞争"的代价。

从现有研究看,学者一致关注到农民工落户意愿不强的事实,并从落户门槛、土地制度和社会保障等方面给出了不同解释,显然,这些研究为解释中国半城镇化现象提供了有益的参考。当前随着新生代农民工成为城市建设的主力军,新生代农民工的落户态度相比老一代农民工表现出较多的差异,这成为影响下一步农民工市民化的新因素。相比老一代农民工,新生代农民工在经济社会等方面的行为特征具有显著的代际性变化(刘守英和王一鸽,2018;毛晶晶等,2020;纪竞垚和刘守英,2019),两代农民工在土地权益和社会保障方面的差异,不可避免地影响其市民化态度,进而影响城镇化的进程,遗憾的是,从代际视角解释农民工落户差异的实证研究仍然较少。

基于此,本章从农民工代际差异入手,分析土地权益和社会保障对两代农民工落户意愿影响,寻找农民城市落户意愿低的原因,破解城镇化过程中的"半城镇化"问题。我们使用2017年中国流动人口动态监测调查数据,采用计量检验土地权益和社会保障对农民工城市落户的影响后,我们发现土地权益显著影响两代农民工的落户意愿,且对农一代影响更大(约高4%),社会保障对农一代作用显著,但对新生代作用不显著。同时发现,土地权益和社会保障对农民工落户影响具有互补作用,土地权益对有社保农民落户影响更大。潜在含义是:土地权益对农民工落户的影响存在代际差异,这种代际差异表现为土地权益的重要性对新生代农民工下降,原因是新生代农民工有更好的社会保障水平。简言之,如果城镇化政策不能提高农一代和新生代的社会保障水平,试图让农民工落户城市或许是徒劳的,尽管新生代已经离农,但他们依然不愿在城市落户。

本章的结构安排是:第一节概述研究的背景并提出问题;第二节为理论分析和研究假设,分析农民工代际差异的原因,土地权益和社会保障对农民落户的作用机理;第三节介绍数据和模型的构建;第四节为实证研究结果,并分组检验土地权益和社会保障对不同来源地和就业城市农民工的影响;第五节是稳健性检验;第六节是结论和政策建议。

第二节 理论分析与研究假设

农村劳动力向城市迁移和落户是一种理性决策或得失分析后的结果。基于经典的劳动力迁移模型,Todaro(1969)以及 Harris 和 Todaro(1970)认为,两部门经济中农民放弃土地进入城市的决策主要受城乡预期收入差距预期的影响。Lee(1966)把迁出地和迁入地的障碍因素和个人因素引入分析框架之内,认为迁出地和迁入地都有推力和拉力两种因素,人口迁移发生在迁出地推力总和大于拉力总和,迁入地拉力总和大于推力总和。对中国农村劳动力而言,进城就业主要为了获得非农收入,这种城市拉力巨大。①但与进城就业不同，落户城市更多地是需要考虑迁出农村的损失，如土地权益及其附着的保障价值，以及落户后的收益，如获得更好的子女教育机会。大量研究表明，模糊的农地产权不利于农民从农村向城市的迁移（Alain et al.，2015；Chernina et al.，2014；Giles，2018；Zhao，2001），主要原因是会造成农地流失或农民权益损失（曲福田和田光明，2011）。社会保障也是农村劳动力城市落户的重要衡量因素，农村社会保障仍然不完善，土地还承担着社会保障的作用（姚洋，2000）。基于此，本章提出以下假设。

假设1：农地权益和社会保障是影响农户城市落户意愿的重要因素，农村土地和社会保障会成为农民城市落户的拉力。

假设2：农地权益和社会保障在影响农民城市落户选择上有替代效应。

近些年来，大量80后农民工进入城市就业岗位，新生代农民工逐渐成为进城务工的主力军和城市重要的建设者。由于出生年代的差异，改革开放前后出生的农民工在社会环境和家庭环境等方面存在显著差异，两部分群体在人力资本、生活观念和行为上有明显差别（刘传江等，2006）。新生代农民工的显著特点是，他们与农业经济活动的关系更为疏远（刘守英和王一鸽，2018），且在工作地参与社会保障的比例更高（刘守英和纪竞垚，2018）。新生代农民工人力资本、社会资本与就业质量部分指标显著高于老一代（毛晶晶等2020）。据此，本章提出以下假设。

假设3：城市落户存在代际差异，农一代对土地依赖更强，比新生代

---

① 国家统计局：2019年城市居民人均可支配收入为42 359元，而农村居民的人均可支配收入只有16 021元。

落户意愿低,对社会保障的需求更高。

第三节　数据和计量模型

一、数据来源

本章数据来源于 2017 年中国流动人口动态监测调查数据(以下简称 CMDS)。数据调查工作由国家卫生计生委人口司组织实施,调查采取分层、多阶段、与规模成比例的 PPS 方法进行抽样。调查涉及全国 31 个省(市、区)和新疆生产建设兵团农民工群体总样本量 16 万人。调查对象为在流入地居住一个月及以上,非本区(县、市)户口的 15 周岁及以上流入人口。调查内容涵盖农民工的个体和家庭特征、就业和收入、土地禀赋、流动区域及落户、社会医疗保障及居留落户意愿等。基于本章的研究问题使用重要变量有农民工土地禀赋、社会保障、落户及居留意愿,将样本中对此类问题回答不清的样本进行剔除,并剔除认知行动能力较弱年龄小于 18 周岁和大于 57 周岁的样本,剩余有效样本 82 134 个,其中愿意落户农民工占比 55.81%,家中有承包地样本占比 59.33%,有宅基地样本占比 73.24%,有社保样本占比 55.16%,农一代和新生代农民工分别占 43.97% 和 56.03%。

二、样本特征

卡尔·曼海姆(2002)认为,"代"(cohort)是在社会与历史进程中具有共同位置(common location)的一群人,他们往往具有共同的出生年代,并在关键成长阶段经历了相同的重大历史事件,这种共同位置和相似经历使他们产生了趋同的思考、体验和行动模式,在价值观、偏好、态度与行为等方面呈现出差异性的群体特征(卡尔·曼海姆等,2002;纪竞垚和刘守英,2019)。参考国家统计局对新生代农民工的定义,与毛晶晶等(2020)、解永庆等(2014)研究方法保持一致,本章将出生于1980年之后的农民工定义为新生代农民工,将出生于1980年之前的农民工定义为农一代。

两代农民工的土地拥有程度和社保状况表现出差异性,其居留和落户意愿因此表现不同,表9.1给出了两代农民工不同土地和社保拥有状态下的落户和居留意愿。可以发现:(1)农一代愿意落户的比率为51.30%,新生代愿意落户城市占比59.56%,新生代城市落户意愿比农一代高8.26%;(2)新生代有农地的比率比农一代低5.9%,新生代获得社会保障的比率比农一代高16.16%;(3)农一代中有地者比无地者落户意愿低20.66%,有社保比无社保者落户意愿高2.18%;新生代中有地比无地者落户意愿低15.28%,有社保比无社保者落户意愿高9.27%;(4)两代农民工居留意愿差异很小,是否有农地或社保对其居留影响几乎无差异。

表9.1　农户特征与城市落户、居留意愿统计

类别	愿意落户占比		愿意居留占比		各类农民工占比			总人数(人)
	农一代	新生代	农一代	新生代	农一代	新生代	总体	
有农地	44.69%	51.09%	95.88%	97.27%	84.28%	78.37%	80.97%	54 163
无农地	65.35%	66.37%	96.45%	97.48%	15.72%	21.63%	19.03%	12 730
有社保	52.61%	64.08%	96.47%	97.25%	53.05%	57.47%	55.16%	43 187
无社保	50.43%	54.81%	95.98%	97.75%	46.95%	42.53%	44.84%	35 112
全部样本	51.30%	59.56%	96.20%	97.47%	56.03%	43.97%	100%	82 134

　　就社会保障而言,不同代际农民工的社会保障参与率差异明显,新生代农民工社会保障水平更高。图 9.2 给出农民工社会保障覆盖率与城市落户意愿的代际变化趋势。社会保障方面,发现随着社会经济发展农民工整体社会保障覆盖率在提升,新生代农民工比农一代的社会保障水平更好;医疗保障方面,随着农民工的年轻化,参与城镇医疗保险的比率稳步上升,参与农村医疗保险的比率在下降。

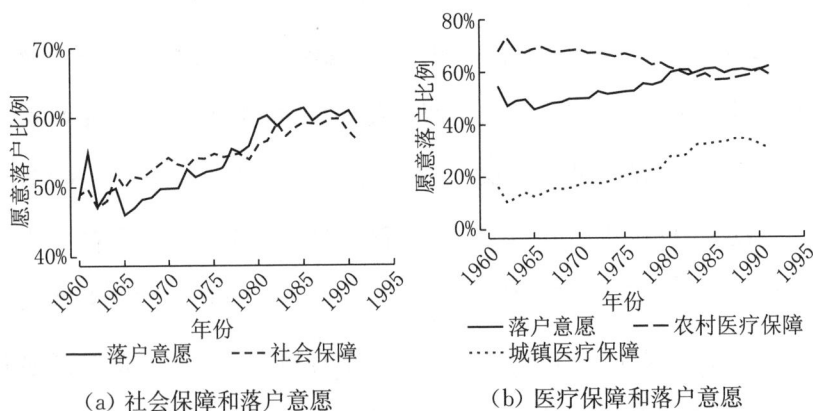

（a）社会保障和落户意愿　　　　（b）医疗保障和落户意愿

注:绘制过程中剔除了年龄大于 57 周岁和小于 18 周岁的农民工,横轴为农民工的出生时间。

图 9.2　社会保障与城市落户意愿的代际变化

　　进一步根据农民工的出生年代分析其土地和社保特征及落户意愿。按照出生年代分为 60 后、70 后、80 后和 90 后四个组,进行交叉统计。表 9.2 给出不同代际农民工的落户和居留意愿、土地禀赋以及社会医疗保障。可以发现,相比较高达 96％的居留意愿,落户意愿不高,仅有 55.81％农户愿意落户,而且农一代落户意愿低于新生代农民工。整体而言,农民工的社会保障水平较低,大约 44.85％的农民工尚未获得社会保障,较低的社会保障水平或许是抑制农户迁入城市落户的重要因素。医疗保障参与率大约占比 82.98%。

表 9.2　不同代农民工的基本特征

基本特征	不同年代出生的农民工占比				合计
	60 后	70 后	80 后	90 后	
愿意落户	48.48%	52.75%	60.21%	57.90%	55.81%
短期流动	94.68%	96.89%	97.83%	96.45%	96.85%
农地权益	84.61%	84.07%	78.75%	77.46%	80.97%
社会保障	50.98%	54.03%	58.57%	54.43%	55.15%
医疗保障	80.23%	81.63%	84.27%	84.72%	82.98%
占总样本比重	14.05%	29.93%	40.71%	15.31%	

注:农地权益是指在老家有土地的农民工,社会保障是指有社保卡的农民工,医疗保障是指有参加新农合或城镇职工养老的农民工。

根据表 9.3 中不同代际农民工居留原因可以发现,总体而言,农民工选择留在城市有多种原因,其中最主要是因为城市收入水平高、职业发展空间大和更好的子女教育机会。农民工进城原因存在代际差异,相比较新生代农民工,农一代留在城市寻求收入提高和子女教育的目的更明显,而新生代农民工进入城市不仅为了收入提高,更多地是为了寻求职业发展,包括工作经验的积累,该发现与刘传江等(2007)结论相符合。另外可以发现,年龄越大的农民工基于医疗技术好留城的比率越大。

表 9.3　不同年代农民工居留城市的原因

居留原因	不同年代出生农民工占比				合计
	60 后	70 后	80 后	90 后	
收入水平高	26.73%	19.99%	15.24%	17.27%	18.55%
职业发展空间大	14.31%	17.80%	23.20%	29.55%	21.33%
积累工作经验	4.30%	5.22%	6.74%	12.39%	6.81%

居留原因	不同年代出生农民工占比				合计
	60后	70后	80后	90后	
城市交通发达、生活方便	14.25%	8.87%	7.35%	9.45%	9.07%
子女有更好的教育机会	10.21%	27.94%	28.12%	12.62%	23.24%
医疗技术好	1.21%	0.45%	0.32%	0.32%	0.48%
与本地人结婚	0.85%	1.52%	3.62%	3.48%	2.59%
社会关系网都在本地	4.08%	3.42%	4.01%	3.41%	3.75%
政府管理规范	0.69%	0.63%	0.56%	0.35%	0.57%
家人习惯本地生活	17.16%	10.24%	6.97%	6.34%	9.25%
其他	6.22%	3.92%	3.87%	4.83%	4.35%

三、变量设置

本章考察目标为:(1)土地、社会保障及医疗保障对农民工在就业地落户意愿的影响;(2)不同影响因素的代际差异。基于此,选择如下核心变量定义如下。

(1) 落户意愿($Migrate$)。落户意愿为本章的核心被解释变量,为二元变量来源于调查问题"如果您符合本地落户条件,您是否愿意把户口迁入本地?",变量的定义为 0="不愿意",1="愿意",根据样本描述可以看到愿意落户比率为 55.81%。

(2) 农地权益($Land$)。农地权益是核心解释变量,调查问卷中分别询问"您在老家是否有耕地?"以及"您在老家是否有宅基地?"根据回答如果农民工在老家至少有耕地或宅基地,定义 $Land=1$,否则定义 $Land=0$。

(3) 社会保障($Security$)。社会保障因素对不同年代的农民工的落户影响很大,主要是不同代农民工的养老风险策略和养老观念有很大差异(于长永,2015)。问卷中农民工的社会保障并未直接询问,使用农民工是否有社保卡作为替代,问卷中询问了农民工"您是否办理过个人社会保障卡?",如果农民已经办理社保卡,变量定义 *Security*＝1,否则定义 *Security*＝0。

(4)医疗保障(*Medicare*)。医疗保障会影响农民工的落户选择,周钦和刘国恩(2016)研究发现,现行医疗保险制度的受益水平存在显著的户籍差异,流动人口的医疗报销水平显著低于本地户籍人口(周钦和刘国恩,2016)。农民工医疗保障变量来源于问卷中"您是否有医疗保险?",如果有医疗保险则定义 *Medicare*＝1,否则定义 *Medicare*＝0。

(5)控制变量。参考现有文献(何军,2011;钱文荣和李宝值,2013;黄季焜和靳少泽,2015),将农民工的个体特征如性别、年龄、年龄平方、教育水平、自评健康、婚姻状态、户口、来源地、党员身份、家庭规模、家庭收入、消费水平、住房支出及职业类别作为控制变量。表 9.4 给出了本实证检验过程使用的变量定义和赋值。

表 9.4 变量定义和统计描述

Variable	名称	变量赋值	农一代		新生代	
			Mean	Sd.	Mean	Sd.
Gender	户主性别	女＝0;男性＝1	0.625	0.484	0.540	0.498
Hhage	户主年龄	户主实际年龄/岁	45.22	4.931	30.25	4.064
Educ	教育水平	文盲＝1;小学＝2;初中＝3;高中＝4;大专＝5;本科＝6;研究生＝7	3.013	0.987	3.904	1.191
Health	自评健康	健康＝1;基本健康＝2;不健康＝3;不能自理＝4	1.250	0.510	1.107	0.325
Hukou	户口性质	农业＝1;非农业＝2;农转非＝3;非农转居民＝4;居民＝5	1.331	0.794	1.416	0.861

续　表

Variable	名称	变量赋值	农一代		新生代	
			Mean	Sd.	Mean	Sd.
Source	户籍位置	农村=1；乡镇=2；县城=3；地级市=4；省会=5；直辖市=6	1.390	0.881	1.467	0.938
Identity	党员身份	中共党员=1；共青团员=2；均不是=3	0.044	0.206	0.061	0.239
Marry	婚姻状态	未婚=1；初婚=2；再婚=3；离婚=4；丧偶=5；同居=6	2.124	0.556	1.897	0.594
Hhsize	家庭规模	家庭人数（个）	3.368	1.036	3.078	1.186
Wage	工资收入	ln（家庭收入/月）	8.685	0.531	8.811	0.552
Expend	消费水平	ln（消费支出/月）	8.025	0.566	8.122	0.577
Housing	房租支出	ln（住房支出/月）	6.496	0.919	6.741	0.885
Job	职业类别	农业=1；采矿=2；制造=3；煤电水供应=4；建筑=5；批发零售=6；交通运输=7；住宿餐饮=8；信息软件=9；金融=10；房地产=11；租赁=12；科研=13；水利公共设施=14；居民服务=15；教育=16；卫生=17；文体娱乐=18；公共组织=19；国际组织=20	47.89	12.42	45.63	14.51

四、计量模型

本章检验农地权益和社会保障对两代农民工落户意愿的影响及其交互作用，设定如下计量模型：

$$Migrate = \alpha + \beta_1 Land + \beta_2 Security + \beta_3 Medical + \sum_{i=1}^{n} \theta_i x_i + \varphi city + \varepsilon$$

（9-1）

方程（9-1）中，*Migrate* 表示农民工在就业城市落户意愿，为 0—1 变量；*Land* 为农地权益变量，度量农民工老家是否有耕地或宅基地；

Security 表示农民工是否有社会保障；Medical 表示农民工是否有医疗保障。x_i 为其他控制变量，city 为城市固定效应，ε 为不可观测的扰动项。实证中重点关注 β_1、β_2 和 β_3 分别表示农地权益、社会保障和医疗保障对农民工落户意愿的边际影响。为考察农地权益与社会保障和医疗保障的交互作用，将回归方向进行拓展，放入交互项变为如下计量方程。

$$Migrate = \alpha + \gamma_1 Land + \gamma_2 Security + \gamma_3 Medical + \delta_1 Land$$

$$\times Security + \delta_2 Land \times medical + \sum_{i=1}^{n} \theta_i x_i + \varphi city + \varepsilon \qquad (9\text{-}2)$$

方程(9-2)中，δ_1 和 δ_1 为本章重点关注的系数，其表示农地权益与社会保障或医疗保障的交互效应。

第四节　实证结果分析

一、基本检验结果

本部分首先检验农地权益和社会保障对农民工落户意愿的影响，其次分析农地权益与社会保障的交互效应，与此同时考察二者对农一代和新生代影响的差异性。

表 9.5 为农地权益和社会保障对农民工落户意愿影响的基本回归结果。被解释变量均为外出务工人员城市落户意愿，第(1)列回归在控制其他变量后发现，农村土地、社会保障和医疗保障均显著的影响农民工落户意愿。具体而言，农村土地、社会保障和医疗保障会分别使得农民工落户意愿下降12.2％、1.3％和4.9％。第(2)列放入农地权益与社会保障的交

表 9.5 农地权益和社会保障对农民工城市落户的影响

VARIABLES	全样本			农一代		新生代	
	(1)	(2)	(3)	(4)	(5)	(6)	(7)
农地权益	−0.122***	−0.135***	−0.156***	−0.148***	−0.190***	−0.108***	−0.145***
	(0.005)	(0.008)	(0.012)	(0.009)	(0.019)	(0.007)	(0.016)
社会保障	−0.013***	−0.035***	−0.039***	−0.025***	−0.057***	−0.003	−0.026*
	(0.004)	(0.010)	(0.010)	(0.007)	(0.016)	(0.006)	(0.013)
医疗保障	−0.049***	−0.049***	−0.070***	−0.046***	−0.074***	−0.053***	−0.078***
	(0.005)	(0.005)	(0.011)	(0.007)	(0.017)	(0.007)	(0.014)
农地权益×社会保障		0.026**	0.031***		0.037**		0.028**
		(0.010)	(0.011)		(0.017)		(0.014)
农地权益×医疗保障			0.026**		0.034*		0.032**
			(0.012)		(0.019)		(0.015)
观测值	56 060	56 060	56 060	24 706	24 706	29 679	29 679
控制变量	YES	YES	YES	YES	YES	YES	YES
城市固定效应	YES	YES	YES	YES	YES	YES	YES

注:报告结果为 Probit 模型变量的边际效应,控制变量包括样本个体年龄、年龄平方、性别、自评健康、家庭规模、职业、来源地区、就业收入、房租及就业城市等变量。***、**、* 分别代表在 1%、5% 以及 10% 的水平上显著,括号内为回归标准误。本章下表同。

互项,第(3)列回归进一步放入农地权益与医疗保障交互项,发现交互效应显著为正,对于表示有农地的农民工,提高社会保障会增加其落户意愿,无论是提高其社会保障还是医疗保障均有正效应,因此农地权益和社会保障具有互补效应而非替代效应。第(4)(5)列回归使用农一代样本,第(6)(7)列使用新生代样本分别检验两个因素的总体效应和交互效应。比较第(4)和(6)列模型可以发现,农地权益对于农一代和新生代农民工落户的影响的边际效应分别为−14.8%和−10.8%,表示农地权益对新生代影响更小,农一代对土地的依赖性更强。与此同时,土地保障对农一代和新生代影响有显著差异,有社会保障会显著降低农一代落户城市意愿,边际效应为有社会保障农民工落户意愿下降2.5%,但对新生代农民工影响不显著。目前大多数农一代社会保障在农村或老家获得,比如参与新农保等,他们往往很难获得城市的养老保障,二元化的社会和养老保障体系对其落户产生了较明显的抑制作用。对于新生代农民工不存在以上困扰。医疗保障对不同代农民工影响相近,均显著地抑制其城市落户选择。

二、基于社会保障分组检验

本部分基于农民工的社会保障状态,分组考察农地权益对不同代际农民工的落户意愿影响,具体结果如表9.6所示。在控制相关影响因素之后,回归结果表明农村土地权益对农民工落户的影响与农户社会保障相关。对60后而言,农村土地权益会使得有社保和无社保农民工落户意愿分别下降19.8%和16.1%。对70后而言,农村土地权益会使得有社保和无社保农民工落户意愿分别下降15.9%和12.2%;对80后而言,农村土地权益会使得有社保和无社保农户落户意愿分别下降10.9%和8.1%；对90后农民工而言，农民土地权益会使得有社保和无社保农民工落户意愿分别下降10.1%和7.4%。可以看到，社保和农村土地的交互作用对60后和70后影响最大。

表9.6　不同保障水平下农地权益对城市落户影响

	农一代			
	60后		70后	
	有社保	无社保	有社保	无社保
农地权益	−0.198***	−0.161***	−0.159***	−0.122***
	(0.023)	(0.024)	(0.015)	(0.015)
观测值	3 804	3 549	8 165	8 478
控制变量	YES	YES	YES	YES
城市固定效应	YES	YES	YES	YES
	新生代			
	80后		90后	
	有社保	无社保	有社保	无社保
农地权益	−0.109***	−0.081***	−0.101***	−0.074***
	(0.018)	(0.015)	(0.019)	(0.018)
观测值	5 133	6 313	4 673	4 819
控制变量	YES	YES	YES	YES
城市固定效应	YES	YES	YES	YES

以上检验有两个启示。一是无论有无社会保障，农地权益都显著抑制农户城市落户意愿，表示除了土地的保障功能，打工农民更看重土地的财产价值，估计系数中农地权益对有社保农民工落户的抑制作用更大。这一结果与前述基本结果一致，农地权益与社会保障具有很强的互补作用。二是土地对新生代农民工落户意愿影响低于农一代，同代内有社保农民工的土

地边际效应更低,表示社会保障总会降低土地对落户意愿的边际影响,土地仍然部分的承担了社保功能。总之,尽管土地具有部分社会保障作用,但其作用较小,无论农民工是否有社保,土地都显著抑制农民工城市落户意愿,表明农民工更看重土地的经济功能或财产功能。目前农地制度框架下农地流转已经普遍发生,存在的问题是流转费用较低,产权安排导致流转时间较短,再加上土地抵押受限,土地的财产价值很难得到发挥。

以上分析表明,无论对农一代还是新生代农民工,有社保农户土地对城市落户的抑制作用均下降,可以看到对每代人群,有社保组的系数绝对值均小于无社保组。简言之,提高农民工尤其是农一代的社会保障能力,有助于缓解土地对其进城落户的拉力。

三、基于来源地区分组检验

本部分基于农民工来源地进行分组检验,考察农地权益和社会保障对来自东、中、西地区农民工落户意愿影响。样本中来自东部、中部和西部地区的农民工比率分别是24.93%、40.58%和34.49%。根据表9.7结果可以发现,农地权益会使得来自东、中、西地区第一代农民工落户意愿分别下降13.7%、14.5%和16.2%,使得东、中、西部新生代农民工落户意愿分别下降10.0%、10.3%和11.4%。无论是农一代还是新生代,来自西部地区的农民工对土地的依赖性更高,即农地权益对来自西部地区农民工落户影响更大,这一结果验证了高帆(2015)的观点。对社会保障的作用研究发现,其对农民工落户意愿的边际影响按照东、中、西依次下降,即来自东部地区的农民工更看重社会保障的作用。对来自不同地区的农民工,社会保障和医疗保障对其落户产生的边际效应,农一代均强于新生代农民工。

表 9.7　基于农民工来源地分组检验结果

	来自东部		来自中部		来自西部	
	农一代	新生代	农一代	新生代	农一代	新生代
农地权益	−0.137***	−0.100***	−0.145***	−0.103***	−0.162***	−0.114***
	(0.019)	(0.014)	(0.014)	(0.012)	(0.014)	(0.012)
社会保障	−0.046***	−0.037***	−0.029***	0.012	−0.012	−0.004
	(0.014)	(0.012)	(0.010)	(0.010)	(0.012)	(0.012)
医疗保障	−0.054***	−0.076***	−0.034***	−0.054***	−0.052***	−0.020
	(0.015)	(0.012)	(0.012)	(0.011)	(0.013)	(0.013)
观测值	5 285	7 829	10 316	11 827	8 618	9 587
控制变量	YES	YES	YES	YES	YES	YES
城市固定效应	YES	YES	YES	YES	YES	YES

四、基于就业城市分组检验

　　农民工对就业城市的选择充满理性的决策,基于对城市类型的分组,[①]发现样本中农民工就业地属于超一线、准一线、二线和三线及以下的城市分别占 12.73%、22.10%、25.70% 和 39.47%。此外,新生代农民工向超一线、准一线和二线城市聚集的倾向更明显,比农一代分别高出 3.2%、1.75% 和 2.52%。简言之,外出务工人员的向大城市聚集更显明显,尤其是超一线城市。本部分基于农民工就业城市分组检验土地对农一代和新生代农民工落户意愿的影响,结果见表 9.8。

---

① 城市层级划分标准参考 2018 年第一财经新一线城市研究所研究结果,超一线城市为北京、上海、广州和深圳;新一线城市为成都市、杭州市、武汉市、重庆市、南京市、天津市、苏州市、西安市、长沙市、沈阳市、青岛市、郑州市、大连市、东莞市、宁波市;二线城市为厦门市、福州市、无锡市、合肥市、昆明市、哈尔滨市、济南市、佛山市、长春市、温州市、石家庄市、南宁市、常州市、泉州市、南昌市、贵阳市、太原市、烟台市、嘉兴市、南通市、金华市、珠海市、惠州市、徐州市、海口市、乌鲁木齐市、绍兴市、中山市、台州市、兰州市;其余城市归为三线及以下城市。

表 9.8　基于农民工就业城市层级分组检验结果

	超一线		准一线	
	农一代	新生代	农一代	新生代
农地权益	−0.054**	−0.043**	−0.113***	−0.115***
	(0.026)	(0.017)	(0.020)	(0.016)
社会保障	0.004	−0.012	−0.023	0.012
	(0.018)	(0.016)	(0.014)	(0.013)
医疗保障	−0.065***	−0.053***	−0.018	−0.053***
	(0.021)	(0.016)	(0.016)	(0.013)
观测值	2 382	3 430	5 548	7 128
控制变量	YES	YES	YES	YES
城市固定效应	YES	YES	YES	YES
	二线城市		三线及以下	
	农一代	新生代	农一代	新生代
农地权益	−0.135***	−0.102***	−0.179***	−0.128***
	(0.018)	(0.014)	(0.012)	(0.011)
社会保障	−0.023*	−0.000	−0.032***	−0.014
	(0.013)	(0.012)	(0.010)	(0.010)
医疗保障	−0.027*	−0.071***	−0.065***	−0.029**
	(0.015)	(0.013)	(0.012)	(0.012)
观测值	6 302	8 219	10 450	10 865
控制变量	YES	YES	YES	YES
城市固定效应	YES	YES	YES	YES

以上估计结果有三个启示。一是农地权益均显著影响不同层次就业农民工的落户意愿,城市越大,农地权益对农民工落户意愿的影响越小。农地权益使得超一线、准一线、二线及三线以下就业农一代落户意愿分别下降 5.4％、11.3％、13.5％和 17.9％。二是就业城市越大,其拥有的社会保障对农民工落户的影响越小,对二线和三线以下农一代仍有显著影响,但对新生代无显著影响。三是医疗保障会显著影响农民工落户意愿,且新生代更关注医疗保障。

第五节 稳 健 性 检 验

研究表明,农地权益的实现对农民工落户有显著的抑制作用,社会保障对农一代影响更明显。本章采用替换被解释变量的方式,进行两个方面的稳健性检验。一是使用继续居留意愿(0—1 变量)作为被解释变量,考察土地和社会保障对农民工的代际影响,样本中选择愿意居留的比率占 96.85％。二是考察农地权益、社会保障等对农民工在本地居留时间的影响。统计发现,农民工在就业城市平均居留时间 4 年半(54.8 个月),农一代平均居留 6 年零 1 个月,新生代已平均在就业城市居留 3 年 9 个月。稳健性检验结果由表 9.9 给出。

表 9.9 稳健性检验结果

	居留意愿(0—1)			居留时间(月数)		
	全样本	农一代	新生代	全样本	农一代	新生代
农地权益	−0.003	−0.001	−0.002	−0.143	−0.367	−0.208
	(0.002)	(0.004)	(0.003)	(0.776)	(1.884)	(0.742)
社会保障	0.002	0.000	0.001	4.788***	7.402***	2.995***
	(0.002)	(0.003)	(0.002)	(0.689)	(1.417)	(0.675)
医疗保障	−0.010***	−0.015***	−0.006**	−10.217***	−14.601***	−7.141***
	(0.002)	(0.002)	(0.003)	(0.713)	(1.538)	(0.686)
常数项				−19.259	−30.052	4.298
				(21.802)	(31.629)	(50.627)
观测值	53 778	22 384	26 840	35 044	13 549	20 215
R^2				0.203	0.150	0.180
控制变量	YES	YES	YES	YES	YES	YES
城市固定效应	YES	YES	YES	YES	YES	YES

　　回归结果发现,是否有农地对农民工居留时间和居留意愿影响均不显著,原因在于仅仅居留并不影响农民工农地财产权利的实现,不需要放弃老家的农地,但落户城市必然要离开村庄和集体,目前大多数村庄将集体成员与土地分配权绑定,农民工宁愿选择长期居留但不愿落户。社会保障对农民工继续居留影响不显著,但会显著提高在城市居留时间,社会保障会使得第一代农民工在就业城市居留时间多 7.4 个月,对新生代的影响仅为 2.9 个月,农一代的居留和落户选择对社会保障的反应更为敏感。

　　身份认同对个体经济行为的影响越来越受到经济学界的重视。近来研究发现,身份认同会影响城镇化过程中得宅基地流转(钱龙等,2019)、农民工市民化(胡宜挺等,2021)、城市落户意愿(程威特等,2021;李飞和钟涨宝,2017)。为了检验本文结论的稳健性,我们借鉴胡宜挺等(2021)、李飞和钟涨宝(2017)对身份认同的定义,采用 CMDS 数据集中"我觉得我已经是本地人了"以及"我觉得本地人愿意接受我成为其中一员"[①]两个变量作为身份认同的度量指标,进行控制后对基准结果进行检验(表9.10)。回归结果表明,在控制身份认同变量后,土地权益和社会保障对农民工落户影响仍然显著。

第六节　本　章　小　结

　　农民工市民化之所以进展缓慢,不仅仅是户籍制度改革缓慢,还涉及

---

① 样本中对"我觉得我已经是本地人了"回答"不同意""基本同意"和"完全同意"分别占23.86％、49.59％和26.66％;对"我觉得本地人愿意接受我成为其中一员"回答"不同意""基本同意"和"完全同意"分别占比 6.86％、54.02％和39.12％。

表 9.10 控制身份认同变量的基准回归结果

VARIABLES	全样本		农一代		新生代	
	(1)	(2)	(3)	(4)	(5)	(6)
土地权益	-0.339***	-0.438***	-0.418***	-0.544***	-0.301***	-0.405***
	(0.016)	(0.035)	(0.026)	(0.057)	(0.021)	(0.047)
社会保障	-0.056***	-0.128***	-0.090***	-0.189***	-0.029	-0.085**
	(0.013)	(0.029)	(0.019)	(0.048)	(0.018)	(0.039)
医疗保障	-0.110***	-0.174***	-0.103***	-0.183***	-0.123***	-0.200***
	(0.015)	(0.031)	(0.022)	(0.052)	(0.020)	(0.040)
是否本地人	0.256***	0.256***	0.267***	0.268***	0.240***	0.240***
	(0.010)	(0.010)	(0.015)	(0.015)	(0.013)	(0.013)
被本地人接收	0.224***	0.224***	0.194***	0.194***	0.251***	0.251***
	(0.011)	(0.011)	(0.017)	(0.017)	(0.015)	(0.015)
土地权益×社会保障		0.086***		0.116**		0.069*
		(0.032)		(0.051)		(0.042)
土地权益×医疗保障		0.080**		0.099*		0.099**
		(0.034)		(0.056)		(0.044)
常数项	-1.065**	-0.982**	-0.305	-0.199	-5.144	-5.040
	(0.467)	(0.465)	(0.554)	(0.553)	(.)	(.)
观测值	56 060	56 060	24 706	24 706	29 679	29 679
控制变量	YES	YES	YES	YES	YES	YES
城市固定效应	YES	YES	YES	YES	YES	YES

土地制度和社会保障制度改革。针对目前农民工普遍落户意愿不强的问题,本章从代际差异视角考察农地权益和社会保障对其两代农民工落户意愿的影响。研究发现,农地权益的实现会显著影响农民工在就业城市落户意愿,且对农一代影响更大,老家农地权益使得农一代和新生代落户意愿分别下降 14.8% 和 10.8%。社会保障会显著影响农一代的落户意愿,由于大多数农民工参加了农村社会养老保障,若彻底离开农村进入城市,担心失去保障使农一代落户意愿下降 2.5%,但对新生代农民工作用不明显。使用分组检验和交互效应考察均发现表示农地权益和社会保障对农民工落户选择具有互补效应,有社保农户实现农地权益对其落户抑制作用更强。基于农民工来源地和就业城市进行分组检验发现,来自西部地区农民工城市落户对实现农地权益诉求更高,依赖性更强,而来自东部地区的农民工更看重社会保障,新生代向一线和准一线大城市聚集的倾向更明显,农地权益对在三线及以下城市就业的农民工更重要。

基于上述研究,本章有三点启示。

第一,探索农村农地权益实现的有效机制,是实现新型城镇化的重要保障。农地权益的实现是农民工进城落户的重要考量,这种权益不仅仅是土地保障功能,更重要的是财产权益的实现。研究发现农地权益与社会保障互为补充,获得社会保障的农民工更多地出去追求农地财产权,导致土地对其落户影响更大。因此,应建立健全农民工进城落户土地退出补偿机制,维持政策的稳定性,使进城落户农民工有稳定的财产权预期。

第二,建立和完善城乡统一的社会保障体系。2014 年国务院决定,将新农保和城居保两项制度合并实施,在全国范围内建立统一的城乡居民基本养老保险制度,然而在实施过程中仍需要进一步完善。社会保障尤其是养老保障和医疗保障对新生代农民工定居和落户意愿更明显,而新生代农民工是未来城镇化的主力。

第三,推进农村土地制度和社会保障制度的联动改革。尽管中央强调不得以农民退出土地作为进城落户的条件,但是现实中农村集体的成员权常常跟农地分配权绑定,农民离开村集体往往就同时丧失了农地分配权益。农村社保尽管覆盖面很广,但保障水平仍然较低,农村土地在一定程度上仍然承担着社会保障的功能。因此,应该实施农地制度与农民居民社保体系的同步改革,解除农民工在城市落户的担忧。

第十章
研究结论与政策建议

　　过去四十余年里,中国经历了创纪录的经济增长,改革促使劳动力从农业部门源源不断的流向更高效率的城市部门,快速的城镇化以充足的劳动力、低廉的土地价格和良好的基础设施有力支撑了经济高速增长和快速转型。中国城镇化率从 1978 年不足 20％到 2020年超过 60％,获得了高速增长。在城镇化速度很快的同时,中国成功地避免了许多国家劳动力大量向城市转移过程中的城市病,如城市贫困、失业和贫民窟等问题,城镇化引发的就业机会和经济增长大幅度提高了农村居民的收入,降低了农村贫困和城乡收入差距,大幅度减少了农村贫困问题,使得中国成为中等偏上收入国家。不过,中国城镇化率仍然面临偏低的事实,与中国当前的收入水平不相匹配。城镇化的质量仍有待提升,过于粗放的城镇化导致城市土地扩张快于城市人口增长、不完全的人口迁移以及农村转移人口落户困难等问题仍然突出。2020年中国已经实现现行标准下农村贫困人口全部脱贫,消除了绝对贫困问题,然而,解决相对贫困问题仍然十分艰巨,中国仍有 6 亿人月收入仅约 1 000 元。①农村脱贫振兴乡村的根本出路在于加快城镇化。

中国城镇化过程可分为两个阶段,第一阶段已经实现大量农村剩余劳动力向城市的大规模流动,粗放的土地城镇化和人口红利为实现全面的工业化提供了重要保证,但是突出问题是城镇化的质量不高,规模庞大的农村进城劳动力长期保持着"离土不离村,进城不落户"的尴尬状态。城乡分割严重,并产生了一系列后果,比如土地规模化不足无法提高农业生产效率和农业经营收入,"候鸟式"迁移引发农村的留守儿童问题。第二阶段新型城镇化的目标应着力实现以人为核心的城镇化,最重要的方面是推进农民工的市民化,通过户籍和土地等制度改革促进农业转移人口融入城市,使其获得与城市居民同等的公共服务,提高农村基本保障,促进城镇化的包容性。当前面临的主要问题是,随着户籍制度改革,在城市落户门槛不断放松的情境下,农民工在城市落户的热情仍然不高,大多希望返回乡村。从土地视角,本章关注的问题是土地制度如何影响农村劳动力的迁移,进而影响新型城镇化的实现,通过分析当前城镇化面临的问题和挑战,从土地角度寻找解决方案,为中国新型城镇化政策目标提供理论基础。

本书从经济学理性人假设出发,遵循农户行为理论、土地产权理论和劳动力迁移理论,基于多个微观调查数据资料,从农地确权、农地流转和农地退出视角实证分析农地制度改革的经济与社会发展效应,重点研究城镇化进程中农村劳动力迁移对土地的处置行为,农地确权对农地流转的影响,农户分化及农户收入提高对其永久退出土地的影响,土地权益保

① 数据来源:《国务院总理李克强回答中外记者提问》,中国青年网,https://news.youth.cn/sz/202005/t20200528_12347406.htm。

障及农民工城市落户意愿。

第一节 主 要 结 论

本书研究发现土地改革会显著提高农户农地流转参与积极性,并由此引起进城落户意愿的提高。农户分化并不能提高农户土地退出意愿,而农户收入水平的提高会提高农户土地保障认知,从而降低其土地退出意愿。土地权益是影响农村劳动力在城市落户的重要因素,土地财产权难以彻底实现抑制了农民工的落户意愿,并且这种影响具有代际差异。具体研究结论有三点。

第一,明确清晰的土地产权关系是实现农地流转、保障农户土地财产权益、提高农民收入的重要前提和基础。本书首先基于 2009 年实施的农地确权颁证改革,研究了农地确权对农地流转的影响。研究发现农地确权改革不仅能够提高农户参与农地流转的意愿,还会提高流转土地的价格,使得农业生产效率低的农户更愿意将农地流转出去,将土地集中在那些农业生产效率高的农户,进而推动中国农业机械化和规模化经营的发展。同时发现,农地确权对家庭财富较多的农户农地流转参与的影响较小。

第二,大量农村劳动力参与非农就业,使得农户间出现职业和收入分化,但研究发现分化程度高的农户其退出农地的意愿反而更低,保留农地承包权的倾向更高。农户分化通过家庭收入和农地流转两个机制作用于农地退出决策:一方面,农户分化过程伴随着家庭收入水平出现差异,家庭收入越高的农户会因为对土地保障作用的认知提高而更不愿意退出农地承包权,家庭收入越低的农户为了获取经济补偿反而更愿意退出农地;另一方面,农户分化程度越低,对土地的经济依赖越低,越愿意放弃农地权利。在两种机制共同作用下,农户分化程度越高,越不愿意放弃农地。

第三,农地权益和社会保障是影响农民工进城落户的重要因素,现有的农地制度框架下,农民难以获得退出土地的应有收益,离开农村会失去基本养老保障,这使得他们不愿彻底离开农村进城落户,并且两代农民工在落户意愿上存在明显的代际差异,新生代农民工落户意愿比农一代高8.26%。农民工进城落户出现代际差异的主要原因是土地权益和社会保障对农一代落户的影响更大,相比新生代,农一代更看重土地的经济价值实现和社会保障的供给。

第二节　政　策　建　议

基于研究结论,农民不愿放弃农地彻底进城落户是当前城镇化受阻出现半城镇化的主要原因,本书有三点启示和建议。

第一,继续深入推进农地产权制度改革,赋予农民完整的土地财产权利。自 1978 年改革开放以来,集体所有家庭承包的农地基本制度释放了土地的潜力,激发了农民的积极性,解决了中国的粮食安全问题。但由于法律对"集体"的界定并不清晰,村集体的成员随着时间在变动,土地的不断重新分配和调整使得农民土地产权处于不稳定的状态,农民对土地长期投资不足。尽管土地属于农民,但土地财产价值无法被农民获得,土地成为亿万农民"看得见、摸得着,却不能动"的财产。这种残缺的产权安排使得农民被绑缚在土地上,越来越不适应后工业化时代的城镇化战略,农民难以将土地财产真正实现,为进城提供经济支撑。农民与土地的黏性早已发生深刻变化,尤其是大量的新生代农民是出村不回村的一代,只有将更完整的土地财产权利交还给农民,城市化和城镇化才能更为顺利地推进。因此,从政策角度,应进一步完善土地财产权利,扎实做好农地确权颁证的基础工作,探索推进以农地确权为基础的农地抵押、农地退出和农村建设用地市场交易的平权化。

第二,建立合理的农地退出补偿机制,稳定农民政策预期,引导有条件的农户理性退出农地。研究发现分化程度较高并且对土地依赖程度较低的农户有着较低的土地承包权退出意愿,最有条件离农进城的农户反而更倾向于继续持有土地承包权。根本原因是分化程度高的农户对依靠农业获得经济收入的依赖较低,现有的行政性退出政策对其产生的经济补偿效应有限,农民继续持有土地获得增值收益的预期较高。因此,在政策上,首先应尊重农民自主选择意愿,防止"被退地"事件发生,设置适当退出门槛,给予农民不同类型的土地退出"菜单",防止土地退出引发的"逆选择"导致低收入农户盲目退地换取补偿行为。其次,稳定农民政策预期,引导条件适合的农民理性退出农地,建立合理土地价值评估、土地补偿机制,使农户退出土地获得应有的市场价值。最后,建立农地退出的配套机制,落实退地农民的生活保障,关注不同类型农户的退地补偿要求,提供包括经济补偿、社会保障、养老保障等多类补偿供农户选择。

第三,消除城市进入壁垒和人口迁移限制,重视农民工尤其是新生代农民工城市权利保障。研究发现,现阶段在农民工与城市居民难以平权的情况下,农民工的农村土地权利仍然具备基本的社会保障功能,深刻影响第一代农民工的思想观念,加上财产化难以实现,导致落户城市意愿较低。新生代农民工"去农化"更明显,与乡村更加疏离,落户城市意愿更高,但他们同样面临以上难题。因此,应继续完善农村社会保障制度,弱化并替代土地保障功能,建立土地财产权益获得途径;应更加重视新生代进入城市的权利保障,给予其平等的社会保障和户口权益。当前,新生代是城市建设的主力军和中国经济的重要贡献者,他们对在城市获得稳定正式的就业权利、子女教育权、租房购房权和社会融入有着更高的渴望,因此应该重点关注新生代农民工离村进城的各项权利,完善城市外来人口子女入学途径,提高其就业质量,为新一代农民工进入城市获得安定舒适的生活创造条件。

第三节　研　究　展　望

从世界各国的发展规律来看,城镇化的过程是持久且渐进的,并在过程中表现出不同的特征。中国的城镇化进程过半,农村劳动力向城市转移的趋势不减,但城乡二元化的制度限制仍未能完全打破,城乡分割明显,城乡差距仍然是中国地区差距的主要来源。值得注意的是,随着大量农村人口进入城市,城市内部逐渐出现"新二元化"问题,不同阶层和群体在住房、医疗、教育等方面差距日益明显,社会出现新的矛盾和不平等问题,打破由于制度和人为因素造成的分割将是一项长期工作。同时,由于改革的不彻底,在城市化出现"逆城市化"等现象。现阶段,在农村通过土地制度改革释放要素红利,提升农地规模化经营效率,提高农民收入水平和农业现代化程度,保障粮食安全和重要农产品供给。城乡之间实现高质量的城市化带动经济的高质量发展,实现统一、均等的居民权利和城乡一体化建设,围绕新型城市化目标的实现和农村土地制度改革,未来仍有诸多问题有待深入研究。

一、土地财产权有效实现

增强人民群众的获得感是全面深化改革的核心诉求之一。土地财产权是增强农民获得感最重要的方式。随着经济发展,农村收入来源也发生显著改革,如何通过土地制度改革,增强农民土地财产权的实现将成为重要议题。四十多年来,家庭承包经营权权利体系的改革轨迹是强化使用权,不断延长承包期,完善农地承包经营权权能,建立农村承包权流转体系。强化使用权改革的核心内容是产权完善,产权完善不单单是产权权能的赋予,还需要产权具备排他性、边界清晰、结构完备。而"两权分离"恰恰没有解决这些问题,使强化使用权的制度效果有限,一旦面临人地关系改变的现实就表现出各种问题:"集体"存在感过强限制了农户产权功能的发挥,产权结构不适应土地利用实态。导致制度改革虽然是在不断强化使用权,但是实际上农民的制度内"获得感"下降。农业农村高质量发展的现实需求推动了农村土地产权制度改革,进而使得农业经营形式和农民收入分配方式发生改变。一方面,随着城镇化率持续增长、人地分离现象加剧,适应生产力发展的农村土地产权制度要求放活土地使用权,重塑以农民为核心的农村土地产权结构是首先要解决的问题。另一方面,农村土地产权结构变化产生了多元化新型经营主体和多类型的农业规模经营方式,重点在于促进小农户与现代农业发展有机衔接的同时增加农民收入。

土地财产权利能够有效实现是乡村振兴和高质量城镇化改革顺利实施的关键。在推进新型城镇化过程中,实现农民工市民化是一个重要挑战,其难点在于农民工进城后农村土地的处置。保障农民的土地权益不受侵犯,确保农民土地财产权和土地权益有效实现,关乎当前户籍制度改革的成败。当前,农民收入增长主要依靠非农就业和转移性收入,尽管有学者研究发现农地流转对农民收入有显著的正向影响(冒佩华和徐骥,2015),但更多的研究发现,土地对农民收入的贡献不明显,甚至是获取工资性收入的障碍(骆永民和樊丽明,2015)。现有试点地区土地承包权有偿退出改革试验为农民土地退出提供了一些借鉴,但在实践层面仍存在诸多问题(高强和宋洪远,2019),不同退出机制下产生的社会影响有待于进一步研究。当前农村大量的宅基地和农房空置,按照现有的制度无法向集体之外成员流转,农民不能有效处置住房和宅基地,出现农村宅基地和房屋闲置与城市化土地资源紧缺并存的困境。如何通过土地制度改革,提高农村土地的利用效率,提高出村农民的土地权益获得途径,仍是有待于深入研究的话题。

二、农村集体成员权改革

在集体经济组织的组织结构中,成员是基石,集体经济组织的设立、存续和发展以维护和保障成员权为出发点。农村基本经营制度的宪法表达是集体经济组织实行家庭承包经营为基础、统分结合的双层经营体制。一方面,集体经济组织是实行农村基本经营制度的主体;另一方面,它承担实行家庭承包经营制度和双层经营体制的组织功能。然而，集体经济组织在农村基本经营制度中的主体性往往遭到有意无意地忽视或忽略。发挥集体经济组织的功能，激发集体成员活力成为农村改革的重要挑战。

劳动力要素的流动是城乡发展的重要动力。过去，涌入城市的大量农村劳动力，为城市建设和工业发展提供了充足的人力支持。随着农村经济的发展和农业现代化的推进，农村也对各类人才产生了迫切需求。吸引城市人才投身农村，不仅能够带来先进的技术和管理经验，还能激发农村创新创业的活力。同时，鼓励农村劳动力在城乡之间合理有序流动，既能满足城市产业升级对不同层次劳动力的需求，也能让农村劳动力获得更多的发展机会和收入。在此背景下，需要不断深化农村集体成员权改革，释放要素活力。

建立劳动力城市—乡村的双向自由流动体系，是实现劳动力资源有效配置的重要条件。当前，农村劳动力向城市转移的通道不断放宽，在城市户籍放开的情况下，农村居民可以自由地向城市迁移，但是城市居民向农村流动的通道几乎是封闭的，城市向农村投资的热情同时被抑制，在农村集体"只出不进"的枷锁下，有活力的年轻群体不断流出，农村的凋敝日益严重。向往乡村生活的城市居民难以进入城市落户和定居，在一定程度上降低了农村的人力资本和投资，不利于乡村振兴和农村经济的繁荣发展。有学者已经提出农村和城市户籍同步改革，打破农村集体经济组织的封闭状态，使农村集体组织进出自由，实现集体成员动态化（郭熙保等，2019）。城市户口已经向农村开放，农村户口不应该再完全封闭，应该探索逐步放开的路径。目前学界对农村户籍改革关注不多，相关文献相当缺乏,农村户籍实际是集体成员权的界定,其中最重要的是土地的承包权(分配权)问题,但该问题是实现城市化和国家现代化过程中不可回避的问题。因此,农村户口和集体成员权的改革问题也是笔者希望进一步研究的议题之一。

三、留守儿童的教育问题

留守儿童问题是中国城镇化过程中产生的一大挑战。在政策实践中,农村留守儿童被国务院界定为"父母双方外出务工或一方外出务工另一方无监护能力、不满十六周岁的未成年人"。2020年,全国流动儿童7 109万人,留守儿童6 693万人,受人口流动影响的儿童合计1.38亿人,占中国儿童总人口的46.4%。儿童的流动和留守状态并不总是固定的,可能随着家庭状况、个人所处的年龄和受教育阶段在流动与留守之间转换。按照联合国儿童基金会和中国国家统计局等机构联合公布的数据,截至2020年底,我国0—16周岁的农村留守儿童数量维持在4 000万左右。留守儿童的产生从根本上而言是户籍制度改革不彻底导致的家庭分割。大量农村劳动力进入城市,但城市往往将受教育权与户籍绑定,导致进城务工人员无法携带子女一起进入城市,留守儿童长期与父母分离,缺乏亲情教育,使得他们的身心发展都受到严重的负面影响。这影响的是整个国家的人力资本和长期经济发展的基础。

从国家经济长远的角度来看,解决留守儿童教育问题需要从户籍与其背后附着的城市教育权利入手,加大城市基础教育供给力度,允许进城务工的父母携带子女进城,并接受教育。从教育质量上来看,即便数量庞大的留守儿童在家乡接受教育,仍然会因为长期缺失父母的关心等导致身心发展受到影响。中国的人口红利逐渐释放完毕,应对人口红利的下降可以从质量入手,提高农村留守儿童的受教育水平和质量。关于这些方面的讨论在本书中没有涉及,但是对于整个国家城市化和现代化十分重要,将是未来继续深入研究的重要选题。

参考文献

[1] 2018 年农民工监测调查报告[J].农村工作通讯,2019(11):40—43.

[2] 安海燕.土地承包法修改是否提升了农户城市落户意愿?[J].华中农业大学学报(社会科学版),2021(01):165—172+182.

[3] 北京大学国家发展研究院综合课题组,周其仁.还权赋能——成都土地制度改革探索的调查研究[J].国际经济评论,2010(02):54—92+5.

[4] 北京天则经济研究所《中国土地问题》课题组,张曙光.土地流转与农业现代化[J].管理世界,2010(07):66—85+97.

[5] 蔡昉,都阳,王美艳.户籍制度与劳动力市场保护[J].经济研究,2001(12):41—49+91.

[6] 蔡昉.以农民工市民化推进城镇化[J].经济研究,2013,48(03):6—8.

[7] 蔡继明,熊柴,高宏.我国人口城市化与空间城市化非协调发展及成因[J].经济学动态,2013(06):15—22.

[8] 蔡少琴,李郁芳.土地保障对农村社会保障替代性分析[J].商业研究,2013(08):202—207.

[9] 柴国俊,尹志超.住房增值对异质性家庭的消费影响[J].中国经济问题,2013(06):67—76.

[10] 陈丹,任远,戴严科.农地流转对农村劳动力乡城迁移意愿的影响[J].中国农村经济,2017(07):56—71.

[11] 陈海磊,史清华,顾海英.农户土地流转是有效率的吗?——以山西为例[J].中国农村经济,2014(07):61—71+96.

[12] 陈江华,罗明忠,洪炜杰.农地确权、细碎化与农村劳动力非农转移[J].西北农林科技大学学报(社会科学版),2020,20(02):88—96.

［13］陈锡文,韩俊.如何推进农民土地使用权合理流转［J］.农业工程技术(农业产业化),2006(01):78—80.

［14］程令国,张晔,刘志彪.农地确权促进了中国农村土地的流转吗?［J］.管理世界,2016(01):88—98.

［15］程名望,盖庆恩,Jin Yanhong,史清华.人力资本积累与农户收入增长［J］.经济研究,2016,51(01):168—181＋192.

［16］楚永生,王云云,高颀.否定之否定:刘易斯模型与托达罗模型比较与改进——兼论中国农村劳动力转移的政策选择［J］.南京审计大学学报,2019,16(05):103—111.

［17］邓曲恒,古斯塔夫森.中国的永久移民［J］.经济研究,2007(04):137—148.

［18］丁守海.概念辨析:城市化、城镇化与新型城镇化［N］.中国社会科学报,2014-5-30.

［19］方志权.农村土地承包经营权退出意愿调查——基于上海四区1 255份农村调查问卷的分析［J］.科学发展,2017(8):37—43.

［20］丰雷,张明辉,李怡忻.农地确权中的证书作用:机制、条件及实证检验［J］.中国土地科学,2019,33(5):39—49.

［21］冯艳芬,董玉祥,王芳.大城市郊区农户弃耕行为及影响因素分析——以广州番禺区农户调查为例［J］.自然资源学报,2010(5):722—734.

［22］盖庆恩,程名望,朱喜,史清华.土地流转能够影响农地资源配置效率吗?——来自农村固定观察点的证据［J］.经济学(季刊),2020,20(05):321—340.

［23］高帆.农村土地承包关系长久不变的内涵、外延及实施条件［J］.南京社会科学,2015,337(11):8—15.

［24］高帆.土地承包经营权流转的"不可能三角":解释及出路［J］.学术月刊,2011,43(8):77—85.

［25］高佳,李世平.产权认知、家庭特征与农户土地承包权退出意愿［J］.西北农林科技大学学报(社会科学版),2015(4):71—78.

［26］高强,宋洪远.农村土地承包经营权退出机制研究［J］.南京农业大学学报(社会科学版),2017,17(4):74—84,158.

［27］辜胜阻.解决我国农村剩余劳动力问题的思路与对策［J］.中国社会科学,1994(5):59—66.

[28] 顾海英,史清华,程英,单文豪.现阶段"新二元结构"问题缓解的制度与政策——基于上海外来农民工的调研[J].管理世界 2011,9(11):55—65.

[29] 郭熙保,高思涵,郭厦.破解我国农地产权制度改革难题的新思路[J].学习与探索,2019(6):96—106.

[30] 郭熙保.发展中国家人口流动理论比较分析[J].世界经济,1989(12):38—45.

[31] 郭熙保.市民化过程中土地退出问题与制度改革的新思路[J].经济理论与经济管理,2014(10):14—23.

[32] 郭晓鸣,张克俊.让农民带着"土地财产权"进城[J].农业经济问题,2013,34(7):4—11,110.

[33] 国务院发展研究中心和世界银行联合课题组,李伟,Sri Mulyani Indrawati,刘世锦,韩俊,Klaus Rohland,Bert Hofman,侯永志,Mara Warwick,Chorching Goh,何宇鹏,刘培林,卓贤.中国:推进高效、包容、可持续的城镇化[J].管理世界,2014(04):5—41.

[34] 国务院发展研究中心课题组.农民工市民化进程的总体态势与战略取向[J].改革,2011(5):5—29.

[35] 何军,李庆.代际差异视角下的农民工土地流转行为研究[J].农业技术经济,2014,225(1):65—72.

[36] 何军.代际差异视角下农民工城市融入的影响因素分析——基于分位数回归方法[J].中国农村经济,2011,318(6):15—25.

[37] 贺雪峰.农地承包经营权确权的由来、逻辑与出路[J].思想战线,2015,41(5):75—80.

[38] 黄枫,孙世龙.让市场配置农地资源:劳动力转移与农地使用权市场发育[J].管理世界,2015(7):71—81.

[39] 黄季焜,靳少泽.未来谁来种地:基于我国农户劳动力就业代际差异视角[J].农业技术经济,2015,237(1):4—10.

[40] 黄江泉,李晓敏.农民工进城落户的现实困境及政策选择——一个人力资本分析视角[J].经济学家,2014,185(5):87—96.

[41] 黄祖辉,傅琳琳.新型农业经营体系的内涵与建构[J].学术月刊,2015,47(7):50—56.

[42] 纪竞垚,刘守英.代际革命与农民的城市权利[J].学术月刊,2019,51(7):43—55.

[43] 冀县卿,黄季焜.改革三十年农地使用权演变:国家政策与实际执行的对比分析,农业经问题,2013(5):27—32.

[44] 解永庆,缪杨兵,曹广忠.农民工就业空间选择及留城意愿代际差异分析[J].城市发展研究,2014,21(04):92—97.

[45] 金励.城乡一体化背景下进城落户农民土地权益保障研究[J].农业经济问题,2017,38(11):48—59,111.

[46] 卡尔·曼海姆,曼海姆等.文化社会学论要[M].中国城市出版社,2002.

[47] 李兰冰,高雪莲,黄玖立."十四五"时期中国新型城镇化发展重大问题展望[J].管理世界,2020,36(11):7—22.

[48] 李强.影响中国城市流动人口的推力与拉力因素分析[J].中国社会科学,2003(01):125—136.

[49] 李琴,杨松涛,张同龙.社会保障能够替代土地保障吗——基于新农保对土地租出意愿租金的影响研究[J].经济理论与经济管理,2019,343(7):61—74.

[50] 李荣耀,叶兴庆.农户分化、土地流转与承包权退出[J].改革,2019(2):17—26.

[51] 李停.农地产权对劳动力迁移模式的影响机理及实证检验[J].中国土地科学,2016,30(11):13—21.

[52] 李宪宝,高强.行为逻辑、分化结果与发展前景——对1978年以来我国农户分化行为的考察[J].农业经济问题,2013(2):56—65,111.

[53] 梁琦,陈强远等.户籍改革、劳动力流动与城市层级体系优化[J].中国社会科学,2013,216(12):36—59,205.

[54] 廖洪乐.农户兼业及其对农地承包经营权流转的影响[J].管理世界,2012(5):62—70,87,187—188.

[55] 林文声,杨超飞,王志刚.农地确权对中国农地经营权流转的效应分析——基于H省2009—2014年数据的实证分析,湖南农业大学学报(社会科学版),2016,17(1):15—21.

[56] 刘超.土地承包经营权退出的实践逻辑与目标偏离[J].经济学家,2018(1):97—103.

[57] 刘栋子,陈悦.转户农民宅基地的有偿退出机制:重庆个案[J].改革,2015,260(10):143—148.

[58] 刘瑞明,石磊.中国城市化迟滞的所有制基础:理论与经验证据[J].经济

研究,2015(04):109—123.

[59] 刘守英,王一鸽.从乡土中国到城乡中国——中国转型的乡村变迁视角[J].管理世界,2018,34(10):128—146,232.

[60] 刘涛,陈思创,曹广忠.流动人口的居留和落户意愿及其影响因素[J].中国人口科学,2019(03):80—91+127—128.

[61] 刘同山,孔祥智,张云华.兼业程度、地权期待与农户的土地退出意愿[J].经济与管理研究,2013(10):71—78.

[62] 刘同山,孔祥智.离农会让农户更愿意退出土地承包权吗?[J].中国软科学,2020(11):61—70.

[63] 刘同山,张云华,孔祥智.市民化能力、权益认知与农户的土地退出意愿[J].中国土地科学,2013,27(11):23—30.

[64] 陆铭,陈钊.为什么土地和户籍制度需要联动改革——基于中国城市和区域发展的理论和实证研究[J].学术月刊,2009,41(9):78—84.

[65] 罗必良,何应龙,汪沙,等.土地承包经营权:农户退出意愿及其影响因素分析——基于广东省的农户问卷[J].中国农村经济,2012(6):4—19.

[66] 罗必良,胡新艳.中国农业经营制度:挑战、转型与创新——长江学者、华南农业大学博士生导师罗必良教授访谈[J].社会科学家,2015(05):3—6+161.

[67] 罗必良.农地保障和退出条件下的制度变革:福利功能让渡财产功能[J].改革,2013(1):66—75.

[68] 罗明忠,刘恺,朱文钰.确权减少了农地抛荒吗?——源自川、豫、晋三省农户问卷调查的 PSM 实证分析.农业技术经济,2017(2):15—27.

[69] 毛晶晶,路琳,史清华.上海农民工就业质量影响因素研究——基于代际差异视角[J].中国软科学,2020,360(12):65—74.

[70] 冒佩华,徐骥,贺小丹,周亚虹.农地经营权流转与农民劳动生产率提高:理论与实证[J].经济研究,2015,50(11):161—176.

[71] 冒佩华,徐骥.农地制度、土地经营权流转与农民收入增长[J].管理世界,2015(5):63—74,88.

[72] 聂建亮,钟涨宝.农户分化程度对农地流转行为及规模的影响[J].资源科学,2014(4):749—757.

[73] 彭长生,范子英.农户宅基地退出意愿及其影响因素分析——基于安徽省 6 县 1 413 个农户调查的实证研究[J].经济社会体制比较,2012,160(2):154—162.

［74］恰亚诺夫.农民经济组织［M］.中央编译出版社,1996:43—53.

［75］钱文荣,李宝值.初衷达成度、公平感知度对农民工留城意愿的影响及其代际差异——基于长江三角洲 16 城市的调研数据［J］.管理世界,2013,240(9):89—101.

［76］秦晖.农民中国:历史反思与现实选择［M］.河南人民出版社,2003.

［77］秦雯.农民分化、农地流转与劳动力转移行为［J］.学术研究,2012(7):85—88.

［78］曲福田,田光明.城乡统筹与农村集体土地产权制度改革［J］.管理世界,2011,213(6):34—46,187.

［79］史清华,林坚,顾海英.农民进镇意愿、动因及期望的调查与分析［J］.中州学刊,2005(01):45—50.

［80］史清华,卓建伟.农村土地权属:农民的认同与法律的规定［J］.管理世界,2009(01):89—96.

［81］苏红键.中国流动人口城市落户意愿及其影响因素研究［J］.中国人口科学,2020,201(6):66—77,127.

［82］苏群,汪霏菲,陈杰.农户分化与土地流转行为［J］.资源科学,2016(3):377—386.

［83］孙琳琳,杨浩,郑海涛.土地确权对中国农户资本投资的影响——基于异质性农户模型的微观分析［J］.经济研究,2020,55(11):156—173.

［84］孙文凯,白重恩,谢沛初.户籍制度改革对中国农村劳动力流动的影响［J］.经济研究,2011,46(01):28—41.

［85］孙雪峰,朱新华,陈利根.不同经济发展水平地区农户宅基地退出意愿及其影响机制研究［J］.江苏社会科学,2016,285(2):56—63.

［86］唐超,罗明忠,张苇锟.农地确权方式何以影响农业人口迁移?——源自广东省 2 056 份农户问卷调查的实证分析［J］.干旱区资源与环境,2020,34(2):15—21.

［87］陶然,徐志刚.城市化、农地制度与迁移人口社会保障——一个转轨中发展的大国视角与政策选择［J］.经济研究,2005(12):45—56.

［88］万广华.2030 年:中国城镇化率达到 80％［J］.国际经济评论,2011(06):99—111.

［89］万举.农地流转成本、交易体系及其权利完善,改革,2009(2):94—100.

［90］王常伟,顾海英.城镇住房、农地依赖与农户承包权退出［J］.管理世界,

2016(09):55—69+187—188.

[91] 王常伟,顾海英.老年农民农地承包权有偿退出机制探讨——"以承包权补充养老"的政策讨论[J].社会科学,2017(03):33—42.

[92] 王静,于战平,李卉.农户宅基地退出意愿及其影响因素分析——基于王口镇和独流镇的调查[J].农村经济,2015,387(1):33—37.

[93] 王丽双,王春平,孙占祥.农户分化对农地承包经营权退出意愿的影响研究[J].中国土地科学,2015(9):27—33.

[94] 王瑞民,陶然."城市户口"还是土地保障:流动人口户籍改革意愿研究[J].人口与发展,2016,22(4):19—28.

[95] 王小鲁.城市化与经济增长[J].经济社会体制比较,2002(1):23—32.

[96] 温忠麟,叶宝娟.中介效应分析:方法和模型发展[J].心理科学进展,2014,22(5):731—745.

[97] 温忠麟,叶宝娟.中介效应分析:方法和模型发展[J].心理科学进展,2014(5):731—745.

[98] 吴方卫,康姣姣.农业补贴、要素相对价格与农地流转[J].财经研究,2020,46(5):81—93.

[99] 吴良镛,吴唯佳,武廷海.论世界与中国城市化的大趋势和江苏省城市化道路[J].科技导报,2003,(09):3—6.

[100] 夏敏,林庶民,郭贯成.不同经济发展水平地区农民宅基地退出意愿的影响因素——以江苏省7个市为例[J].资源科学,2016,38(4):728—737.

[101] 徐畅,程宝栋,李凌超,徐秀英.政治身份降低了流转租金吗——来自浙江省的实证检验[J].农业技术经济,2019(09):73—81.

[102] 徐烽烽,李放,唐焱.苏南农户土地承包经营权置换城镇社会保障前后福利变化的模糊评价——基于森的可行能力视角[J].中国农村经济,2010(8):67—79.

[103] 徐志刚,宁可等.新农保与农地转出:制度性养老能替代土地养老吗?——基于家庭人口结构和流动性约束的视角[J].管理世界,2018,34(5):86—97,180.

[104] 许恒周,郭忠兴.农村土地流转影响因素的理论与实证研究——基于农民阶层分化与产权偏好的视角[J].中国人口·资源与环境,2011(3):94—98.

[105] 许庆,刘进,钱有飞.劳动力流动、农地确权与农地流转[J].农业技术经济,2017,265(5):4—16.

[106] 许庆,陆钰凤.非农就业、土地的社会保障功能与农地流转[J].中国人口科学,2018(5):30—41,126—127.

[107] 闫小欢,霍学喜.农民就业、农村社会保障和土地流转——基于河南省479个农户调查的分析[J].农业技术经济,2013(7):34—44.

[108] 杨照东,任义科,杜海峰.确权、多种补偿与农民工退出农村意愿[J].中国农村观察,2019,146(2):93—109.

[109] 姚洋.中国农地制度:一个分析框架[J].中国社会科学,2000(02):54—65+206.

[110] 叶剑平,丰雷,蒋妍,罗伊·普罗斯特曼,朱可亮.2008年中国农村土地使用权调查研究——17省份调查结果及政策建议[J].管理世界,2010(01):64—73.

[111] 叶俊焘,钱文荣.制度感知对农民工主观市民化的影响及其代际和户籍地差异[J].农业经济问题,2016,37(7):40—52,110—111.

[112] 叶兴庆,李荣耀.进城落户农民"三权"转让的总体思路[J].农业经济问题,2017,38(2):4—9.

[113] 游和远,吴次芳.农地流转、禀赋依赖与农村劳动力转移[J].管理世界,2010(3):65—75.

[114] 于长永.农民养老风险、策略与期望的代际差异[J].农业经济问题,2015,36(3):24—32,110.

[115] 余敬文,徐升艳.土地保障、逆向激励与农村流动人口就业行为研究——以上海市为例[J].中国人口科学,2013(1):109—117,128.

[116] 余永和.农地保障的论争与农村社会保障体系的完善[J].农村经济,2015(7).

[117] 庾莉萍.从"命根子"到"弃如敝屣"——探讨我国土地撂荒问题及解决办法[J].资源与人居环境,2008(15):18—21.

[118] 张琛,彭超,孔祥智.农户分化的演化逻辑、历史演变与未来展望[J].改革,2019(2):5—16.

[119] 张红宇.大国小农:迈向现代化的历史抉择[J].求索,2019(01):68—75.

[120] 张红宇.中国农村改革的未来方向[J].农业经济问题,2020(02):107—114.

[121] 张红宇.中国农地调整与使用权流转:几点评论[J].管理世界,2002(05):76—87.

[122] 张吉鹏,卢冲.户籍制度改革与城市落户门槛的量化分析[J].经济学(季刊),2019,18(4):1509—1530.

[123] 张建菲,张应良.农户土地权益维护意愿及其影响因素研究——基于12省(市)1 030份土地转出农户的实证数据[J].农村经济,2020,450(4):26—33.

[124] 张锦华,刘进,许庆.新型农村合作医疗制度、土地流转与农地滞留[J].管理世界,2016(1):99—109.

[125] 张林山.农民市民化过程中土地财产权的保护和实现[J].宏观经济研究,2011,147(2):13—17,41.

[126] 张学敏.离农分化、效用差序与承包地退出——基于豫、湘、渝886户农户调查的实证分析[J].农业技术经济,2013(5):44—52.

[127] 张怡然,邱道持,李艳,骆东奇,石永明.农民工进城落户与宅基地退出影响因素分析——基于重庆市开县357份农民工的调查问卷[J].中国软科学,2011(02):62—68.

[128] 张云霞.农地的保障功能分析[J].农村经济,2012(07):23—25.

[129] 张璋,周海川.非农就业、保险选择与土地流转[J].中国土地科学,2017,31(10):42—52.

[130] 赵西亮,梁文泉,李实.房价上涨能够解释中国城镇居民高储蓄率吗——基于CHIP微观数据的实证分析.经济学(季刊),2013(1):81—102.

[131] 周其仁.城乡中国[M].中信出版社,2013.

[132] 周其仁.也谈"土地的社会保障功能"[J].中国乡村发现,2013(4):8—10.

[133] 周钦,刘国恩.医保受益性的户籍差异——基于本地户籍人口和流动人口的研究[J].南开经济研究,2016,187(1):77—94.

[134] 周群力.我国农业规模经济的变化与政策含义[M].中国发展出版社,2016:3.

[135] 周文,赵方,杨飞,李鲁.土地流转、户籍制度改革与中国城市化:理论与模拟[J].经济研究,2017,52(06):183—197.

[136] 周颖刚,蒙莉娜,卢琪.高房价挤出了谁?——基于中国流动人口的微观视角[J].经济研究,2019,54(9):106—122.

[137] 周元,孙新章.中国城镇化道路的反思与对策[J].中国人口·资源与环境,2012,22(04):56—59.

[138] 朱冬亮.农民与土地渐行渐远——土地流转与"三权分置"制度实践

[J].中国社会科学,2020(7):123—144,207.

[139] Abdulai, Awudu, Owusu, Victor, and Goetz, Renan. Land Tenure Differences and Investment in Land Improvement Measures: Theoretical and Empirical Analyses[J]. Journal of Development Economics, 2011, 96(1):66—78.

[140] Acemoglu, Daron, Johnson, Simon, and Robinson, James A. The Colonial Origins of Comparative Development: An Empirical Investigation[J]. American Economic Review, 2001, 91(5):1369—1401.

[141] Au, Chun-Chung, Henderson, J. Vernon. Are Chinese Cities Too Small? [J]. Review of Economic Studies, 2006, 73(3):549—576.

[142] Au, Chun-Chung, Henderson, J. Vernon. How Migration Restrictions Limit Agglomeration and Productivity in China[J]. Journal of Development Economics, 2006, 80(2):350—388.

[143] Bai, Ying, Kung, James, and Zhao, Yang. How Much Expropriation Hazard Is Too Much? The Effect of Land Reallocation on Organic Fertilizer Usage in Rural China[J]. Land Economics, 2014, 90(3):434—457.

[144] Bambio, Yiriyibin, Agha, Salima Bouayad. Land Tenure Security and Investment: Does Strength of Land Right Really Matter in Rural Burkina Faso? [J]. World Development, 2018, 111:130—147.

[145] Banerjee, B. The Determinants of Migrating with a Pre-arranged Job and of the Initial Duration of Urban Unemployment: An Analysis Based on Indian Data on Rural-to-urban Migrants[J]. Journal of Development Economics, 1991, 36(2):337.

[146] Benjamin D., Brandt, L. Property Rights, Labour Markets, and Efficiency in a Transition Economy: the Case of Rural China[J]. Canadian Journal of Economics, 2002, 35(4):689—716.

[147] Besley, Timothy, and Robin, Burgess. Land Reform, Poverty Reduction, and Growth: Evidence from India[J]. The Quarterly Journal of Economics, 2000, 115(2):389—430.

[148] Besley, Timothy. Property Rights and Investment Incentives: Theory and Evidence from Ghana[J]. Journal of Political Economy, 1995, 103(5):903—937.

[149] Besley, T.J., Burchardi, K.B., and Ghatak, M. Incentives and the De

Soto Effect[J]. The Quarterly Journal of Economics, 2012, 127(1):237—282.

[150] Bhatia, Kul B. Real Estate Assets and Consumer Spending[J]. Quarterly Journal of Economics, 1972, 102(2):437—444.

[151] Cai, F. Removing the Barriers to Labor Mobility: Labor Market Development and Its Attendant Reforms, Workshop on National Market Integration, World Bank Beijing Office, 2003, Beijing, China.

[152] Chari, A., Liu, E.M., Wang, S.Y., and Wang, Y. Property Rights, Land Misallocation, and Agricultural Efficiency in China[J]. The Review of Economic Studies, 2021, 88(4):1831—1862.

[153] Chauvin, J.P., Glaeser, E., Ma, Y., and Tobio, K. What is Different about Urbanization in Rich and Poor Countries? Cities in Brazil, China, India and the United States[J]. Journal of Urban Economics, 2017, 98:17—49.

[154] Chen, Chaoran. Untitled Land, Occupational Choice, and Agricultural Productivity[J]. American Economic Journal: Macroeconomics, 2017, 9(4):91—121.

[155] Chen, C., Restuccia, D., Santaeulàlia-Llopis, R. The Effects of Land Markets on Resource Allocation and Agricultural Productivity[J]. Review of Economic Dynamics, 2022, 45:41—54.

[156] Chen, Y., Shi, S., Tang, Y. Valuing the Urban Hukou in China: Evidence from a Regression Discontinuity Design for Housing Prices[J]. Journal of Development Economics, 2019, 141:102381.

[157] Chernina, E., Dower, P.C., Markevich, A. Property Rights, Land Liquidity, and Internal Migration[J]. Journal of Development Economics, 2014, 110:191—215.

[158] Clemens, Michael A., Lewis, Ethan G., and Postel, Hannah M. Immigration Restrictions as Active Labor Market Policy: Evidence from the Mexican Bracero Exclusion[J]. American Economic Review, 2018, 108(6):1468—1487.

[159] Damon, Amy Lynne. Agricultural Land Use and Asset Accumulation in Migrant Households: The Case of El Salvador[M]. Migration, Transfers and Economic Decision Making among Agricultural Households. Routledge, 2020:162—189.

［160］Deininger, K., Jin, S., Xia, F., & Huang, J.. Moving Off the Farm: Land Institutions to Facilitate Structural Transformation and Agricultural Productivity Growth in China[J]. World Development, 2012, 59(c):505—520.

［161］Deininger, Klaus, and Jin, Songqing. The Potential of Land Rental Markets in the Process of Economic Development: Evidence From China[J]. Journal of Development Economics, 2005, 78(1):241—270.

［162］Deininger, Klaus, Daniel Ayalew Ali, and Tekie Alemu. Impacts of Land Certification on Tenure Security: Investment, and Land Market Participation: Evidence From Ethiopia[J]. Land Economics, 2011, 87(2):1—2.

［163］De Janvry, Alain, Kyle Emerick, Marco Gonzalez-Navarro, and Elisabeth Sadoulet. Delinking Land Rights From Land Use: Certification and Migration in Mexico[J]. The American Economic Review, 2015, 105(10):3125—3149.

［164］de La Rupelle, M., Quheng, D., Shi, L., and Vendryes, T. Land Rights Insecurity and Temporary Migration in Rural China[J]. Social Science Electronic Publishing, Workingpaper, 2009.

［165］Di Falco, S., Laurent-Lucchetti, J., Veronesi, M., and Kohlin, G. Property Rights, Land Disputes and Water Scarcity: Empirical Evidence from Ethiopia[J]. American Journal of Agricultural Economics, 2020, 102(1):54—71.

［166］Di Tella, R., Galiant, S., & Schargrodsky, E. The Formation of Beliefs: Evidence from the Allocation of Land Titles to Squatters[J]. The Quarterly Journal of Economics, 2007, 122(1):209—241.

［167］Do, Quy-Toan, Iyer, Lakshmi. Land Titling and Rural Transition in Vietnam[J]. Economic Development and Cultural Change, 2008, 56(3):531—579.

［168］Elliott, J. Walter. Wealth and Wealth Proxies in a Permanent Income Model[J]. Quarterly Journal of Economics, 2015, 95(3):509—535.

［169］Eugenia, Chernina, Paul, Castaeda Dower, Andrei, Markevich. Property Rights, Land Liquidity, and internal migration[J]. Journal of Development Economics, 2014, 110:191—215.

［170］Fan, S., Zhang, L., Zhang, X. Reforms, Investment, and Poverty in Rural China[J]. Economic Development and Cultural Change, 2004, 52(2):395—421.

[171] Feder, Gershon. Land Policies and Farm Productivity in Thailand[M]. Johns Hopkins University Press, 1988.

[172] Feder, G., Nishio, A. The Benefits of Land Registration and Titling: Economic and Social Perspectives[J]. Land Use Policy, 1998, 15(1):25—43.

[173] Feng, S., Heerink, N., Ruben, R., and Qu, F. Land Rental Market, Off-farm Employment and Agricultural Production in Southeast China: A Plot-level Case Study[J]. China Economic Review, 2010, 21(4):598—606.

[174] Feng, S., Hu, Y., Moffitt, R. Long Run Trends in Unemployment and Labor Force Participation in China[J]. Journal of Comparative Economics, 2017, 45(2):304—324.

[175] Fenske, J. Land tenure and investment incentives: Evidence from West Africa[J]. Journal of Development Economics, 2009, 95(2):137—156.

[176] Fergusson, Leopoldo. The Political Economy of Rural Property Rights and the Persistence of the Dual Economy[J]. Journal of Development of Economics, 2013, 103:167—181.

[177] Field, A. J., Field, E. Globalization, Crop Choice and Property Rights in Rural Peru, 1994—2004[M]. WIDER Research Paper, 2007.

[178] Field, E. Entitled to Work: Urban Property Rights and Labor Supply in Peru[J]. The Quarterly Journal of Economics, 2007, 122(4):1561—1602.

[179] Galiani, S., Schargrodsky, E. Property Rights for the Poor: Effects of Land Titling[J]. Journal of Public Economics, 2010, 94(9—10):700—729.

[180] Giles, J., Meng, Xin, Sen, Xue, Zhao, Guochang. Can Information Influence the Social Insurance Participation Decision of China's Rural Migrants? [J]. Journal of Development Economics, 2021, 150:102645.

[181] Giles, J. T., Mu, R. Village Political Economy, Land Tenure Insecurity, and the Rural to Urban Migration Decision: Evidence from China[J]. American Journal of Agricultural Economics, 2018, 100(2):521—544.

[182] Girard, A. Principles of Demography[J]. Journal of the Royal Statistical Society, 1968, 19(4):410.

[183] Goldstein, M., Houngbedji, K., Kondylis, F. Formalization without Certification? Experimental Evidence on Property Rights and Investment[J]. Journal of Development Economics, 2018(5):57—74.

［184］Goldstein, M., Udry, C. The Profits of Power: Land Rights and Agricultural Investment in Ghana[J]. Journal of political Economy, 2008, 116(6): 981—1022.

［185］Gould, B. W., and Saupe, W. E. Off-Farm Labor Market Entry and Exit[J]. American Journal of Agricultural Economics, 1989, 71(4):960—969.

［186］Grimm, M., Klasen, S. Migration Pressure, Tenure Security, and Agricultural Intensification: Evidence from Indonesia[J]. Land Economics, 2015, 91(3):411—434.

［187］Harris, J. R., Todaro, M. P. Migration, Unemployment & Development: a Two-sector Analysis[J]. The American Economic Review, 1970, 60(1): 126—142.

［188］Hayami, Y., Godo, Y. Development Economics: From the Poverty to the Wealth of Nations[J]. Oup Catalogue, 2011, 36(3):101—103.

［189］Henderson, J. V. Cities and Development[J]. Journal of Regional Science, 2010, 50(1):515—540.

［190］Henderson, J. V. Urbanization in China: Policy Issue and Options[R]. Report for China Economic Research and Advisory Program, 2009.

［191］Hertel, T., and Zhai, F. Labor Market Distortions, Rural-urban Inequality and the Opening of China's Economy[J]. Economic Modelling, 2006, 23(1):76—109.

［192］Ho, Hoang-Anh. Land Tenure and Economic Development: Evidence from Vietnam[J]. World Development, 2020, 140(5):105275.

［193］Holden, S. T., Deininger, K., Ghebru, H. Tenure Insecurity, Gender, Low-cost Land Certification and Land Rental Market Participation in Ethiopia[J]. Journal of Development Studies, 2011, 47(1):31—47.

［194］Holden, S., Yohannes, H. Land Redistribution, Tenure Insecurity and Intensity of Production: A Study of Farm Households in Southern Ethiopia[J]. Land Economics, 2002, 78(4): 573—590.

［195］Houngbedji, K. Property rights and labour supply in Ethiopia[J]. Annals of Economics and Statistics/Annales d'Économie et de Statistique, 2018, 131:137—179.

［196］Jacoby, H. G., Li, G., Rozelle, S. Hazards of Expropriation: Tenure

Insecurity and Investment in Rural China[J]. The American Economic Review, 2002, 92(5):1420—1447.

[197] James, Kai-sing, Kung. Do Secure Land Use Rights Reduce Fertility? The Case of Meitan County in China[J]. Land Economics, 2006, 82(1):36—55.

[198] Jin, S., Deininger, K. Land Rental Markets in the Process of Rural Structural Transformation: Productivity and Equity Impacts from China[J]. Journal of Comparative Economics, 2009, 37(4):629—646.

[199] Jorgenson, D.W. The Development of a Dual Economy[J], The Economic Journal, 1961, 71(282):309—334.

[200] Kazukauskas, A., Newman, C., Clancy, D. Disinvestment, Farm Size, and Gradual Farm Exit: The Impact of Subsidy Decoupling in a European Context[J]. American Journal of Agricultural Economics, 2013, 95(5):1068—1087.

[201] Kimhi, A., Bollman, R. Family Farm Dynamics in Canada and Israel: the Case of Farm Exits[J]. Agricultural Economics, 1999, 21(1):69—79.

[202] Kinnan, C., Wang, S.Y., Wang, Y. Access to Migration for Rural Households[J]. American economic journal, 2018, 10(4):79—119.

[203] Klaus, Deininger, Daniel, Ayalew Ali, Stein, Holden, Jaap, Zevenbergen. Rural Land Certification in Ethiopia: Process, Initial Impact, and Implications for Other African Countries[J]. World Development, 2008, 36(10):1786—1812.

[204] Klaus, Deininger. Land Markets in Developing and Transition Economies: Impact of Liberalization and Implications for Future Reform[J]. Am.j.agr. econ, 2003.

[205] Kung, J.K. Common Property Rights and Land Reallocations in Rural China: Evidence from a Village Survey[J]. World Development, 2000, 28(4):701—719.

[206] Kung, J.K. Egalitarianism, Subsistence Provision, and Work Incentives in China's Agricultural Collectives[J]. World Development, 1994, 22(2):175—187.

[207] Kung, J.K. Off-farm Labor Markets and the Emergence of Land Rental Markets in Rural China[J]. Journal of Comparative Economics, 2002, 30(2):

395—414.

[208] Lagakos, D., Waugh, M.E. Selection, Agriculture and Cross-Country Productivity Differences[J]. American Economic Review, 2013, 103(2):948—980.

[209] Lee, E. A Theory of Migration[J]. Demography, 1966, 3(1):47—57.

[210] Lewis, W.A. Economic Development with Unlimited Supplies of Labour[J]. The Manchester School, 1954, 22(2):139—191.

[211] Li, L. Land Titling in China: Chengdu Experiment and its Consequences[J]. China Economic Journal, 2012, 5(1):47—64.

[212] Li, Man, JunJie Wu, and Xiangzheng Deng. Identifying Drivers of Land Use Change in China: A Spatial Multinomial Logit Model Analysis[J]. Land Economics, 2013, 89(4):632—654.

[213] Lin, J. Y. Rural Reforms and Agricultural Growth in China[J]. The American Economic Review, 1992, 82:34—51.

[214] Lu, Ming, Wan, Guanghua. Urbanization and Urban System in China: Research Findings and Policy Recommendations[J]. Journal of Economic Survey, 2014.

[215] Manning, Dale T., J. Edward Taylor. Agricultural Efficiency and Labor Supply to Common Property Resource Collection: Lessons from Rural Mexico [J]. Journal of Agricultural and Resource Economics, 2015, 40(3):365—386.

[216] Ma, Xiaohe, Hu, Yongjun. Study on the Difficulties of the Urbanization of 100 Million Rural People Who Have Moved to the Cities[J]. Issues in Agricultural Economy, 2018, 4:4—14.

[217] Mckenzie, D., Rapoport, H. Network Effects and the Dynamics of Migration and Inequality: Theory and Evidence from Mexico[J]. Journal of Development Economics, 2007, 84(1):1—24.

[218] Meeks, R. Property Rights and Water Access: Evidence from Land Titling in Rural Peru[J]. World Development, 2018, 102:345—357.

[219] Meng, Lei, and Zhao, Minqiang. Permanent and Temporary Rural-urban Migration in China: Evidence from Field Surveys[J]. China Economic Review, 2018, 51:228—239.

[220] Meng, Lei, Zhao, Minqiang. Permanent and Temporary Rural-urban

Migration in China: Evidence from field surveys[J]. China Economic Review, 2018, 51:228—239.

[221] Mueller, V., Quisumbing, A., Lee, H.L., and Droppelmann, K. Resettlement for Food Security's Sake: Insights from a Malawi Land Reform Project [J]. Land Economics, 2014, 90(2):222—236.

[222] Munshi, K., Rosenzweig, M. Networks and misallocation: Insurance, Migration, and the Rural-urban Wage Gap[J]. American Economic Review, 2016, 106(01):46—98.

[223] Murtazashvili, I., Murtazashvili, J. Can Community-based Adjudication and Registration Improve Household Land Tenure Security? Evidence from Afghanistan[J]. Land Use Policy, 2016(55):230—239.

[224] North, D.C., Thomas, R. P. The Rise of the Western World: A New Economic History[M]. Cambridge university press, 1973.

[225] Nyamadi, B., Shimomura, Y. The Determinants of Farm Exit in Japan: Some Empirical Findings[J]. Bulletin of the Faculty of Agriculture Saga University, 1995, 79.

[226] Peel, D., Berry, H.L., Schirmer J. Farm Exit Intention and Wellbeing: A Study of Australian Farmers[J]. Journal of Rural Studies, 2016, 47:41—51.

[227] Pierre-Philippe, Combes, Sylvie, Démurger, Li, Shi, Wang, Jianguo. Unequal Migration and Urbanisation Gains in China[J]. Journal of Development Economics, 2020, 142:102328.

[228] Popkin, S.L. The Rational Peasant[J]. Theory & Society, 1980, 9(3):411—471.

[229] Promsopha, G. Land Ownership as Insurance and the Market for Land: A study in Rural Vietnam[J]. Land Economics, 2015, 91(3):460—478.

[230] Ranis, Fei. A Theory of Economic Development[J], The American Economic Review, 1961, 51(4):533—565.

[231] Richard, Disney, John, Gathergood, Andrew, Henley. House Price Shocks, Negative Equity and Household Consumption in the UK, Journal of the European Economic Association, 2010, 8(6):1179—1207.

[232] Roca, J.D.L., and Puga, D. Learning by Working in Big Cities[J].

The Review of Economic Studies, 2017, 84(1):106—142.

[233] Rozelle, S., Taylor, J.E., Debauw, A. Migration, Remittances, and Agricultural Productivity in China[J]. The American Economic Review, 1999, 89(2):287—291.

[234] Schultz, T.W. Transforming Traditional Agriculture[R]. Yale University Press, 1964.

[235] Scott, J.C. The Moral Economy of the Peasant: Rebellion and Subsistence in Southeast Asia[M]. Yale University Press, 1977.

[236] Sieg, H., Yoon, C., Zhang, J. The Impact of Migration Controls on Urban Fiscal Policies and the Intergenerational Transmission of Human Capital in China[J]. NBER Working Papers, 2020.

[237] Timothy, Besley, Jessica, Leight, Rohini, Pande, Vijayendra, Rao. Long-run Impacts of Land Regulation: Evidence from Tenancy Reform in India [J]. Journal of Development Economics, 2016, 118:72—87.

[238] Todaro, M.P. A Model of Labor Migration and Urban Unemployment in Less Developed Countries[J]. The American Economic Review, 1969, 59(1): 138—148.

[239] Tombe, T., Zhu, X. Trade, Migration, and Productivity: A Quantitative Analysis of China[J]. American Economic Review, 2019, 109(5):1843—1872.

[240] Valsecchi, Michele. Land Property Rights and International Migration: Evidence from Mexico[J]. Journal of Development Economics, 2014, 110: 276—290.

[241] Wang, Hui, Jeffrey, Riedinger, Jin, Songqing. Land Documents, Tenure Security and Land Rental Development: Panel Evidence from China[J]. China Economic Review, 2015, 36:220—235.

[242] Wang, S. X., Yu, Benjamin F. Labor Mobility Barriers and Rural-urban Migration in Transitional China[J]. China Economic Review, 2019, 53.

[243] Wang, Yahua, Chen, Chunliang and Eduardo, Araral. The Effects of Migration on Collective Action in the Commons: Evidence from Rural China[J]. World Development, 2016, 88:79—93.

[244] Weber, J.G., Key, N. Do Wealth Gains from Land Appreciation

Cause Farmers to Expand Acreage or Buy Land? [J]. American Journal of Agricultural Economics, 2014, 96(5):1334—1348.

[245] Wongchai, Anupong. Factors Affecting Farmland Sales in Rural Northern Thailand[J]. Advanced Science Letters, 2015, 21(6):2118—2122.

[246] Wooldridge, J.M. Control Function Methods in Applied Econometrics [J]. Journal of Human Resources, 2015, 50(2), 420—445.

[247] World Bank. 2018. World Development Indicators. Washington, DC: World Bank. Available online at: https://databank.worldbank.org/source/world-development-indicators.

[248] Yang, T. China's Land Arrangements and Rural Labor Mobility, China Economic Review, 1997, 8(2):101—115.

[249] Yang, Z. Contract Design in China's Rural Land Rental Market: Contractual Flexibility and Rental Payments[J]. Journal of Economic Behavior & Organization, 2020(178):15—43.

[250] Zhang, Honglin, Song, Shunfeng. Rural-urban Migration and Urbanization in China: Evidence from Time-series and Cross-section Analyses[J]. China Economic Review, 2003, 14(4):386—400.

[251] Zhao. X. Land and Labor Allocation under Communal Tenure: Theory and Evidence from China[J]. Journal of Development Economics, 2020:102526.

[252] Zhao, Y. Causes and Consequences of Return Migration: Recent Evidence from China[J]. Journal of Comparative Economics, 2002, 30(2):376—394.

[253] Zhao, Y. Leaving the Countryside: Rural-to-urban Migration Decisions in China[J]. American Economic Review, 2001, 89(2):281—286.

后　记

我出生在鲁东南沂蒙山区的一个小村庄，世代为农的缘故，让我对土地有特别的感情。土地滋养哺育了我，我却做了土地的"叛逃者"。古语云"土地者，民之本也"，土地是农民最大的财富和赖以生存的根本。我从小目睹父辈在那片土地上辛勤耕耘，他们每日将汗水洒在土地上，仔细打理，精耕细作，收获却不甚理想。家乡民风淳朴，但村庄的邻里却常常因为土地分配起争执，也会因为耕地的界碑移动而产生冲突。纪录片《乡村里的中国》讲述的便是我的家乡，片中农民杜深忠说"实际上，我对土地没有一点感情"令我印象深刻。事实上，中国数亿农民的收入和生活水平在很多年里迟迟上不去。得益于21世纪初的国际化、工业化和城镇化趋势，以及不断深化的劳动力及土地要素市场化改革，八亿农民同胞才逐步脱离土地的束缚，农村精神面貌得以改变。或许是打小在地里生长，耳濡目染父辈劳累的缘故，我对农村土地的情感是矛盾的。我既想远离那片"农地"，远离落后的生产方式和辛苦的农业劳作，又想近距离观察那片"农地"，想弄清楚那一块块平整的农田，如何在父辈的精耕细作下养育了祖祖辈辈生活在那里的亲人们。

我的成长就像田地里庄稼一样，是从泥土里缓慢生长出来的。儿时曾无数次光着脚丫行走在刚翻耕过的田垄上,踩到散发着生机气息的新鲜泥里,内心甭提有多踏实。工作后,我进行了大量的农村调研和农民访谈,对"三农"的了解逐步深入,心中另有一番滋味。从来没有想过有一天我会跟我曾拼命想逃离的"农地"打交道,成为一名农业经济学者,并将其作为我毕生追求的志业。更没想过一个小山村的"放羊娃",能坐在"魔都"研究中国农村经济问题。博士毕业后的几年,我重新整理出版博士论文,终于有了一些时间重新思考那些萦绕在脑海里许久的问题,去探求生活在这片土地上的父辈为何"勤劳却不富有",去重新思索困扰人们已久的土地、发展与公平问题。

本书是我求索追问的一部分,是在我博士论文基础上增加了一些章节修订而成的。我试图将研究置于中国经济发展的整体框架下,从新型城镇化的宏观背景出发,窥探农村土地制度的改革缘起、发生及其对经济社会等诸多方面的影响。改革开放四十余年,城镇化是推动中国经济高速增长最浓墨重彩的一笔。作为经济发展中必然出现的客观规律,城镇化是世界各国发展不可逾越的阶段,尽管不同制度下方式并不相同。本书从中国城镇化的基本特征、事实和问题出发,追根溯源其背后的农村劳动力和土地制度因素,以此为线索研究制度改革的具体意义。在农村,土地是农民最重要的财产和收入源泉。土地既是生产资料,又事实上承担了社会保障和就业蓄水池的功能。长期以来,土地产权问题一定程度上制约了土地、劳动力和资本要素效率的发挥,影响了乡村的振兴、农业的发展、农民的富裕。20世纪的农村土地制度随着要素市场化改革逐步显现问题。中国农村土地碎片化严重,无法连片经营,导致难以实现大规模经营和机械化操作而效率不高,这不仅影响我国粮食产量的国际竞争力,还影响农户种粮的积极性,近年来抛荒问题日益严峻。基于中国独特的政治经济体制,在改革开放的家庭联产承包责任制基础上,我们进行了多种富有成效的农村土地制度改革,试图突破农地产权限制对"三农"的束缚,本书的大部分内容都在考察这些政策的实际效果。

本书是我在上海交通大学攻读经济学博士期间研究的总结。在攻读博士学位期间,导师顾海英教授领我入门,为我提供了宽广的平台和丰富的学术资源,从选题、论证到成文,她悉心指导了整个研究,这本著作也凝聚了她大量的心血。交大安泰史清华教授、于冷教授、朱保华教授、朱喜教授,复旦大学赵德余教授和上海财经大学王常伟教授在研究的设计阶段和最后的成文上都给了大量的修改意见,本书亦凝结了他们的智慧。上海财经大学许庆教授在我前往请教"土地改革政策效应评估"的论文时,建议我使用中国家庭大调查数据。在浙江大学田传浩教授帮助下,我获取远程使用该数据库权限。我撰写的论文经厦门大学傅十和教授和南京林业大学刘同山教授等专家评审并提供修改意见后顺利发表,构成本书的第六章。①陆铭教授欣然应邀参加我主讲的博士生论坛,热心地指导了我关于收入与土地认知的工作论文,他提出"土地对高收入和低收入农户的意义并不相同"的观点启发了我,经修改后农户收入与农地退出一文顺利发表,构成本书的第八章。②交大国务学院陈杰教授听到我研究户籍制度缺乏数据的困难后,把我拉入他的学生指导群,共享中国流动人口动态检测数据并持续关心我的研究进展,由此形成本书第九章。如果没有这些教授老师的帮助,我自己是难以完成这本著作的。在此,感谢他们对

① 本章发表在《中国经济问题》。
② 本章发表在《经济学家》期刊。

于本书的辛勤付出。

感谢为本书的出版付出心血的上海人民出版社项仁波编辑,她在本书出版工作中的细致和耐心让我钦佩。本书的出版直接受益于上海社会科学院重要学术成果资助。作为博士论文,其在写作过程中先后获得国家自然科学基金重点群项目(71333010)、国家社会科学基金重大项目(16ZDA019)的支持。本书同时也是我主持的国家社会科学基金一般项目(24BJY161)和上海市人民政府决策咨询研究基地顾海英工作室的阶段性研究成果。本书的顺利出版离不开上述基金的大力支持,在此一并表示由衷的感谢。

中国在未来很长一段时间仍然是全球最大的发展中国家,发展问题仍将是党和国家关心的核心命题,尤其是农村的发展问题。党的二十大报告指出:"全面建设社会主义现代化国家,最艰巨最繁重的任务仍然在农村。"四十余年的改革已经使数亿农民挣脱了土地的束缚,但还远远不够。我想"离土不离村""进城不落户"的背后是多重制度原因下父辈无奈的选择,农民工候鸟式迁徙和日益严重的留守儿童问题都与土地、劳动力及户籍制度直接挂钩。随着经济增速放缓,大量农民工回流,农民收入增长问题再次成为焦点。农村老龄化问题日益严峻,他们能否幸福地度过晚年正在成为中国必须重视的问题。中国农村的发展需要更深刻的改革,当然不仅仅是土地制度的改革。我坚信,随着整个国家经济与社会改革的不断深化,那些困扰我们的现象和问题将越来越少,而从超大规模优势和制度改革中迸发出的普适性红利会越来越多。

本书是我研究中国农村土地问题的阶段性成果。致敬耕耘在这片土地上的数亿农民同胞,他们这一代为新中国的发展作出了巨大的贡献。

我想把本书献给黄牛一样为土地辛勤付出的父亲母亲。感谢在我上下求索的日子里，给了我动力和希望的人，他们眼中有神，心中带光。从一个小山村撞向大都市，一路走来，无须诉说我所经历的挫折与痛苦，因为我无疑是一个幸运者。当"农二代""留守儿童"这些名词一次次出现在本书中，我知道在这个快速发展中的大国，仍然有大量问题值得被关注。我们每个人都是被时代裹挟着前进，只有将自己的选择融入时代的方向，才能更好地航行。我坚信，中国经济社会改革的路径将会继续沿着人民对美好生活向往的方向，沿着那些实实在在的客观经济规律不断推进。

张广财

于上海市淮海中路 622 弄 7 号

2025 年 7 月 14 日

图书在版编目(CIP)数据

新型城镇化下中国农地产权制度改革研究 / 张广财著. -- 上海 : 上海人民出版社，2025. -- (上海社会科学院重要学术成果丛书). -- ISBN 978-7-208-19720-6

Ⅰ. F321.1

中国国家版本馆 CIP 数据核字第 2025E76P37 号

责任编辑　项仁波
封面设计　路　静

上海社会科学院重要学术成果丛书·专著
新型城镇化下中国农地产权制度改革研究
张广财　著

出　　版　上海人民出版社
　　　　　(201101　上海市闵行区号景路 159 弄 C 座)
发　　行　上海人民出版社发行中心
印　　刷　上海商务联西印刷有限公司
开　　本　720×1000　1/16
印　　张　17
插　　页　2
字　　数　187,000
版　　次　2025 年 8 月第 1 版
印　　次　2025 年 8 月第 1 次印刷
ISBN 978 - 7 - 208 - 19720 - 6/F · 2927
定　　价　82.00 元